2
K 1218 Par Vauquelin de la Fresnaye.
        Voy. Barbier.

NOUVELLE HISTOIRE
DE NORMANDIE,

ET NOUVEAUX DÉTAILS SUR

GUILLAUME LE CONQUÉRANT,

DUC DE NORMANDIE ET ROI D'ANGLETERRE.

SE TROUVE

A VERSAILLES, chez JALABERT, Imprimeur-Libraire, avenue de Sceaux, n.º 4.

A PARIS, chez LE NORMANT, Libraire, rue de Seine, n.º 8, F. S. G.

Et chez DELAUNAY, Libraire au Palais Royal, galerie de bois, n.º 243.

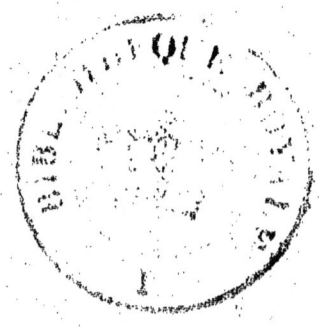

GUILLAUME LE CONQUÉRANT.

Né à Falaise en 1026. Duc de Normandie en 1035, à 14 ans, fit ses premières armes siège de sa ville natale. S'y réfugia lors de la conjuration du Comte de Bourgogne des Seigneurs Cotentinois. Secondé du Roy de France, gagna, en 1046, la bataille du des Dunes, près Caën. Reprit Alençon et Domfront, après la bataille de Hambières. Fut mte du Maine. Épousa la Princesse de Flandre en 1055. Fonda les deux Monastères Caën. Gagna contre le Roy, la bataille de Mortemer, en 1058. Reprit Tillières en 59. Bloqué dans Falaise en 1061. Battit ensuite le Comte d'Anjou à Varaville. Défit Gascons en 1062. et les Bretons en 1064. Secondé par la Fausse attaque de Toston, barqua en Angleterre en 1066. Vainqueur à Hastings, s'empara de Douvres. Couronné Londres à Noël suivant y fit couronner Mathilde en 1068. Soumit les Northumbriens, Écossois, les Irlandois, &c. &c. commença Windsor, fit bâtir la Tour de Londres, où on voit encore sa Statue équestre &c. &c. &c.

NOUVELLE HISTOIRE DE NORMANDIE,

ENRICHIE DE NOTES PRISES AU MUSÉUM DE LONDRES,

ET NOUVEAUX DÉTAILS SUR

GUILLAUME LE CONQUÉRANT,

DUC DE NORMANDIE ET ROI D'ANGLETERRE,

Tirés des plus anciens historiens, tels que Dudon de Saint-Quentin, Guillaume de Jumièges, Ordéric Vital, différentes Chroniques, Poésies de Robert Wace, etc.;

TERMINÉE PAR

LES AMOURS D'ARLEITTE,

EXTRAITS A LONDRES D'UN POËME DU XIIe SIÈCLE, PAR BENEOIS DE SAINTE-MORE.

A VERSAILLES,

DE L'IMPRIMERIE DE J.-P. JALABERT,

AVENUE DE SCEAUX, N.° 4.

1814.

PRÉLIMINAIRE.

Un fait historique très-récent, et bien cher à nos cœurs, se rattache à l'Histoire de Normandie. — Un débarquement, non de ces fougueux hommes du Nord, dont les invasions sont racontées dans cet Ouvrage, et qui, au neuvième siècle, ravagèrent tant de fois l'antique Neustrie, en y apportant sans cesse la désolation et la mort, mais celui d'un *Bourbon*, nous annonçant la paix et le bonheur :

> Donc après un si long séjour,
> Des fleurs de lys c'est le retour,
> Fleurs de beautés et de vertus;
> Après nos malheurs abbatus,
> De toutes parts sont éclaircis
> Les nuages de nos soucis.
>
> MALHERBE, *Stances en 1620.*

Le mois de mars 1814 a vu cingler à pleines voiles, dans les parages de Cherbourg, S. A. R. Monseigneur le duc de Berri.

Cette ville, ainsi que celles de Caen et de Rouen, ont possédé chacune pendant quelques jours cet aimable prince; partout, sur son passage, renaissoient la joie et l'espérance; il ne manquoit plus rien aux Normands, si ce n'est la présence de leur roi chéri, Louis XVIII, notre auguste Monarque.

Pendant les recherches longues et pénibles qu'a entraîné la composition de ce livre, nous avons remarqué que les différents écrivains qui ont traité l'Histoire de Normandie, en *Français* et en *Anglais*, ont presque tous puisé dans les mêmes sources; c'est-à-dire, dans plusieurs ouvrages *latins*, composés par des auteurs contemporains, ou à-peu-près contemporains.

Quelques-uns de ces ouvrages, intitulés : *Gesta Normanorum ante Rollonem ducem*, sont des chroniques latines d'une grande antiquité, et appartenant alors à différents monastères; les auteurs ne sont pas nommés.

Le plus vieux des historiens qui donne son nom, est DUDON, moine de l'abbaye de Saint-Quentin; il écrivoit sous Richard premier, au dixième siècle.

D'après ce qu'il dit lui-même, il étoit chanoine clerc dans ce monastère, lorsque le comte de Vermandois, Albert, l'envoya vers le duc des Normands, Richard I.er, afin de lui servir de médiateur, au sujet d'un différent assez sérieux avec le comte de Paris, Hugues. — Après la pacification, il fut institué supérieur de toute la congrégation de Saint-Quentin. — Ce fut alors qu'il commença son ouvrage, non par une volonté précipitée, mais à dessein d'offrir une preuve de son dévouement au Duc, et une marque de reconnoissance pour les innombrables bienfaits qu'il en avoit reçus, bienfaits qu'il regarde comme fort au-dessus de son mérite. — A peine avoit-il commencé les premiers chapitres, que la fatale nouvelle de la mort de Richard lui fut annoncée; c'étoit en l'an 996. — Profondément affligé, il abandonna son travail pour se livrer à la douleur et aux regrets; et même, il résolut de ne plus écrire. — Mais le nouveau Duc, *Richard le bon*, auquel se joignit Raoul, comte d'Ivri, l'engagea d'une manière si pressante à achever ce que son père avoit prescrit, et à ne pas laisser imparfait un travail aussi bien commencé, qu'il céda à ses instances; et lorsque l'ouvrage fut terminé, il le dédia à l'évêque de Laon, *Adalbert*. — Cet ouvrage commence au chef Danois, Hastenc, qui précéda Rollon, et finit à la mort de Richard I.er.

Un autre, appelé *Guillaume de Poitiers*, archidiacre à Lisieux, étoit contemporain du duc Guillaume, dont il a écrit la vie, sous le titre de *Gesta Guillelmi*.

Un moine de l'abbaye de *Jumiège*, portant aussi le nom de *Guillaume*, a écrit fort anciennement une Histoire de Normandie en latin, d'après de vieux codes manuscrits; c'est lui-même qui l'assure.

Le plus considérable de ces ouvrages, toujours dans la même langue, est celui d'*Ordéric Vital*, moine de l'abbaye de Saint-Evroult, et Anglais d'origine. Il existoit vers la fin du règne de Guillaume le Conquérant. Il raconte lui-même quelques détails assez touchants sur sa vie et sur sa famille, et dit qu'il est né en Angleterre, le 14 mars 1075, dans le comté de Scrobesbury, dont *Roger de Mongommery* étoit gouverneur. — Que son père s'appeloit *Odélérius*, et étoit fils de Constant d'Orléans. — Que le samedi de Pâques suivant, il fut baptisé à l'église d'*Attingesham*. — Que son père l'ayant destiné aux lettres, il fut confié, dès l'âge de cinq ans, à un prêtre nommé *Siguardus*, qui l'instruisit aux psaumes, aux hymnes et aux vers de *Nicostrate* dans la ville de *Scrobesbury*. — Que Dieu n'ayant pas permis qu'il fût le défenseur de ses dogmes au sein de sa famille et dans son pays, à peine fut-il âgé de onze ans, que son père le livra à un moine nommé *Rainaldus*. — Qu'à son départ il versoit des larmes, que son père pleuroit aussi, et que depuis il ne l'a jamais revu. — Qu'il traversa, sur un vaisseau, la mer Britannique, et qu'il vint en exil en Normandie, où il ne connoissoit personne, et où il étoit inconnu à tout le monde. — Que, semblable à Joseph en Égypte, il entendoit une langue qu'il ne pouvoit comprendre, mais qu'avec le temps, et soutenu par la grace Divine, il parvint à se rendre cette langue familière. — Il ajoute qu'il fut conduit à Saint-Evroult, où l'abbé de ce monastère, dont le nom étoit *Mainier*, lui fit prendre l'habit religieux, et qu'alors on lui fit quitter son nom anglais *Ordéric*, pour lui faire prendre celui de *Vital*. — Il dit encore qu'il est dans ce couvent depuis cinquante-six ans, pendant lesquels il a écrit plusieurs ouvrages. — Qu'il a vécu successivement sous six abbés, *Mainier* et *Serlon*, *Roger* et *Guarin*, *Richard* et *Ranulphe*, qui lui ont tous donné des marques d'indulgence. — Il finit en disant qu'il est aimé et honoré de ses frères plus qu'il ne mérite.

Dans le nombre de ceux qui ont écrit sur la Normandie en français, nous n'en trouvons qu'un seul, *Gabriel du Moulin*, qui ait cité quelques passages du poëme, en langue romance, de *Robert Wace*. Il est probable que l'auteur ne possédoit pas le manuscrit tout entier, et qu'il n'avoit pu s'en procurer que quelques lambeaux, qu'il a placés comme ornement dans son énorme in-folio. — *Robert Wace* étoit clerc de chapelle de Henry II, qui, en récompense de ses poëmes ou romans, lui donna une prébende à Bayeux. On le voit par les vers suivans :

  Ne trove guaires ki rien me dunt
 Fors li reis Henris li secunt.

Il me fist duner, *Deus* lui rende ;
A Baieus une provende
E meint autre dun me ad duné,
De tut lui sace *Deus* bon gré !

Il dit qu'il a vécu aussi sous le règne d'Henry I.er. — Qu'il a *vu un troisième* Henry, le fils de Henry II, et qu'il a été clerc-lisant sous tous les trois. Il parle encore, dans un autre endroit, du cadeau qu'il a reçu :

Longue est la geste des Normanz
É grieve à metre en romanz ;
Si l'on demande qui ce dist,
Qui ceste Estoire en romanz fist,
Je dis e dirai qui je sui :
VVace, de l'isle de Gersui,
Qui est en mer vers occident,
Al fief de *Normendie* apent.
De romanz faire m'entremis ;
Mult en écris e mult en fis,
Par *Deu* aie ó par le *Rei*,
Altre fors *Deu* servir ne dei,
M'en fu donnée, *Deus* li rende,
A Baieues une provende ;
Del rei Henri segunt vos di,
Nevo Henri, pere Henri.

André du Chesne fait connoître que les écrits de *Guillaume* de *Jumièges* furent recueillis par le très-docte et savant historien Anglais, *Camdenus*, qui en fut le premier éditeur lorsque l'imprimerie parut.

Guillaume de *Jumièges*, dans son épître, fait l'éloge de *Dudon* de *Saint-Quentin*, qu'il appelle *peritum virum*, et duquel il a extrait, dit-il, le commencement de sa narration jusqu'au règne de Richard II.

Dans cette même épitre, qui est une dédicace au duc de Normandie et roi d'Angleterre, le *célèbre Guillaume*, il se qualifie cénobite de Jumièges, *Gemmeticensis cœnobita*, très-indigne cénobite, *omnium cænobitarum indignissimus*, et dit que *le Conquérant* a déployé la force de Samson pour renverser ses ennemis, et pour les gouverner le judicieux discernement de Salomon.

Ordéric Vital rend hommage aussi au premier historien des ducs de Normandie, en disant que *Dudon*, religieux *du Vermandois*, a éloquemment raconté les faits guerriers des trois premiers Ducs, et qu'il a transmis son récit à Richard II, fils de Gonnor, *Gunnoridis filio*.

Ordéric cite de même *Guillaume de Poitiers*, et assure qu'avant d'obtenir la cléricature, cet archidiacre avoit commencé par le métier des armes, qu'il avoit long-temps fait la guerre sous le *duc Guillaume*, et que les faits qu'il rapporte, il les avoit vus de ses yeux. Il ajoute que son style éloquent et subtil imite singulièrement celui de *Saluste*.

Enfin, *Ordéric Vital* donne des louanges au cénobite, en racontant que *Guillaume* de Jumièges, a élégamment abrégé *Dudon*, *eleganter abbreviavit*, et en ajoutant qu'il a savamment et brièvement composé l'histoire des successeurs de Richard Ier.

Mais aucun historien n'a rien dit ni cité de *Benoois de Sainte-More*, poëte de Henry II, et le rival de Robert Wace. — La raison en est facile à donner ; c'est que le seul manuscrit qui existe de son Histoire de Normandie est, et a toujours été, au *Muséum* de Londres. — Les fragmens que nous en donnons à la fin de cet ouvrage, et qui n'ont encore jamais vu le jour, ne laissent aucun doute que l'ouvrage de *Sainte-More* ne soit plus complet et bien plus étendu que celui de *Wace*. — Le savant qui a découvert cet auteur, et qui nous a fait le cadeau précieux de ces morceaux détachés, regrette vivement de n'avoir pu copier la totalité du poëme pendant qu'il étoit à Londres, et est convaincu qu'il seroit d'une grande utilité pour compléter l'Histoire de Normandie.

Il ne nous reste donc qu'à former un vœu, c'est que ces observations puissent parvenir sous les yeux d'une personne qui ait assez l'amour des lettres, et assez de crédit auprès de S. A. R. *le Prince Régent*, pour obtenir ou l'impression, ou du moins une copie de cet ouvrage de *Benoois* de *Sainte-More*, pour lequel nous donnons tous les renseignemens nécessaires, vers la fin de ce livre, et particulièrement en tête des Amours d'Arleitte.

L'échantillon suivant, dans lequel l'auteur se nomme, et qui est tiré d'un autre manuscrit antique, de son Histoire de Troie, nous semble mériter le suffrage des amateurs de la langue romance; il dit que cette Relation fut composée d'abord en grec par *Dárés* de *Troie*, qui étoit au siége de cette ville: que *Cornelius*, neveu de *Saluste*, la trouva à Athènes et la mit en latin; et qu'enfin lui l'a mise le premier en vers français.

Il dit qu'Homère n'étoit pas un écrivain véridique, et qu'il ne vécut que cent ans après la prise de Troie; qu'il fut mal vu des Athéniens, ainsi que son ouvrage, et qu'on regarda comme une folie ses combats des Hommes et des Dieux.

> Ceste hystoire n'est pas usée,
> Ne en gaires de lieus trouvée;
> Ja retraite ne fust encore,
> Mais *Béneois* de *Sainte-More*
> L'a comencie é faite é dite,
> E a ses mains l'a toute escrite;
> Ici taillie, ici ouvrée,
> Ici escrite, ici posée;

> E plus ne mains ni à mestier
> Ci wel l'estoire comencier,
> Le latin suivre e la lettre
> Ne plus, ne mains ni vodra mestre.
>   Quant vint el tens que vers devise,
> Que l'erbe vers point en la rise,
> Lorsque florissent li ramel,
> E doucement chantent oisel,
> Merle, mauvis e loriol,
> E estornel e rossignol,
> La blanche flors pent en l'espine
> E reverdoie la gaudine,
> Quant li tems est douz é souëz,
> Lor partirent del port les nëz. *Nefs, navires.*

Ces vieux vers nous prouvent plus que jamais combien il nous seroit avantageux de posséder une copie de son *Roman des ducs de Normandie* (*).

(*) Britisch muséum, Bibl. Harléiann, n.° 1717 des manuscrits. Il est ainsi désigné sur le Catalogue de cette Bibliothèque : *A chronicle of the dukes of Normendy, from the beginning to the death of Henri the first, king of england, written in very old french verses.*

NOUVELLE HISTOIRE DE NORMANDIE,

ENRICHIE

DE NOTES PRISES AU MUSÉUM DE LONDRES,

ET NOUVEAUX DÉTAILS SUR

GUILLAUME LE CONQUÉRANT,

DUC DE NORMANDIE ET ROI D'ANGLETERRE.

DUCS DE NEUSTRIE.

Pour connoître avec détail les événemens qui rendirent célèbre la brillante époque du duc Guillaume, il est nécessaire de remonter aux ducs de Normandie qui l'ont précédé, et dans le nombre desquels il fut le septième, à partir du duc Roul. La chronique le désigne comme le neuvième duc, ce qui certainement est une erreur; car, avant les invasions des peuples du Nord, la dénomination de Normandie n'existoit point, et cette belle province portoit alors le nom de Neustrie. La chronique en convient elle-même, tout en nous donnant le duc Aubert pour premier duc de Normandie; c'est ainsi qu'elle s'exprime:

Le duc Aubert, duc Neustrie.

751.
« *Aucunes écritures nous récitent qu'au temps du roy Pepin, fut un duc et gouverneur, nommé Aubert, lequel avoit un château près de Rouen, situé sur un mont que l'on appeloit Turinge; iceluy Aubert avoit le gouvernement de toute Neustrie, à présent appelée Normandie.* » L'époque est ancienne, puisque c'étoit en l'an 751, la même année que Pepin monta sur le trône.

Robert le [Dia]ble.

Le duc Aubert eut deux fils, Richard et Robert. Ce dernier, malheureusement né avec un caractère atroce, se rendit coupable d'une infinité de crimes; inutilement son père le fit recevoir chevalier, dans l'espoir de le rappeler aux principes de l'honneur. Il continua d'être incorrigible, et finit par se mettre à la tête d'une bande de voleurs, avec lesquels il pilloit les châteaux, les abbayes, usoit de violence envers *les réclusages*, et attaquoit les passans; il répandit un tel effroi, que dans les campagnes on l'appeloit Robert le Diable, et nous ne le citons que pour ne pas le confondre avec d'autres Robert, comme ont fait plusieurs historiens. On voit encore les ruines du château où l'on a prétendu qu'il se retiroit, dans la forêt de Rouveray, actuellement Moulineaux; la chronique dit : « *Pour les complaintes qui chacun jour venoient au duc Aubert des excès et outrages que faisoit ledit Robert par le pays de Neus-*

» trie, le duc fit crier, à son de trompe, que qui-
» conque occiroit son fils, il lui pardonnoit ».
Le combat de Robert le Diable contre un vicomte
de Coutances, dont il avoit tué le fils, et qui détruisit
sa bande ; les récits qui accompagnent son voyage
à Rome, où il fut sept ans sans parler, de même
que ceux de son pélerinage et de sa mort à Jérusalem, paroissent aussi exagérés que le détail inoui
de ses crimes.

Après la mort du duc Aubert, qui fut inhumé à Fécamp dans une abbaye de *nonnains*, en 770, son fils Richard lui succéda ; il rendit hommage de la Neustrie au roi Charlemagne, qui le retint auprès de lui, et l'honora du titre de grand-cham-bellan. Le duc Richard se rendit fameux par ses prouesses, et servit son prince avec zèle. Ce fut lui et Griffon de Haute-Feuille qui éteigni-rent la révolte d'un duc d'Aquitaine, nommé Guaffier, auquel il en coûta la vie. Il accompagna Charlemagne dans toutes ses guerres contre les Saxons et les Danois, dont une des plus remar-quables fut celle contre Godefroy, roi de Dane-marck, qui s'empara de la Frise, et saccagea une ville que la chronique nomme *Hocsubourg*, *sur le fleuve d'Albis*, ce qui sans doute signifie Ham-bourg sur l'Elbe, malgré un vaillant chevalier, nom-mé Odon, qui y commandoit pour cet empereur. — Godefroy étant mort dans l'expédition, son

770.

Richard, duc de Neus-trie.

successeur Hemingus fit la paix et retourna dans ses Etats. — Richard étoit aussi à la trop fameuse journée de Roncevaux, vers 778.

Mais, dans le détail de sa vie, les anciens historiens ont entremêlé quelques traits fabuleux, tels que son combat contre un diable, qui, après avoir été vaincu, se métamorphosa en une demoiselle richement parée, qui lui apparut dans un bateau *au Havre de Grandville, et l'emmena en partie fine à l'isle de Guernezey.*

Nous ne donnons pas non plus comme certain son combat singulier auprès de Jérusalem, où il coupa la tête à un géant turc, nommé Ajax, qui avoit conquis la cité de Baruth, et qui, tous les matins, avant son déjeûné, avoit pour habitude de mettre à mort un chrétien.

Après la mort de Charlemagne, en 814, le duc Richard passa au service de Louis le Débonnaire, qui le manda, ainsi que tous ses barons, pour s'opposer à l'invasion d'un roi de Danemarck, nommé Gormont, *lequel pensant conquérir le royaume, avoit amené grande puissance de Nordmans, et avoit en sa compagnie un grand baron de France, nommé Ysambart, que Charlemagne avoit banni, et là y eut forte bataille d'un côté et d'autre: mais en la fin furent desconfits les Danois, et le roy Gormont tué, et en ce combat, fit le noble duc Richard grands faits d'armes et moult vail-*

lamment s'y porta, mais tellement y fut navré qu'à l'occasion des playes qu'il reçut, peu de temps apréz il trépassa, et fut mis en sépulture à Fécamp, aupréz de son pere, en l'abbaye des Dames, viron l'an 828.

828.

Le fils de Samson, duc d'Orléans, nommé Ernëz, recueillit la Neustrie à lui échue par sa mère, qui étoit sœur du feu duc Richard. Bien loin de rendre hommage au roi du duché, il porta ses vues audacieuses jusques sur le trône, auquel il vouloit prétendre au droit de son aïeule Suzanne, sœur de Childéric ; et, profitant d'un moment où le roi étoit occupé par une guerre éloignée, il se rendit à Rheims, soutenu d'un parti, dans l'intention de se faire couronner ; — mais le sire de Narbonne, dit Guillaume au court nez, y arriva secrétement *accompagné de bonne chevalerie, fit arrêter et occire* ledit Ernëz, et par ce fait, le duché de Neustrie revint à la couronne de France jusqu'au temps de Charles le Simple.

Ernëz, duc de Neustrie.

HISTOIRE ABRÉGÉE

DES

NORMANDS PIRATES.

Quittons donc ces Ducs et leur ténébreuse histoire, pour pénétrer dans une obscurité un peu moins épaisse, et découvrir comment les temps et les événemens ont opéré cette métamorphose de duché de Neustrie en duché de Normandie : nous voici à l'époque de ces fameux et terribles hommes du Nord, qui long-temps couvrirent la France de deuil et de désastre, et dont les premières incursions, commencées sous le règne de Charlemagne, devinrent effrayantes sous celui de Louis le Débonnaire, et funestes sous ses successeurs.

Ces peuples, dont les principaux établissemens étoient dans le Jutland et sur les bords de la Baltique, occupoient toute la grande presqu'île de Scandinavie, qui renferme à-peu-près la Suède, le Danemarck et la Norvège; quoiqu'ils formassent des hordes, ou peuplades différentes et indépendantes les unes des autres, les Allemands les appeloient, sans en faire de distinction, *Nordmans*, ce qui signifie homme du Nord. Cette dénomination passa en France, et s'y est conservée, quoique dans l'origine elle fut accompagnée de l'effroi que l'on pourroit avoir d'une bande de sauvages, ou d'un débarquement de corsaires. On auroit pu les nommer également Scandinaves, Danois, Juttes, Norvégiens, Suédois, Frisons, parce que leurs troupes étoient composées d'un mélange de tous ces peuples.

Malgré quelques notions sur les arts, et une sorte de luxe que quelques-uns d'entr'eux avoient rapporté de leurs innombrables émigrations et expéditions maritimes, ils vivoient encore généralement, au neuvième siècle, dans un état plutôt barbare que policé. Leur religion étoit absolument le paganisme; leurs principales divinités étoient Tur, dieu du tonnerre; Odin, dieu des combats, et Frico, déesse des plaisirs.

(1) Guerriers superstitieux, à la manière de leurs ancêtres, ils espéroient que la récompense des braves, morts les armes à la main, seroit d'être au *Valhall*, palais céleste ou paradis d'Odin, et qu'en ce séjour de bonheur, des nymphes charmantes leur verseroient une liqueur délicieuse dans le crâne de leurs ennemis; qu'ils auroient tous les jours le plaisir de s'armer, de se ranger en

---

(1) Essai sur la Normandie.

bataille, de se tailler en pièces, et qu'à l'heure du repas ils reviendroient à cheval, tous sains et saufs, se remettre à table dans le salon d'Odin, où on leur serviroit un sanglier suffisant pour tous les convives.

Mais nous voyons avec peine que ce fanatisme religieux et guerrier les portoit quelquefois à faire couler le sang humain sur leurs autels; reproche souvent encouru jadis par d'autres nations.

Les Scandinaves, ou plutôt les Normands, avoient des poëtes nommés *scaldes*, qui, pareils aux bardes des Gaules, et même depuis à nos troubadours, composoient des chants de guerre et de religion. — Les flottes normandes qui vinrent, au neuvième siècle, infester les parages de l'Angleterre, de la France, de l'Espagne et de l'Italie, portoient souvent plusieurs de ces scaldes pour chanter leurs succès.

On cite encore aujourd'hui quelques-uns de ces chants; on se doute bien qu'ils sont barbares comme ces pirates, mais ils sont remarquables par une éloquence fière et sauvage, surtout par le mépris de la mort.

Tel est l'ouvrage d'un de ces Scandinaves, qui, au neuvième siècle, fut en même temps roi, guerrier, poëte et pirate, et qui, pris en Angleterre les armes à la main, condamné à mourir dans une prison remplie de serpens, chanta lui-même son

éloge funèbre. — Ce roi étoit le brave et infortuné Reigner Lodbrog, qui remplit de ses victoires et de son nom la Russie, les bords de la Baltique, la Flandre, l'Allemagne, la France et l'Angleterre. — Après avoir raconté tous ses exploits, il s'écrie : « J'ai cinquante et une fois levé
» l'étendart des batailles ; je serois un lâche si
» je m'affligeois de mourir. Il est temps de finir
» mes chants, les déesses m'invitent, elles s'a-
» vancent ; Odin, de son palais, les a envoyées
» vers moi, je serai assis sur un siége élevé, les
» déesses de la mort me verseront le breuvage
» immortel. C'en est fait, les heures de ma vie
» sont écoulées, je vais sourire en mourant ».

<small>Lodbrog.</small>

Le poëme dont ceci est extrait, fut publié, vers 1650, par un médecin danois, et fut appelé, par les écrivains du Nord, le chant du cigne de Reigner Lodbrog.

Lodbrog, guerrier, poète et législateur, avoit, dit-on, le premier institué le jugement des douze jurés, imité et perfectionné par le Grand Alfred.

Les Normands étoient aussi hardis navigateurs qu'intrépides soldats. Leur pays, qui étoit extrêmement peuplé, n'étoit pas très-abondant en productions ; les femmes y étant fécondes, la terre stérile ou sans culture, la chasse et la pêche n'étoient pas toujours suffisantes pour leur nourriture. De là vient qu'au neuvième et dixième siècles, il en sortoit des essaims innombrables d'aventuriers, ainsi qu'on voit sortir les essaims d'abeilles quand la ruche est trop remplie.

Ces habitudes, presque exclusives de combats et de piraterie, furent encore fortifiées par des guerres intestines entre quelques rois de Danemarck ou de Suède, contre des princes leurs vassaux, ou leurs voisins. A la suite de ces guerres, les vaincus et les mécontens alloient se joindre et faire partie des incursions qui se répandoient dans le midi de l'Europe. — Une chose digne de remarque, c'est que ce nom de pirate fut d'abord honorable dans le Nord, parce que c'étoit la profession de ceux qui se dévouoient pour purger les mers des écumeurs, ou voleurs; malheureusement les Scandinaves devinrent brigands à leur tour, et d'autant plus redoutables, qu'ils étoient renommés pour leur haute stature, leur grande force et leur santé robuste.

Le roi Cochiliac.

L'essai sur la Normandie fait remonter une de leurs premières expéditions à l'an 515, époque d'un débarquement d'une flotte danoise, conduite à l'embouchure de la Meuse par le roi Cochiliac.

On cite encore le roi Gothric, qui, jusqu'à sa mort, s'opposa aux progrès de Charlemagne, en envoyant aux Saxons des secours qui furent une fois portés jusqu'à 300 vaisseaux. On assure que

Le roi Gothric. cet empereur ne ressentit jamais de joie plus vive qu'à la nouvelle de la mort de ce Gothric, parce qu'il désespéroit d'exécuter ses desseins, tant qu'il auroit en tête un adversaire aussi redoutable, même qu'il ne put parvenir à dompter les Saxons que quand ils ne reçurent plus de secours du Danemarck. — Et, s'il faut en croire plusieurs anciens historiens, un grand nombre de familles saxones s'y réfugièrent pour se soustraire au pouvoir de Charlemagne, et y répandirent cet esprit de haine et de vengeance qui les portoit à prendre part aux pirateries de ces hommes du Nord, chez lesquels ils s'étoient naturalisés.

Combien la France n'avoit-elle pas à craindre de l'animosité de ces peuples, qui, par goût et par habitude, étoient devenus les dévastateurs des régions étrangères; de ces peuples auxquels leur religion persuadoit qu'à la guerre, des nymphes, appelées *Valkyries*, venoient choisir ceux qui méritoient l'honneur d'être tués dans les combats, pour les conduire ensuite dans le palais d'*Odin*, où ils goûteroient le plaisir suprême de boire l'hydromel, et pour lesquels mourir dans un lit, ou être faits prisonniers, étoit une ignominie!

Leurs bâtimens à deux voiles et à rames, qui portoient depuis douze hommes d'équipage jusqu'à quarante, et en tout cent hommes, y compris les soldats de débarquement, étoient construits de branches de saule et d'osier, recouvertes de peaux de bœufs. Ils connoissoient parfaitement les bancs et les écueils, et bravoient gaiement les naufrages pour aller surprendre, à la faveur d'un gros temps, les pays qu'ils vouloient saccager.

Le règne foible de Louis le Débonnaire étoit bien propre à leur procurer des succès : aussi, dès l'an 820 ou 829, treize de leurs plus gros vaisseaux ayant tenté une descente en Flandre, puis à l'embouchure de la Seine, allèrent piller les îles de Ré et d'Oléron, sur les côtes de Poitou. — Et ce-

Le roi Hériold. pendant, par une bisarrerie singulière, un Hériold, roi des Danois, étoit venu à Mayence réclamer, contre les enfans de Godefroy, qui l'avoient dépouillé de ses États, la protection de Louis, qui lui donna le comté de Ruisti, avec une forte ville dans le pays des Frisons : les vues politiques du monarque étant, sans doute, de se faire un rempart, avec cette colonie normande, contre les invasions de leurs compatriotes. — La chronique dit que ce fut en 832, et qu'en 839 l'empereur Louis le Débonnaire donna le pays de Neustrie à son fils Charles le Chauve. — Peu de temps après le pillage de Rhé et d'Oléron, toutes les côtes occidentales du royaume furent insultées par ces barbares ; ils prirent aussi et brûlèrent la ville de Saintes, et ne s'en tinrent pas là. On vit bientôt après le pavillon danois arboré sur les mers d'Espagne. Ils entrèrent dans le Guadalquivir, et se rendirent maîtres de Séville, qu'ils gardèrent un an. Pendant ce temps, d'autres flottes infestoient les parages de France, côtoyant les terres, et faisant des descentes aux endroits où elles ne trouvoient pas de résistance. Bordeaux fut pris et pillé, de même que Limoges et Angoulême. — Les François, lassés de ces incursions continuelles, traitèrent avec eux et parvinrent à les renvoyer en leur donnant de l'argent; mauvais moyen, qui, ne remédiant au mal que pour l'instant, étoit propre à les ramener par la suite avec plus d'acharnement. — Effectivement, peu d'années après, vers 835, ils reparurent plus nombreux que jamais. Après avoir pillé les bords de l'Elbe, la riche foire de Wikland, à l'embouchure de la Meuse, Anvers sur l'Escaut, ils se jetèrent sur les côtes de Neustrie, vers l'embouchure de la Seine; mais les garnisons de l'empereur, qui s'y trouvèrent heureusement pour le salut du royaume, les empêchèrent de pénétrer plus loin. — Après ces expéditions, ils laissèrent un peu respirer la France, et se retirèrent chez eux pour reprendre haleine, et partager le butin, selon leurs lois brigandes.

Mais le calme dont jouirent les sujets de Louis le Débonnaire ne fut pas de longue durée. De nouveaux essaims de Normands revinrent et se répandirent dans les provinces méridionales.

Périgueux, Toulouse et autres villes en éprouvèrent les funestes effets.

L'histoire de ces temps malheureux est la preuve certaine des vices qui régnoient alors dans le gouvernement français.

Sans entrer dans l'immense détail de toutes les expéditions normandes, nous en allons rapporter une qui excite l'étonnement d'une manière particulière, celle du féroce Hastene. Ce capitaine de barbares s'étoit déjà fait une réputation dans l'art de la piraterie. Commandant une flotte de Normands, il avoit pénétré dans la Méditerranée, et s'étoit porté vers l'Italie à dessein de piller Rome, dont la grande renommée avoit excité sa cupidité. Peu expert sans doute dans l'usage de la boussole, au lieu d'arriver à Rome, il avoit débarqué près d'une ville de Lombardie, appelée *Luna*; mais, ne pouvant s'en emparer à force ouverte, Hastene imagina un stratagème aussi atroce que singulier. Il feignit de se convertir, et fit demander le baptême à l'évêque, sous prétexte d'une maladie grave, et aussi en proposant des ouvertures de paix qui furent acceptées. Introduit dans la ville pour la cérémonie, il en remarqua attentivement toutes les issues. Quelques jours après il fit courir le bruit de sa mort et de son testament, par lequel il avoit donné toutes ses richesses à l'église du lieu, dans laquelle il demandoit la sépulture

Hastene.

comme chrétien. — Les habitans crédules consentirent à l'y laisser enterrer. — Le convoi marcha précédé de toutes les riches offrandes, tant en or qu'en argent et en pierres précieuses, et escorté d'un nombreux détachement en grand deuil et sans armes apparentes. — Mais, au milieu du service, Hastenc s'élance hors du cercueil, l'épée à la main; aussitôt les Normands déguisés, qui formoient l'escorte, tirent leurs armes cachées sous leurs habits, et massacrent l'évêque, les chanoines et tous ceux qui ne purent s'enfuir de l'église. Averti par le bruit, le reste de ses troupes, qui étoit à bord des vaisseaux, débarque à l'instant, s'empare de la ville et met tout à feu et à sang. Hastenc, après avoir fait un pillage immense, se rembarque pour son pays. — Un pareil trait étoit bien propre à lui faire une grande renommée parmi ses compatriotes, et à le porter à une place éminente, ainsi que nous allons le voir dans la chronique. — « *Au temps que Hastenc descendit en France, régnoit en Dennemarche, un roy nommé Lotrocus, et suivant d'autres, Lodbrog, dont nous avons parlé plus haut. Là, étoit si grande abondance d'hommes que par nécessité leur étoit bezoin de mettre par certain espace de temps, des gens hors du pays, parce que vivres étoient petits pour si grand nombre de peuple. Et souvent tollissoient les plus forts, la substance des foibles. Et par sort, c'est-à-dire, par coup de hasard, comme ils avoient accoutumé, élirent quelque nombre de peuple duquel fut conducteur par le même sort, Bier, surnommé Côte de Fer.* »

Ici la chronique nous jette pour un moment dans la magie, car elle ajoute : « *ainsi dit pour ce qu'il ne s'armoit point et ne craignoit fer ni acier, par charmes et mauvais arts, qui étoient en lui. Il étoit fils dudit roy Lotrocus, et quand le roy vit qu'il convenoit que son fils s'en allât hors du pays, lui bailla pour le conduire son sénéchal, nommé Hastenc, qui fut cruel et sur toutes choses se délectoit en effusion de sang humain, ardre et détruire pays et lui fut commise telle compagnie, qu'ils étoient bien six mille combattans, sans autre grand nombre du commun; et encore leur fit-on délivrer harnois, vivres, et navires. A leur départ faisoient par coutume sacrifice d'un homme en espécial, devant leur idole qu'ils appelloient Tur, et le prêtre prenoit le sang de l'homme et marquoit au front tous ceux qui partoient pour aller hors du pays,* » — Nous n'osons ajouter foi à cet usage digne des cannibales; mais, s'il en étoit ainsi, quel excès de frayeur et de désolation ne devoient-ils pas porter avec eux, ces barbares qui se préparoient à leurs expéditions par de tels actes de férocité religieuse.

Maintenant l'on ne doit plus s'étonner de ce vieux *dictum*, que l'on prétend avoir été mêlé jadis aux litanies : *à furore Normanorum libera nos, Domine.*

La flotte ayant mis sous voile, suivit les côtes, pillant et mettant le feu toutes les fois que l'occasion de prendre terre se présentoit. Après un long trajet, elle atteignit les rivages de Flandre, où les pirates débarquèrent. — *En ce temps étoit le pays de France en foible état et moult piteux, car les enfans de Louis le Débonnaire, fils du grand Charlemagne, avoient de nouveau été en une grande bataille vers Auxerre, les uns contre les autres, pour partager les terres entr'eux.* C'étoit la sanglante affaire de Fontenay, gagnée, en 842, par Charles le Chauve et Louis de Bavière, sur leurs frères Lothaire et Pepin : *en laquelle bataille étoit mort la fleur des gendarmes et de presque toute la noblesse du royaume; et,* disent les historiens, *qu'il n'est point mémoire que plus grande occision fut oncques faite en France.* Hastenc, qui étoit instruit de ce désastre, profita de la circonstance pour pénétrer dans les terres et ravager la Flandre. Il vint jusqu'à *Saint-Quentin en Vermandois* : piller et brûler la ville, ne fut qu'un jeu pour lui ; quelques-uns de ses détachemens poussèrent jusqu'à Noyon, qui éprouva le même sort, ainsi que l'église de Saint-Eloy, où périrent l'évêque et les chanoines.

Satisfait de ce premier essai, il retourna vers ses vaisseaux, pour y déposer les prémices de son riche butin et continuer ses ravages.

S'étant remis en mer avec ses terribles compagnons, il fila le long de la côte jusqu'à Fécamp.

Là descendirent près d'une abbaye de nonnains, qui lors étoit audit lieu; et quand l'abbesse le sut, elle se couppa le nez, et les nonnains pareillement, pour laquelle chose Hastenc les fit toutes mettre à mort; et si pilla et détruisit toute l'abbaye.

Nous ne rapportons ce trait qu'à cause de sa singularité: quelqu'incroyable qu'il soit, il ne peut qu'honorer l'antique mémoire de ces bonnes religieuses de Fécamp, qui, déjà effrayées par la nouvelle du désastre de la Flandre, furent saisies d'une telle horreur, au moment de tomber entre les mains de ces furieux, qu'elles eurent le courage de se défigurer pour leur offrir plutôt du dégoût que de l'attrait.

Après ce fait, rentrèrent en leurs navires, et s'en allèrent le long de la côte jusqu'où la rivière de Seine chet en mer: et montèrent amont la rivière tant qu'ils vinrent à Jumièges, qui lors étoit une grande et riche abbaye, en beau lieu somptueusement édifiée et fondée du roy Clovis. Et tant étoit augmentée qu'elle renfermoit alors 900 moines et 1500 frères servans.

Tout ce monde s'enfuit au plus vîte à l'approche des Normands, et chacun emportoit ce qu'il pouvoit sauver. L'abbaye fut tellement maltraitée, qu'elle resta presque détruite et inhabitée pendant l'espace de plus de trente ans, et même jusqu'au temps de *Guillaume Longue Epée*, second duc de Normandie.

Il falloit que le désordre, la division et l'épuisement de la monarchie fussent portés à une grande extrémité pour laisser si beau jeu à ces hommes du Nord, qui ne rencontroient nulle part des troupes pour les repousser, et trouvoient dans les abbayes des quantités énormes de moines ; le nombre en étoit si considérable qu'il y avoit alors tel monastère qui contenoit jusqu'à six mille individus, ce qui, vu surtout la dépopulation du royaume, démontre à cette époque l'immense étendue des possessions monastiques. — Rien de plus respectable sans doute que les principes de sagesse, qui avoient engagé plusieurs chefs et fondateurs de ces établissemens à se procurer, pour eux et pour leurs semblables, un asyle contre la corruption du siècle et contre l'infortune ; asyles auxquels on dut, dans l'origine, le défrichement des forêts et de nombre de terres incultes. — Mais en est-il moins vrai qu'un royaume qui se minoit à entretenir des moines, quand il manquoit de soldats, étoit incapable d'une vigoureuse défense.

Hastenc ne manqua pas de profiter du moment. Après le pillage de Jumièges, il continua de remonter la Seine, et arriva à Rouen, brûla une partie de la ville, pilla le reste, ainsi que l'abbaye de St.-Ouen, dont les moines se sauvèrent en Lorraine avec les reliques du Saint. Il dispersa ensuite ses troupes dans une grande partie de la Neustrie, où il exerça ses ravages accoutumés ; il n'y eut presque pas de ville, bourgade, ou monastère qui ne fut rançonné, pillé ou brûlé. Les abbayes de Saint-Waudrille et de Saint-Evroult ne furent ni oubliées, ni épargnées (1).

Enrichis des vases et ornemens des églises, et de tout ce qu'ils avoient pu enlever aux malheureux Neustriens, ces fougueux brigands regagnèrent la mer, et longeant les côtes, suivant leur usage, firent une tentative sur la Bretagne. Après avoir dévasté la ville et le monastère de Tréguier, Hastenc ne consentit à évacuer ce territoire qu'en recevant de grosses sommes d'argent, que le gouverneur, Nominoé, lui proposa pour se rembarquer.

Ayant tourné toute la Bretagne, il arriva à l'embouchure de la Loire, et remonta ce fleuve jusqu'à Tours, dont il fit le siége aussitôt, pendant qu'un de ses détachemens réduisit Amboise en cendres.

---

(1) Ces abbayes ne furent rétablies que long-temps après.

Les Tourangeaux osèrent se défendre : encouragés par les reliques de Saint-Martin, leur patron, qu'ils portèrent sur le haut des murs, ils firent une sortie vigoureuse, et repoussèrent les Normands, qui se retirèrent jusqu'à Saint-Florent, près de Saumur, et là s'établirent dans une grande île de la Loire, qu'ils fortifièrent pour y abriter leurs navires, leurs prisonniers et leur pillage. Appelés dans le comté Nantais par Lambert de Craon, qui désiroit être secouru contre Nominoé, Hasteno mit le siége devant Nantes et l'emporta d'assaut. L'évêque et les habitans furent passés au fil de l'épée, la ville saccagée.

Ensuite il remonta la Loire, s'empara d'Angers, et de là se dirigea sur le Poitou, qui fut bientôt la proie de ces forcenés ; son armée, loin de diminuer, grossissoit de jour en jour par la multitude de vagabonds et de scélérats qui s'y réunissoient. Secondé puissamment, et toujours accompagné par son collègue Bier, il parcourut l'Aquitaine, une partie de l'Auvergne, s'attachant de préférence aux abbayes et aux prieurés, revint ensuite se jeter sur la Touraine, et placer son camp à *Noirmoutiers*. Tout le pillage, résultat de cette tournée, fut déposé dans *l'île d'Heur*, au milieu de la Loire ; mais les compagnons du pirate Normand, médiocrement disciplinés, se prirent de querelle entr'eux pour les partages du butin, et se battirent si violemment qu'il en resta un certain nombre sur la place. Leurs prisonniers profitèrent du tumulte causé par ce combat, pour s'évader.

Cependant Ranulfe, duc d'Aquitaine, et Robert le Fort, comte d'Anjou, voyant la désolation de ces riches provinces, qui n'étoient plus qu'un théâtre de misère et d'infortune, voulurent essayer de les délivrer de ces terribles excès.

Ils rassemblèrent un nombre considérable de gens auxquels ils donnèrent des armes. Hastenc marcha fièrement à eux, et leur livra bataille sur les confins de l'Anjou. Forcé de se retirer au déclin du jour dans le village de *Brizert*, il s'y retrancha et s'y barricada : décidé à périr, ainsi que Bier, il fait de l'église une citadelle, où il place l'élite de sa troupe ; de leur côté, le duc d'Aquitaine et le comte d'Anjou, n'ayant pu emporter le village de jour, prennent le parti de se camper tout à l'entour, et de remettre l'attaque au lendemain ; mais, pendant la nuit, Hastenc, Bier et les Normands, font une sortie avec la fureur des tigres ; les deux capitaines français, qui se présentent des premiers, sont à l'instant massacrés ; le reste est culbuté et mis en fuite.

Enflés de cette victoire, ils se portent rapidement vers Tours, qui, cette fois, ne put résister ; la ville fut livrée aux flammes, de même que le monastère de Saint-Martin, dont on avoit eu la précaution d'enlever les reliques pour les transporter à Orléans. — Après avoir épuisé la Touraine, ce torrent dévastateur inonda aussi l'Orléanois, et ne s'arrêta enfin que dans le comté de Chartres, dont Hastenc s'empara de vive force.

Le succès de ces fougueux étrangers en attira bientôt d'autres qui vinrent attaquer différentes provinces de France, entr'autres la Gascogne, dont ils ruinèrent les principales villes. Le roi Totilus, deux fois battu par eux, périt dans la seconde défaite ; mais le comte Séquin, qui lui succéda, fut son vengeur, et les chassa de son pays.

En 844, la mer fut couverte de leurs vaisseaux. Ils descendirent presque en même temps en Angleterre, en France et en Espagne. Malgré la conquête passagère des îles Baléares, et trois victoires en Afrique, les Maures vinrent à bout de les expulser, tandis qu'en France et en Angleterre, on ne prit que des mesures très-insuffisantes.

La preuve de cette insuffisance est donnée par l'entreprise d'un nouveau chef de ces hommes du Nord, dont il paroît que l'expédition avoit été combinée avec celle de Hastenc, le fameux Reigner, ou plutôt Ragenaire, envoyé en France par le roi Roric. Ce roi de Danemarck faisoit lui-même des excursions, et avoit donné, en 845, un échantillon

Le roi Roric

de son savoir-faire comme roi de pirates. Entré dans l'Elbe avec 600 voiles, le pillage de Hambourg ne fut pour lui qu'une bagatelle; ayant pénétré de là jusqu'au cœur de l'Allemagne, il en avoit rapporté dans ses états les immenses dépouilles.

Le capitaine danois, Reigner, ou Ragenaire, remonte la Seine avec cent vingt voiles. Dix mille Normands portés par cette flotte, pillent Rouen une seconde fois, et sont bientôt aux portes de Paris. Là, ils furent renforcés par des troupes que Hastenc leur amena, et ils n'hésitèrent point à tenter l'attaque de cette capitale. Les Parisiens, effrayés, ne firent rien paroître alors de cette valeur avec laquelle ils se défendirent en d'autres temps; ils abandonnèrent sans résistance leurs faubourgs, et la plus grande partie de leur ville, pour se retirer dans la cité. — Les pirates ne manquèrent pas cette occasion favorable de mettre le feu aux faubourgs, dont les maisons étoient alors construites en bois, et les flammes gagnèrent l'église de Sainte-Geneviève. Pendant ce temps l'infortuné Charles le Chauve, retranché à Saint-Denis avec quelques troupes, au lieu de combattre, acheta, au prix de quatorze mille marcs d'argent, la paix qu'ils daignèrent lui vendre.

Forcé de traiter aussi avec le nouveau chef du pays Chartrain, il consulta ses prélats et barons assemblés, *et furent d'avis de dissimuler et endurer les adversités, vu la foiblesse du royaume, et que bon seroit qu'on envoyât devers Hastenc traiter de paix, moyennant que le roy lui donneroit terre en France, à lui et à ses hoirs, pour vivre paisiblement, dont il feroit hommage au roy. — Ce conseil fut tenu pour bon, et fut envoyé l'abbé de Saint-Denis, qui moult sage homme étoit, et plusieurs évêques et autres prélats avec lui, devers Hastenc, lesquels parlementèrent tant, que par grands dons et promesses, et moyennant la comté de Chartres, et toutes les appartenances d'icelle, que le roi de France lui donna héréditalement, fut fait paix entr'eux.*

Hastene reconnu comte de Chartres.

(1) Ce fut alors que le collègue Bier abandonna son fidèle Hastene pour prendre la route de Neustrie, et regagner la mer chargé *d'un si grand et si riche butin, qu'il ne pouvoit jamais avoir besoin de richesses*; mais une tempête engloutit la plus grande partie de ses vaisseaux, *et le jeta en Frise, où il décéda bientôt après.*

Mort de Bier.

La chronique confirme sa mort en Frise, malgré son invulnérable côte de fer, et ajoute qu'à cette nouvelle Hastene fut moult dolent.

Pendant les exploits de ce Reigner, ou Rage-

---

(1) Histoire de Normandie.

naire, d'autres bandes de la même nation se jetèrent sur la Frise et sur la Hollande ; quelques-unes entrèrent dans l'Escaut, et allèrent brûler l'abbaye de Saint-Bertin; d'autres profitèrent des divisions intestines de la Bretagne pour s'y introduire encore, et, après nombre de combats, le chef ou gouverneur du pays, nommé Salomon, ne put s'en défaire qu'en leur donnant, par un traité, cinq cents vaches et d'autres bestiaux.

Invasion de Angleterre Il est à remarquer qu'à la même époque, l'Angleterre en étoit infestée, et que le grand Alfred, qui avoit employé la plus grande partie de son règne à les combattre, avoit fini par faire, avec quelques-unes de leurs bandes, un traité dans le genre de celui du roi de France avec Hastene. Il avoit abandonné le Northumberland et autres provinces orientales à deux chefs de normands, ou danois, Guthrum et Guthred, sous la condition de rester au nombre de ses sujets. La dépopulation totale de ces provinces, qui avoient formé jadis deux royaumes du temps de l'Heptarchie, fit de ce traité une mesure utile à ce grand monarque; car ni lui ni ses successeurs ne purent venir à bout de les chasser entièrement jusqu'au règne d'Édouard le Confesseur, vers le milieu du onzième siècle. Ainsi, depuis les premières expéditions danoises, jusqu'au temps où l'on peut dire qu'ils reconquirent l'Angleterre sous les noms de Normands-Français du duc Guillaume, il ne s'écoula qu'un espace de vingt ans environ. — On remarque que la malheureuse politique de payer chèrement ces barbares, avoit été d'abord employée en Angleterre comme en France; mais cette même faute est peut-être excusée par les mêmes circonstances, l'impossibilité de s'en défaire autrement. — Parmi les moyens employés contr'eux, on cite l'expédient de Charles le Chauve, qui, vers 872, trouva celui de soudoyer un de leurs chefs, nommé Véeland, qui ravageoit la Picardie, pour détruire la bande d'un autre, nommé Bernon, qui s'étoit cantonné dans l'île d'Oissel, à deux lieues de Rouen.

Véeland et Bernon.

Louis III vit aussi son règne troublé par leurs entreprises; après avoir fait construire un fort à Compiègne, il osa les attaquer, et, quoiqu'il en eût détruit plusieurs milliers, tant sur les bords de l'Escaut que dans la forêt Charbonière, il fut obligé de se retirer devant eux.

Ils se répandirent alors dans toute la Belgique et la Flandre, au nombre de près de cinquante mille. *Carloman* les battit à Anal, sur les bords de l'Oise, leur tua cinq ou six mille hommes, et, malgré cet avantage, il ne put les empêcher de tenir dans Amiens, où ils élevèrent des fortifications. Ce fut de là qu'ils allèrent brûler l'église d'Arras, et là aussi que des négociations furent ouvertes. Le roi, voyant que leur nombre gros-

Nouveau traité avec Carloman.

sissoit, craignit de compromettre le salut de la France dans une grande bataille, et préféra d'employer l'or pour donner le repos à ses sujets. La paix fut stipulée moyennant douze mille marcs d'argent, qui leur furent comptés, à condition qu'ils laisseroient le royaume en paix pendant douze ans. Comme, à la suite de ce traité, ils ne se pressoient point de partir, le roi fut obligé de passer l'Oise avec son armée, pour les forcer à déloger, et même de les suivre à petites journées jusqu'à Boulogne, d'où une partie retourna en Danemarck, et l'autre alla s'établir à Louvain. — Mais ce traité fut loin de recevoir son exécution ; la mort de Carloman, qui eut lieu peu de temps après, leur fournit bientôt un prétexte pour rentrer en Flandre et en Picardie : inutilement l'abbé de Saint-Denis, Hughes, leur fit reprocher leur déloyauté, et les somma de tenir aux douze ans de trève. Ils répondirent que leur parole n'avoit été engagée qu'avec le roi Carloman, et que maintenant, si l'on vouloit la paix, il falloit que son successeur fournît une pareille somme. Hughes, irrité de ce manque de foi, endossa la cuirasse et le harnois militaire, et les battit dans différentes escarmouches ; mais tous ses efforts ne produisirent d'autre effet que de retarder leur marche, et ne purent les empêcher de mettre le siége devant Pontoise, qui venoit d'être fortifié, et d'être défendu par une tour nouvellement construite. Le gouverneur, nommé Altran, soutint courageusement plusieurs assauts, après lesquels il fut obligé de capituler et de leur abandonner cette ville, dont les forts et la tour furent presqu'aussitôt démolis. — Les Normands ne se bornèrent pas à la prise de Pontoise. Conduits par Sigéfroid, leur général, ils s'avancèrent vers Paris, animés par l'espoir d'un riche pillage. En même temps on vit paroître sur la Seine une flotille de sept cents barques armées, et d'un grand nombre de petites nacelles qui occupoient une longueur de deux lieues.

<small>Prise de Pontoise par Sigéfroid.</small>

Il paroît constant que Roul étoit sur cette flotte, et même nous présumons que ce fût là sa première grande expédition combinée avec Sigéfroid, et à laquelle Hastenc, devenu comte de Chartres, n'étoit pas étranger. Mais il existe dans les vieux historiens une telle confusion, tant de contradictions les unes avec les autres pour les époques, tant de faits qui paroissent être des répétitions, qu'on ne peut extraire et débrouiller qu'en tâtonnant dans la nuit des siècles, comme l'a dit un très-aimable écrivain. (1) — Nous allons cependant suivre leur marche, et placer l'histoire de Roul à la suite de l'invasion de Sigéfroid,

---

(1) Toustain, auteur de l'Essay.

quoique nous soyons persuadés que ces deux chefs manœuvroient ensemble et d'accord, et que ce fameux siége, placé d'abord par l'histoire de Normandie en 884, ensuite en 879, et par la chronique en 900, ne soit peut-être absolument que le même.

<small>Siége de Paris.</small> Paris fut consterné de revoir ces barbares, dont les premiers dégâts n'étoient pas encore réparés. Une foule de noblesse française accourut dans les remparts de la capitale, et les habitans, piqués d'une noble émulation, résolurent de faire une vigoureuse défense. La première attaque eut lieu *contre la tour qui défendoit la porte du Midi.* (1) *Les Parisiens se montrèrent valheureux à la bien défendre, et après un combat qui dura depuis le matin jusqu'au soir, les Normands retournèrent en leurs vaisseaux pour passer la nuit. Le lendemain ils continuèrent l'assaut tout le jour, non toutefois sans perte des leurs, néanmoins ils s'obstinèrent au siége, formèrent leur camp et se fortifièrent dans l'abbaye de Saint-Germain-des-Prez, où ils déposèrent tout leur butin. Lors les escadrons de ces barbares furent divisés et logés en tant de lieux, autour Paris, que les assiégés ne pouvoient espérer aucun secours de vivres.* — Paris d'alors étant entièrement enclos par la Seine, et n'étant fortifié

---

(1) Hist. de Norm.

que par une enceinte de murailles et deux grosses tours, tel qu'on voit aujourd'hui le grand et le petit Châtelet.—Les assiégeans ayant bien fermé et gabioné leur camp, assaillent une tour qui étoit au bout du pont, mettent le feu à la porte, l'enfoncent, et prenant ceux qui la défendoient, les font mourir avec la plus grande cruauté, et les jettent à la rivière. On remarque qu'ils se servirent du bélier pour abattre les murailles et de machines à lancer des pierres, semblables à la catapulte et aux balistes des anciens; ils employèrent aussi des galeries d'approche. Étant parvenus à faire brèche, ils donnèrent trois grands assauts, que les Parisiens repoussèrent avec intrépidité. Ceux-ci avoient à leur tête non-seulement le comte Eudes, mais aussi l'évêque Gozlin, qui mourut de ses fatigues au milieu du siége, au moment où il ménageoit un accommodement avec Sigéfroid.

L'empereur Charles le Gros, qui étoit devenu roi de France en 884, après la mort de Carloman, envoya le duc de Saxe, Henri, au secours de Paris; mais, étant tombé dans une embuscade que les Normands lui tendirent, il fut tué, et son armée battue se retira en Allemagne. Cette embuscade n'étoit autre chose que des fossés creusés autour de leur camp, et recouverts de branches et de gazons.

Enfin Charles le Gros parut lui-même avec de grandes forces, et son camp fut assis à Montmartre. On s'attendoit à une action qui peut-être alloit décider du sort de la France; mais ce monarque préféra les payer pour s'en défaire, et l'on assure qu'outre les grandes sommes qu'il leur donna, il leur permit d'hiverner en Bourgogne.

Après la levée du siége, les troupes de Sigéfroid tombèrent en forces sur la Champagne et la Bourgogne, où la résistance qu'elles éprouvèrent les rendit peu délicates dans leur manière d'agir. — Une particularité assez singulière sur leur départ, est ainsi racontée : *Dautant que les Parisiens leur empêchoient de monter la meilleure et plus grande partie de leurs vaisseaux, ils les portèrent par terre dans des chariots; puis, les ayant remis sur la Seine au-dessus de Paris, montèrent la rivière, s'embouchèrent dans l'Yonne, assiégèrent la ville de Sens, et la battirent, six mois durant, avec tous les efforts et ruses dont ils se purent aviser. L'évêque Evrard s'immortalisa par la défense de sa ville*; mais à la fin, ne recevant aucun secours, il fallut, pour la soustraire au pillage et à l'incendie, qu'il achetât la retraite des Normands, comme on faisoit partout.

Siége de Sens.

Sigéfroid, profitant du mauvais état et des troubles de la France, ramena sous les murs de

Paris son armée, qui se montoit encore à plus de trente mille hommes; mais, repoussé vigoureusement, il fut obligé d'adhérer à un traité portant qu'il n'approcheroit pas de la ville de trois journées de chemin. Que font alors les Normands? Ils remontent le cours de la Marne et assiégent Meaux. En vain le comte Thiébert et l'évêque Sigismond opposent une résistance opiniâtre; la ville est forcée, saccagée, et les habitans massacrés avant que les secours du roi Eudes soient arrivés.

Prise de Meaux.

Fiers de ce triomphe, ils violent le traité, reviennent sur Paris, et y sont encore repoussés par les habitans, qu'animoit l'exemple de leur évêque, Amelrie, ou Amcheric, digne successeur de Gozlin. Le roi Eudes en atteignit un corps de dix-neuf mille à Montfaucon, et les battit à plate couture. Chassés de ce côté, ils allèrent tenter fortune en Bretagne, où Alaine remporta sur eux une victoire si complète, vers 891, qu'il en fut délivré tout-à-fait.

On raconte encore que, vers 892, un corps immense de Danois avoit pénétré par la Meuse jusque dans la Lorraine, où l'empereur Arnoult les battit si vigoureusement, qu'on ne les revit plus jusqu'à l'arrivée de *Roul*, prince de Danemarck.

Ce guerrier, que l'on a nommé aussi Raoul et Rollon, et que la chronique appelle *Rou*, étoit fils d'un puissant seigneur, nommé *Guyon*, dont

Origine de Roul.

la principauté, située dans le bas Danemarck, consistoit en deux terres ; *l'une avoit nom Alan, et l'autre But, et étoit défendue par une forteresse, nommée Fasge.* Si l'on en croit l'histoire de Normandie, le roi de Danemarck y porta la guerre vers 869, en punition ou vengeance de ce que ce seigneur avoit donné asile à nombre de Danois qui étoient destinés par le sort à quitter le pays pour aller en excursion. Ce roi eut d'abord du désavantage ; mais, dans une surprise, Roul vit périr son père et *Gurim*, son frère, avec la meilleure partie de ses troupes, et fut contraint d'abandonner ses Etats. — Retiré dans un coin de la Scandinavie, il y rassembla tous ceux qui voulurent s'attacher à son sort. Indépendamment d'un certain nombre de ses sujets, que l'affection réunit à lui, sa réputation lui attira quantité de Frisons, Suédois et Norvégiens, et des aventuriers de toutes les nations, qui, accoutumés au métier de pirate, ne respiroient que guerre et pillage. Renonçant à toute tentative pour rentrer dans ses possessions héréditaires, il résolut d'aller, suivant l'usage de son pays, chercher fortune sur les côtes d'Europe.

Sa première entreprise fut sur l'Angleterre, où il trouva ses compatriotes établis, Guthrum et autres, en possession, depuis 875, des royaumes, ou plutôt provinces de Northumberland et d'East-Anglia. Il paroît constant que cette arrivée de

Rollon fut vers la fin du règne du grand Alfred.

(1) *The first attempt made by Rollo, was on England, near the end of Alfred's reign; When that great Monarch having settled Guthrum and his Followers, in East-Anglia and Northumberland*, etc.

Il va en Angleterre.

Ici nous sommes obligés de risquer une conjecture, parce que les anciens auteurs sont par trop divisés sur les faits. — L'un dit qu'après deux victoires infructueuses, il se rembarqua et fit voile pour la France; l'autre, l'histoire de Normandie, assure qu'après avoir battu les Anglais au débarquement, il renvoya les prisonniers sans rançon, et fit demander au roi sa protection et la permission d'hiverner dans ses ports : que le grand Alfred l'engagea à venir à Londres, où il le régala tout l'hiver, de bals, de festins et de comédies, et qu'au printemps, il lui permit d'enrôler, parmi ses sujets, pour son expédition de France.

L'histoire d'Angleterre, au contraire, ne dit pas un mot de sa guerre, ni de son alliance avec Alfred; mais elle assure qu'ayant trouvé un gouvernement ferme, solide, et dirigé par cet habile monarque, aussi savamment pour le civil que pour le militaire, le prudent danois jugea qu'il auroit peu d'avantages à combattre un peuple régi

---

(1) *History of england.*

par un tel prince, et tourna ses entreprises contre la France, qui lui offroit plus de facilité.

The prudent Dane, finding that no advantages could be gained over such a people governed by such a Prince soon turned his entreprizes, against France, Which he found more exposed to his inroads....

Il paroît donc constant que Rollon, qui n'avoit encore que quarante navires, venoit plutôt pour chercher un appui que pour combattre. — Mais que son alliance ait été concertée avec le roi d'Angleterre, nous en doutons, avec d'autant plus de conviction, que c'est avec Athelstan que la chronique dit que cette alliance eut lieu; et, quoique cela paroisse impossible, nous croyons qu'elle a raison.

<small>Le grand Alfred abandonne le Northumberland aux Danois et Normands.</small>

L'impossibilité vient de ce que le roi Athelstan ne monta sur le trône qu'en 925, et que l'époque de la mort de Roul, ou Rollon, est fixée vers 917. Mais nous découvrons qu'il a existé un autre Athelstan, du temps d'Alfred, et que c'est ce Guthrum, ce chef danois, qui, pour obtenir définitivement les royaumes de Northumberland et d'East-Anglia, avoit consenti à se convertir au christianisme. Le Grand Alfred avoit été son parrain, et lui avoit donné le nom d'Athelstan, en lui accordant le titre de son fils adoptif, vers 875 (1).

---

(1) *History of england.*

— *Guthrum aud his army were all admitted to Baptism, the King answered for Guthrum at the font, gave him name of Athelstan and Receivedhim, as his adopted son.* Baptême de Guthrum.

D'après ces observations, nous sommes bien tentés de croire à une erreur de la chronique, et de dire que cette alliance n'eut lieu qu'avec le compatriote *Guthrum*, surnommé *Athelstan*, et qu'aucun des rois d'Angleterre, de ce temps-là, pour lesquels les Danois et les Normands étoient un fléau terrible, ne fournirent des hommes et des vaisseaux, quelque intérêt que pût inspirer le prince Roul. Il paroît certain que ce nouveau partisan figura en France dans toutes les principales expéditions normandes, depuis 876, et qu'il fit plusieurs voyages en Angleterre. — On raconte aussi qu'il eut un songe, ou vision mystérieuse, qui lui prédisoit de grands succès.

Le printemps venu, il mit à la voile avec sa flotte ; mais, au lieu de débarquer sur les côtes de France, un coup de vent le jeta vers la Hollande, et le força d'entrer dans les bouches du Rhin ; il remonta ce fleuve assez loin pour atteindre le pays des Vangions : c'est ainsi qu'on nommoit les habitans de Spire, de Vorms et de Mayence. Ces peuples, voulant se défendre, osèrent livrer un combat ; mais, partout battus et pillés, ils imaginèrent, pour dernière ressource, de couper les vivres aux Raoul au pays des Vangions.

troupes du prince danois, qui, se voyant un moment dans la détresse, envoya vers son allié Athelstan : fidèle à ses promesses, celui-ci fit partir *dix nefs chargées de vivres, et dix autres chargées de troupes*, à l'aide desquels *Roul* reprit une attitude imposante. — Alors les Vangions appellent à leur secours le duc de Frise, *Rembault*, et le comte de Hainaut, *Regnier*, surnommé au long Col; mais, vaincus aussitôt qu'ils paroissent, ils prennent la fuite chacun de leur côté.

{Il s'empare de la Frise.}

Rembault, poursuivi jusque dans son duché, arme tout ce qu'il trouve, *même les valets de charrue, et revient* pour combattre en désespéré. Mais Roul, *qui joignoit au courage du lion les finesses du renard, commande à ses bataillons de se jeter à genoux, serrer leurs files, et, couverts de leurs boucliers, d'attendre le choc, l'épée à la main.* Les Frisons, trompés par cette manœuvre, croient l'ennemi en petit nombre et le chargent hardiment. C'est alors que les Normands se relèvent, et font un grand carnage; *Rembault* y perdit la vie, et son duché fut donné à un des chefs danois, Geoffroy, ou Godefroy, *et print Rou plusieurs bons prisonniers, dont il eut grande finance qu'il départit à ses gens*.

Ensuite il regagna la mer, suivit les côtes de la Zélande, et entra dans l'Escaut, à dessein de mettre à la raison le comte de Hainaut; il ne put le joindre qu'auprès de la ville de Condé, où, l'ayant battu dans plusieurs affaires, il le fit prisonnier, pendant que quelques détachemens allèrent piller Maubeuge et Valenciennes. La chronique, qui dit que *toujours il eut victoire*, ajoute : *mais moult y eut affaire, car le pays étoit si mol que l'on n'y pouvoit courir.* Cependant douze des principaux chevaliers danois s'étoient laissés surprendre dans une escarmouche, et furent menés à la comtesse, qui, malgré la vive affliction où l'avoit plongée la disgrace de son mari, les traita avec égard, les revêtit d'habillemens de drap de soie, et les renvoya au vainqueur avec tout ce qu'elle put fournir d'or et d'argent pour obtenir la rançon de son mari. Rollon ne voulut pas se laisser vaincre en générosité ; il lui renvoya son époux avec la moitié de la somme, *et si lui manda que pour l'accueil qu'elle avoit fait à ses guerriers, il étoit son chevalier à lui faire service et honneur, tant comme il seroit en vie.*

<small>De la Flandre.</small>

Encouragé par ce brillant début, le prince danois se rappela le songe, ou vision mystérieuse, qu'il s'étoit fait expliquer par un de ses prisonniers, en Ecosse, où il avoit débarqué un instant, et qui, sans doute un peu sorcier ou magicien, comme on en voyoit dans ces temps reculés, lui avoit prédit qu'un jour il seroit seigneur de grandes terres en France, et qu'il en jouiroit paisiblement. —

Il entre dans la Seine.

Il regagna ses navires et fit voile jusqu'à l'embouchure de la Seine. Remontant le cours du fleuve, il arriva à Jumièges, et n'y trouva que des ruines, tristes débris des fureurs de Hastenc. Près de là il découvrit la chapelle de Saint-Vaast, et la visita en forme de pélérinage. Il y déposa pour offrande la châsse et les reliques de Sainte-Ermentrude, qu'il avoit apportées de Frise. C'est de là, dit-on, qu'est dérivé, pour ce lieu, le nom d'Emendreville.

Mais la terreur et l'alarme se répandirent bientôt dans la Neustrie, et les Rouennais, intimidés, lui députèrent leur archevêque, Francques, ou Franco, qui lui présenta les clefs de la ville, en le suppliant de ne rien changer aux usages, ni à la religion des habitans. Le prince, après y avoir consenti, fit une défense expresse à ses gendarmes de piller les maisons, ainsi que les temples, et d'user d'aucunes violences envers les Neustriens.

Son arrivée à Rouen.

Charles le Simple, alors roi de France, mais qui n'étoit pas un habile guerrier, s'étant borné à envoyer une garnison au Pont-de-l'Arche, Raoul fit son entrée dans Rouen, sans éprouver de résistance, et la position lui ayant paru avantageuse et agréable, il résolut d'en faire son principal séjour, et y fit bâtir un fort qui lui servit en même temps de palais.

Par suite des temps, ce palais devint le couvent

des cordeliers. C'est à cette époque que la chronique fixe l'origine de la dénomination de Normandie, et elle l'explique en ces termes : *et pour ce que Rou et ces gens étoient venus de Denemarche, qui sont contrée vers le nord, les gens du pays et d'ailleurs, les appellèrent Nordmans, c'est-à-dire, hommes du Nord; car man, selon le langage d'Allemagne et de Dennemarche, est à dire, en français, homme, et pour cette cause a été le pays appelé depuis Normandie, qui auparavant étoit appelé Neustrie.* Nous ne donnons pas ces citations comme un stile élégant et recherché, mais enfin elles se comprennent, et c'est l'essentiel.

Le prince danois se remet en marche avec ses vaisseaux amplement munis de vivres et bien radoubés ; ses troupes, que le repos rendoit impatientes, atteignent le Pont-de-l'Arche, où les guide le cours de la Seine, et le prennent dès le premier assaut, malgré la garnison. *Prise du Pont-de-l'Arche.*

Comme il arrivoit à l'embouchure de l'Eure, près le Vaudreuil et Louviers, Hastenc vient à lui, envoyé de la part des Français, avec deux chevaliers qui parloient aussi la langue danoise, pour savoir ce qu'on demandoit, et qui l'on étoit.

La réponse fut : « Nous sommes Danois, et nous venons attaquer la France ». Hastenc voulut, en qualité de compatriote, leur persuader de se soumettre au roi Charles, et leur fit entrevoir que leurs *Hastenc parlementaire.*

services seroient payés par la cession de quelques riches domaines. Il se donna pour exemple, leur parla de ses propres expéditions, qu'ils n'ignoroient pas, et leur raconta comment il avoit été fait comte de Chartres. Les Normands répliquèrent qu'ils ne feroient hommage ni service à personne, et ne vouloient acquérir des trésors et des domaines qu'à la pointe de l'épée. Puis, craignant qu'on ne voulut les jouer ou les espionner, ils exhortèrent les parlementaires à se retirer.

De retour au camp français, Hastenc assura qu'il regardoit comme dangereux de livrer bataille à l'expédition normande, qui lui avoit paru composée d'une jeunesse nombreuse, ardente et très-aguerrie, et conseilla d'essayer encore la voie des négociations.

Mais un porte-guidon de l'armée, nommé le chevalier Roland, jeta de la méfiance sur son compte, et dit tout haut qu'il ne falloit pas s'en rapporter à cet homme-là, qui avoit été lui-même conducteur de Normands, et de plus un très-grand pillard; qu'on n'avoit jamais vu un loup faire la guerre aux loups, ni un renard en tromper un autre..., *et ce, disoit-il, pour Hastenc, qui étoit du pays de Roul*. Quand Hastenc apperçut qu'il étoit en la malveillance des nobles hommes de France, et qu'ils ne se fioient pas à lui, bientôt après il vendit sa comté de Chartres à un *baron, nommé Thibaut; et, après avoir reçu les deniers, s'en alla hors du pays, et ne sut on depuis ce qu'il devint.*

Ici se terminent les aventures de ce farouche pirate, que l'histoire Normande donne pour être né ou au village de Tranquile, ou dans la ville de Troyes; c'est pourquoi elle l'appelle souvent le champenois Hastenc. Nous croyons que cette erreur vient de ce que, parmi la multitude des bandits qui se joignoient aux brigands du Nord pour avoir part au pillage, il se sera trouvé un champenois remarquable par son audace et son effronterie, auquel les autres, par dérision, donnèrent pour sobriquet le nom du chef danois. Ce qu'il y a de particulier, c'est que l'histoire Anglaise raconte aussi un débarquement de Hastenc sur les côtes de Kent, en 893, avec 330 voiles, dont 80 entrèrent avec lui dans la Tamise : elle ajoute qu'après plusieurs années d'une guerre violente, le Grand Alfred fit prisonniers, à Bamflete, sa femme et ses deux fils, et ne les lui renvoya que sous condition qu'il sortiroit sur-le-champ de l'Angleterre. {Fin de Hastenc.}

Pendant que les généraux du roi délibéroient, Rollon avoit élevé des retranchemens, et s'étoit fortifié. Renaud, comte d'Orléans, ayant résolu d'attaquer, s'avance un matin, à la pointe du jour, avec l'armée qu'il commandoit; mais, malgré la {Roul bat l'armée royale sur les bords de l'Eure.}

vigueur du choc, ses troupes sont culbutées, mises en fuite, et le chevalier Roland tué.

Il prend Meulan. Roul, sans perdre de temps, se porte rapidement à Meulan, qui, à peine assiégé, se laisse prendre et saccager. En vain le comte d'Orléans ramasse quelques troupes, et veut revenir à la charge : mis en déroute pour la troisième fois, il est tué dans la retraite, par une flèche que lui lance un pêcheur, qui étoit gagné par les Normands.

Il assiége Paris. Rollon, triomphant, s'avance et met le siége devant Paris, siége qui, selon la chronique, dura quatre ans. L'histoire de Normandie rapporte qu'à la longue, son armée manquant de vivres, il envoya un de ses capitaines, nommé Bothon, fourrager dans la Basse-Normandie; que ce capitaine mit le siége devant Bayeux, et fut fait prisonnier dans une sortie; mais qu'ayant promis un an de trêve au comte Béranger, gouverneur de la ville, il obtint sa liberté, et qu'ensuite il fit arriver au siége de Paris une immense quantité de grains et de bestiaux.

Plus d'un an s'étoit encore écoulé sans que les assauts multipliés eussent pu faire céder Paris, lorsque le comte de Bayeux envoya solliciter une prolongation de la trêve qui venoit d'expirer. Rollon l'accorda, mais à une condition; c'est que Béranger lui donneroit sa fille en mariage, laquelle, dit la chronique, *étoit moult belle*. La réponse étant négative, le prince danois, piqué du refus, laisse là son entreprise contre Paris, et part avec toute son armée pour Bayeux. La ville est bientôt prise d'assaut, et le comte de Bessin mis à contribution. Parmi les captives se trouva la belle *Poppée*, ou *Pouppée*, fille de Bérenger; le prince vainqueur voulut user de tous ses droits, et l'épousa, *danico more*, à la mode des Danois; par la suite il en eut deux enfans, dont l'un fut *Guillaume Longue Epée*, et l'autre une fille, nommée *Gerlote*.

Prise de Bayeux.

Malgré cette expédition, il ne perdit point de vue le projet de soumettre les Parisiens, et se décida promptement à retourner vers eux : sur sa route il prit les villes de Lisieux et d'Evreux. Cette dernière fut un peu maltraitée, quoique l'évêque Sébar fût épargné. Il se présenta une seconde fois devant Paris, mais il y trouva une garnison renforcée et des mesures prises pour lui tenir tête long-temps.

Prise de Lisieux et d'Evreux.

C'est alors qu'il reçut une invitation pressante d'aller porter des secours à son allié d'Angleterre. Parmi nos vieux auteurs, l'un désigne Alfred, l'autre Athelstan, ou un roi contemporain quelconque : quant à nous, nous croyons que c'étoit plutôt les compatriotes danois, scandinaves, ou normands, qui avoient reçu un échec. Pressé de partir, il tenta un dernier assaut sur Paris; et, n'ayant pas réussi, il vola au secours de son allié. Sui-

Il retourne en Angleterre.

vant nos vieux historiens, cette campagne fut encore pour lui un enchaînement de triomphes et de victoires qui tournèrent au profit de cet allié; et Roul, après avoir refusé un beau domaine en Angleterre, ne tarda pas à reparoître sur les côtes de Normandie, avec une flotte et une armée plus nombreuse et plus brillante que jamais.

Revient au Hâvre.

Pendant son mouillage au Hâvre, il sépara sa flotte en trois divisions, dont la première pour tenir la Seine sous ses ordres. Il donna le commandement de la seconde à Gélon, son cousin, pour aller remonter la Loire, et celui de la troisième, à Bothon, pour remonter la Garonne.

Il divise sa flotte en trois.

Gélon s'acquitta très-habilement de sa mission; il prit Angers, Nantes, le Mans, et porta ses ravages jusque dans la Touraine. Bothon n'eut pas tout-à-fait autant de succès; ayant touché barre au Croisic, il voulut piller Guerrande, mais il fut repoussé rudement et forcé de reprendre la mer. Il longea les côtes et finit par entrer dans la Sèvre, dont il remonta le cours, et mit le Poitou en combustion; de là, il se rapprocha de Gélon, et la jonction se fit à Saint-Florent, sur les bords de la Loire. Arrivés là, les deux chefs normands reprirent haleine, et dressèrent leur plan de conquêtes pour se faire un établissement solide sur les bords de cette rivière.

Roul, de retour à Rouen, envoya un détachement

de sa nombreuse armée soumettre le Cotentin. Saint-Lô voulut résister, mais il en coûta la vie à un grand nombre des habitans et à l'évêque de Coutances, *Algéronde*. D'autres détachemens se portèrent sur la Picardie et l'Artois, même, suivant l'histoire de Normandie, jusqu'en Lorraine, d'où ils revinrent, chargés d'immenses dépouilles, le long de l'Aisne, de l'Oise et de la Seine, regagner Rouen. Combien ne paroît-il pas étonnant qu'ils pussent passer si près de Paris sans être attaqués, et qu'au contraire, dit la même histoire, l'alarme s'y répandit à leur approche, à tel point que le conseil du roi l'engagea à négocier par l'entremise de l'archevêque de Rouen, et que ce prélat obtint de Roul une trêve de trois mois, en attendant les arrangemens !

Trêve de trois mois avec la France.

Pendant le repos de cette trêve, Richard, duc de Bourgogne, et le comte de Poitiers, Ebaut, intriguèrent auprès du roi pour barrer la négociation, et tâcher de parvenir, au contraire, à expulser les Normands du territoire de France. Mais Rollon ne tarda pas à éventer le projet ; et, s'étant remis tout de suite en campagne, il entra dans le Gâtinois, et marcha, en pillant et brûlant le pays, en même-temps que Gélon et Bothon s'avançoient par la Loire dans l'Orléanois. — Comme il venoit de brûler Etampes, et de s'emparer de Melun, il fut assailli par une nuée de

Etampes brûlé. Melun pris.

paysans qui sortirent de tous les villages pour venir à sa rencontre. *Quand il apperçut de loin la poussière et la grande multitude de peuple qui venoit sur lui, il mit ses gens en ordonnance et son sommage entre deux batailles, puis les admonesta, en leur disant qu'ils avoient à besogner à gens du commun, qui ne tenoient point de serre ni d'ordre. Adonc commencèrent les villageois à jupper à qui mieux mieux, et sans arroy vindrent assaillir les Normands, lesquels les reçurent en belle bataille serrée, si que tant en venoit, tant en demeuroit; et quand virent qu'ils avoient du pire, se mirent en fuite, et y en eut grand nombre, tant en fuyant qu'autrement, qui furent desconfits.*

<small>Siége de Chartres.</small> Roul, comme un torrent furieux, dévasta le comté de Dunois, pilla Château-Dun, et se porta sur Chartres, dont il fit le siége; mais il éprouva de la résistance devant cette ville de la part du comte Thibaut, qui fut secondé par un stratagême de l'évêque Gousseaûme. Profitant de la confiance des habitans dans leurs reliques, cet évêque se mit lui-même à la tête d'une sortie, portant pour enseigne une chemise, qui passoit pour être celle de la Vierge. Cette fois les Normands furent repoussés, et Raoul obligé de se retirer à Rouen, dont il avoit fait une place de défense. Quoiqu'il soit prouvé par l'histoire que cette sortie vigoureuse

se fit en même temps qu'une attaque sur les Normands, conduite par le duc de Bourgogne et le comte de Poitiers, avec des troupes, qui, les ayant pris de toutes parts, les forcèrent de céder le champ de bataille : ce succès fut alors entièrement attribué à la vertu de la sainte chemise, et chanté par un poëte contemporain, comme il suit, sauf ce que nous avons retranché :

> Les Chartrains la chemise prirent,
> Sur les murs aux Carneaux la mirent,
> En lieu d'enseigne et de bannière,
> Où la vit la gent adversière
> . . . .
> Si s'appareillent d'issir hors
> Et garnissent d'armes leur corps
> Vestent haubert, lâcent haulme
> Avec leur évêque Gousseaûme,
> Qui portoit la sainte chemise,
> Por défense et por garantise.
> En l'ost des payens tôt se mirent,
> Si grande occision en firent,
> Que la terre en fut jonchiée
> Tant y eut de gent détrenchiée.

Cependant une division des Normands, qu'on peut croire être leur arrière-garde, se trouva coupée dans la retraite, et contrainte de se réfugier sur une côte de rochers, appelée le Mont-des-Loges. Se voyant enveloppée par le duc Richard et le comte Ebaut, et encore par la foule des habitans de Chartres, elle étoit dans la triste alternative de

Belle défense d'un Frison.

4

mourir de faim, ou de se rendre prisonnière, lorsqu'un des leurs, natif de Frise, et que la chronique appelle un vaillant Frison, conçut le projet hardi de sortir de ce fâcheux poste. A minuit il fait sonner de la trompette d'un côté de la montagne; en même temps il y envoie une quarantaine d'hommes, qui, frappant leurs boucliers l'un contre l'autre, font semblant d'attaquer. Tout le camp est en alerte, et se porte de ce côté. Le Frison alors descend de la montagne, du côté opposé, avec le reste des Normands, et s'enfuit en hachant tout ce qu'il trouve sur son passage; ensuite, filant le long du cours de la rivière de l'Eure, il fait sa retraite sur Rouen.

Ce ne fut pas tout. La terreur s'étoit répandue parmi les assiégeans, qui, se croyant attaqués par Rollon lui-même, s'enfuirent en chemise dans les bois, tellement *que même le duc et le comte, petitement accompagnés, se boutèrent en la maison d'un foulon, et là, furent tout le surplus de la nuit en grand doute, dont il sourdit grande dérision en France, que si peu de Normands tous affamés avoient déconfits si grands seigneurs et si grand foison de gendarmes.*

<small>Roul se porte sur Senlis.</small> Mais Rollon, de retour à Rouen, répara cet échec avec une promptitude qui répandit plus que jamais la terreur de son nom, en portant par une manœuvre imposante toute son armée sur Senlis.

Il est à remarquer que, dans le même moment, Gélon s'emparoit de tous les environs de Blois.

Enfin Charles le Simple s'apperçut que sa couronne étoit menacée, que son peuple, fatigué de terreurs et d'alarmes, gémissoit de voir que les campagnes n'étoient plus cultivées, et demandoit la paix. Il assembla ses Etats, qui le supplièrent de traiter avec le prince des Normands. Le roi chargea l'archevêque de Rouen de cette négociation; et, les principaux articles convenus, on se rendit de part et d'autre sur les bords de la rivière d'Epte, en un lieu nommé Saint-Clair, les deux princes à la tête de leurs troupes, sur chaque rivage. L'archevêque, muni des pouvoirs de Roul, passa du côté du roi pour lui représenter que la Normandie, déserte et sans culture, ne suffisoit pas au prince danois pour nourrir son armée; et qu'en conséquence il demandoit de plus un autre domaine. Le roi fit offre du comté de Flandre, mais il fut refusé comme trop marécageux: alors il fut décidé qu'au don de la Normandie, la France ajouteroit la suzeraineté de Bretagne. — *Article qui fut toujours depuis un levain de discorde entre les Bretons et les Normands.*

Rollon, passé du côté du roi, parut donner la loi plutôt que la recevoir, et dicta lui-même les articles du traité par lequel on lui céda en pro-

Traité de Charles le Simple avec Roul.

priété et souveraineté, avec le titre de duché, à charge de foi et hommage à la couronne de France, les pays contenus entre la mer et les rivières de Brêle, d'Epte, d'Avre, de Sarthe et de Coinon ; en un mot, tout ce que nous appelons Normandie, maintenant divisée en cinq départemens.

Charles le Simple, pour cimenter plus positivement cet accord, lui donna en mariage sa fille Gizelle ; mais on exigea qu'il se fît chrétien.

Baptême de Roul. Il reçut le baptême des mains de l'archevêque, et Robert, comte de Paris, qui fut son parrain, lui donna son nom à cette cérémonie. Ce fut en l'année 912.

On a raconté que Roul refusa de se prêter à l'usage reçu alors, de baiser le pied du roi quand on rendoit aveu et hommage à la couronne, et qu'il en chargea un de ses officiers, qui brutalement leva le pied du monarque si haut, qu'il fut presque renversé.

Quoique cette anecdote soit connue de tout le monde, nous la croyons au moins très-exagérée.

L'histoire de Normandie assure que Gélon reçut le même jour du roi le comté de Blois, avec une dame de sa cour en mariage ; qu'il fut la souche des comtes de Blois, et le chef de ce qu'on appela les Normands de la Loire. Elle ajoute que ce fut lui qui *bâtit le château de Blois.*

Ainsi les Scandinaves, après avoir ravagé la France pendant un siècle, réussirent enfin à s'y faire un établissement stable qu'ils possédèrent sous le nom d'hommes du Nord, ou plutôt sous la dénomination étrangère de Normands, que le temps n'a point détruite. Rollon, qui s'étoit déjà fait aimer et considérer à Rouen, ainsi que dans la Normandie, continua de faire paroître une conduite toujours digne d'éloges, et d'autant plus louable qu'elle étoit toute opposée à celle qu'avoient tenue la plupart des chefs Normands qui l'avoient précédé. Un de ses premiers soins fut de faire observer à ses soldats la discipline la plus sévère.

Ce prince joignit à une justice rigide, à une constance inébranlable, à un courage héroïque, une modération étonnante dans un conquérant, et surtout dans un conquérant danois.

Près de son ancienne capitale, différens lieux rappellent encore son nom, et semblent conserver sa mémoire, tels que *Routot*, *Roumare*, *Rouville*. *Rouen* même ne paroît-il pas en dériver, plutôt que d'être la traduction du mot latin *Rothomagus?*

HISTOIRE ABRÉGÉE

DES

DUCS DE NORMANDIE,

JUSQU'A GUILLAUME LE CONQUÉRANT.

LE DUC ROUL,

RAOUL ou ROLLON,

PREMIER DUC DE NORMANDIE.

La première année depuis son avènement fut occupée par une guerre contre les Bretons, qui refusèrent de se reconnoître pour ses vassaux, et de lui rendre un hommage qu'ils n'avoient accordé qu'avec peine au roi. Mais, irrité de ce qu'ils osoient braver sa puissance, il marcha en Bretagne avec une armée formidable, et força Alain, comte de Dol et de Vannes, ainsi que Béranger, comte de Rennes, à remplir cette formalité, comme une des clauses du traité fait avec Charles le Simple.

(1) Roul, duc de Normandie, et vainqueur de ses ennemis, revint jouir à Rouen des adorations et des respects de ses sujets. Peu de princes ont mieux goûté le double avantage d'être redoutés au dehors, et chéris dans leurs Etats; habile et vaillant guerrier, sage et profond politique, juste, actif et bienfaisant, il fut encore un grand législateur. La durée de presque toutes ses lois, et le témoignage des anciens écrivains, doivent suffire pour nous donner la plus belle idée de son gouvernement. Les Neustriens, dont le sang se mêla bientôt à celui des Normands, furent traités par leurs nouveaux maîtres avec une douceur inconnue dans ces temps barbares. Des édits précis et bien entendus achevèrent d'assurer le bonheur des deux peuples, qui dès-lors n'en formèrent qu'un seul.

Suivant l'histoire de Normandie, il donna le comté de Bayeux à Bothon, et rétablit avec dotation les églises que Hastenc avoit détruites. Celles de Bayeux, d'Evreux, de Jumièges, du Mont-Saint-Michel, de Saint-Ouen et Notre-Dame de Rouen, furent celles qui se ressentirent le plus de sa munificence.

Il paroît constant que ce fût vers 914 qu'il établit cette cour de justice, ou parlement ambulatoire, connu sous le nom d'échiquier, terme

---

(1) Essai sur la Normandie.

que certains étimologistes ont fait dériver de l'allemand *schicken*, qui signifie envoyer, parce que cette assemblée, composée d'hommes des trois ordres, exercés dans l'étude et la pratique des lois, se transportoit en tel lieu qu'il plaisoit au duc.

L'histoire normande dit qu'elle se tenoit deux fois par an, tantôt à Rouen, puis à Caen, et le plus souvent à Falaise ; que Louis XII la supprima en 1499, pour ériger à Rouen le parlement de Normandie.

M. de Brâz, seigneur de Bourguéville, en parle ainsi : *L'on tient que Rou institua la justice de l'échiquier en Normandie, ainsi dénommé, pour ce que les causes y étoient bien débattues et disputées, ainsi qu'il se fait entre ceux qui se jouent sur une table à ce jeu d'échecs, lesquels se donnent de garde de tout ce que fait leur partie adverse, pour n'être surpris et rendus mâts.* Rollon créa aussi un grand sénéchal pour visiter la province et corriger les sentences des baillifs, quand ils avoient mal ordonné ou n'avoient pas bien gardé les droits du duc, et pour juger les causes provisoires en attendant la séance de l'échiquier.

Jamais prince ne fut plus renommé pour l'exactitude et la vigilance dans l'administration de la police et de la justice. Pour mettre à l'épreuve la probité du peuple, il faisoit exposer des anneaux d'or et autres objets de prix sur les grands chemins et dans les bois. — On rapporte que des chaînes d'or qu'il détacha de son cou furent ainsi suspendues trois années dans la forêt de Roumare, à la vue des passans et des voyageurs, sans que personne y touchât. — M. de Brâz dit, dans ses Recherches sur le duché de Normandie, imprimées en 1588: *J'ai vu une vieille croix de pierre, fort massive, et non de façon moderne, en une place hors l'église du Saint-Sépulcre de Caen, sur le chemin tendant à l'Abbaye-aux-Dames, en laquelle étoient apposés de moyens anneaux de fer près le Croizillon : et, entendu des anciens de père en fils, que c'étoient encore des anneaux où le duc Rou faisoit attacher des bagues d'or, que aucuns n'eussent osé prendre pour crainte d'une punition sévère. Cette croix fut démolie comme toutes autres, l'an des troubles pour la religion, 1562, par les protestans. L'on tient que la Mâre-au-Poix, qui est sur le chemin de Caen à Rouen, par le pays d'Auge, étoit appelée la Mâre-aux-Anneaux, pour une croix y étant, semblable à la précédente.*

Enfin, ses ordonnances étoient si bien exécutées, que l'habitude des crimes et du vol fut entièrement extirpée sous son règne, et que les laboureurs laissoient la nuit leurs charrues dans les campagnes, avec sécurité.

C'est de cette époque que date ce cri de *à Roul*, ou, j'en appelle à Roul, qui a fait si long-temps partie de la jurisprudence normande, sous le nom de *clameur de haro*, et qui est une preuve qu'il jugeoit lui-même. A ce simple mot, surtout dans l'origine, il falloit que l'une et l'autre des parties, à peine d'amende, dommage et intérêt, allassent en jugement, fournissent caution de leurs prétentions, ou se rendissent en prison.

Le duc ne borna pas là ses soins : considérant que la guerre et les ravages de ses compatriotes avoient dépeuplé le pays qu'il gouvernoit, il fit publier, à son de trompe, dans les villes et les ports de la province, que tous les étrangers qui voudroient venir se fixer dans ses Etats seroient bien reçus. Cet expédient, qui, sous un prince foible, auroit pu avoir des inconvéniens, lui attira une foule considérable, qui vint augmenter le nombre des artisans dans les villes, et celui des laboureurs dans les campagnes.

Ce fut à lui qu'on dut l'origine de cette coutume de Normandie, si long-temps célèbre et remarquable par les avantages attachés aux droits d'aînesse; droits qui n'étoient que l'imitation d'une loi danoise, qui donnoit à l'aîné toute la succession paternelle.

Ces réglemens furent recueillis dans le Coutumier composé sous le règne de Saint-Louis, en 1229. Ce fut encore Rollon qui institua les premiers fiefs en Normandie (1).

La mort de la duchesse, Gizelle de France, sans postérité, le mit à même d'épouser, en face de l'église, son ancienne amie, Poppée de Bessin, et lui donna la facilité de légitimer ses deux enfans, Guillaume et Gerlotte. L'année qui précéda sa mort, il abdiqua en faveur de son fils, auquel il assura la couronne ducale, en le faisant reconnoître par tous les comtes et barons, tant de Normandie que de Bretagne.

Guillaume I.er avoit été élevé à Bayeux par les soins du comte Bothon, et de sa mère, sans doute, qui habita cette ville tant que vécut la duchesse Gizelle. L'histoire normande dit seulement qu'il y fut élevé, parce qu'on y parloit bien la langue danoise; elle assure que Gerlotte épousa un comte de Poitou. Le duc Roul servit d'abord de guide au jeune prince, comme il lui avoit déjà servi de modèle. Peu de temps après cette abdication, il termina paisiblement son illustre carrière, l'an 917; d'autres reculent sa mort jusqu'en 927. — La conduite de ce prince, depuis son établissement en Normandie jusqu'à sa mort, fait son plus grand éloge. Ses talens, ses succès politiques et militaires, toutes ses belles qualités enfin le mirent au rang des grands hommes et des vrais héros.

---

(1) Histoire de Normandie.

— Inhumé dans l'église Notre-Dame de Rouen, on grava sur son tombeau, placé dans la chapelle de Saint-Romain, l'épitaphe suivante :

Rollo ferus, fortis, quem gens Normanica mortis
Invocat articulo, clauditur hoc tumulo.
Ipsi provideat, tua sit clementia, Christe,
Te ut semper videat cœtibus angelicis.

GUILLAUME LONGUE ÉPÉE,

SECOND DUC.

Guillaume Longue Epée succéda aux vertus comme au trône de son père ; les habitans de la Bretagne ne tardèrent pas à réveiller l'ancienne querelle existante au sujet de la suzeraineté. Voici une note assez originale à ce sujet :

« Charles le Simple (dit d'Argentré, auteur
» breton) donna à Rollon la vieille querelle de la
» suzeraineté de Bretagne, ce que lui ni ses pré-
» décesseurs n'avoient su faire ; mais ses desseins
» étoient que, si Rollon en pouvoit venir à bout,
» il gagneroit pour le moins ladite obéissance,
» tenance et arrière-fief, qui ne lui coûteroit guère,
» et ne pouvoit qu'il ne gagnât en la partie.

» Quand il y eût perdu son gendre en la que-
» relle, c'étoit ce qu'il souhaitoit, il eût repris
» Normandie et retrouvé l'hommage de Bre-
» tagne ; et s'il n'y eût rien fait, il pensoit bien
» que ce n'étoit rien perdu ni gagné ».

Bouchard, autre écrivain breton, dit : « Le
» royaume de Bretagne fut, par le temps de 26
» ans, depuis la mort du roi Saint-Salomon, en
» grande division par les guerres des Normands
» et par les divisions que les barons et principaux

» seigneurs du pays avoient les uns contre les au-
» tres ; et si le royaume de France eût été lors en
» paix et tranquillité, l'on y eût joint et uni le
» royaume de Bretagne, comme il avoit été du
» temps de Charlemagne et de Louis le Débon-
» naire ; mais en France il y avoit lors dure
» guerre, par quoi n'entendoient les Français,
» sinon à eux garder et gouverner ce qu'ils te-
» noient. Et cependant deux nobles seigneurs,
» Alain le Grand, comte de Vannes et de Porhoët,
» et Parteneten, comte de Léon, s'en saisirent du
» royaume de Bretagne et s'en firent seigneurs ».

Les Bretons lui ayant donc refusé l'hommage de la suzeraineté, il leur déclara la guerre, entra chez eux à main armée, et les força de le reconnoître, malgré l'irruption qu'ils firent dans le comté de Bayeux ; ce fut ensuite qu'il épousa la fille d'Hubert, comte de Senlis.

Rioulf, comte de Cotentin, à la tête d'une armée de mécontens, eut l'audace de venir assiéger le duc jusque dans Rouen, sa capitale ; mais ses troupes furent taillées en pièces. L'endroit où l'on combattit retint le nom de Pré de la Bataille, qu'il conserve encore. C'est à lui qu'on attribue la construction d'une maison de chasse, dans la forêt de Lions.

En 929 mourut Charles le Simple. Raoul, duc de Bourgogne, fut roi de France, et eut quelques démêlés hostiles avec Guillaume I.ᵉʳ; mais il finit par lui confirmer toutes les concessions faites par Charles le Simple. *Vers* 936, les Normands de la Loire furent battus et presque détruits par le roi et le duc de Bretagne. Après la mort de Raoul, le duc de Normandie contribua puissamment à faire monter Louis d'Outremer sur le trône de France, et ce, à la recommandation du roi d'Angleterre, Athelstan, chez lequel s'étoit enfui le jeune prince et sa mère, Ogine, pendant les troubles de la fin du règne de Charles le Simple.

Herluin, comte de Montreuil, dépouillé de ses Etats par Arnould, comte de Flandre, vint se jeter dans ses bras. La reprise de Montreuil et l'expulsion des troupes flamandes furent bientôt le résultat des secours du duc. Mais dès ce moment le comte de Flandre devint son implacable ennemi, et parvint à le faire assassiner après une conférence qui eut lieu dans une île de la Somme, près de Pecquigni.

Ainsi finit, en 943, d'une mort funeste, le duc de Normandie, Guillaume Longue-Epée, digne successeur de Roul.

RICHARD SANS PEUR,

TROISIÈME DUC.

Son fils Richard lui succéda, mais non sans difficulté. Ce jeune prince, alors âgé de huit ou dix ans, étoit élevé de préférence à Bayeux, et par les mêmes raisons que son père, parce qu'on y parloit le danois dans toute sa pureté, au lieu qu'à Rouen, la langue romaine, dont on faisoit usage, mélangée de latin, de gaulois et de français, n'étoit point estimée chez les Normands.

Bernard le Danois, comte de Harcourt et gouverneur de Rouen, forma promptement une régence, avec Osmont de Centeville et deux autres seigneurs danois. Ils s'étoient empressés de faire recevoir Richard, encore enfant, lorsque le roi de France, Louis IV, dit d'Outremer, arriva à Rouen; et, malgré les suspicions et presque une révolte du peuple, il emmena le jeune duc à Laon, où il tenoit sa cour, sous prétexte de le faire élever avec les enfans de France. Osmont, qui, d'après une convention particulière, accompagnoit toujours le jeune prince, ne tarda pas à concevoir de violentes inquiétudes sur les projets du monarque, et trouva le secret d'envelopper l'enfant dans un fagot d'herbe, de l'attacher sur son cheval, et de le mettre en sûreté ; d'abord au château de Couci, ensuite à Senlis, chez son oncle, le comte Hubert.

Louis, furieux, leva le masque et entra à main armée dans le pays de Caux, tandis que Hugues le Blanc, comte de Paris, marcha sur le Cotentin, d'après la donation qui lui étoit promise de la rive gauche de la Seine. La Normandie, attaquée à-la-fois de deux côtés, se vit sur le point de retourner à ses anciens maîtres; mais la politique de Bernard le Danois en empêcha. Feignant de se soumettre, il ouvrit au monarque les portes de Rouen, et envoya par-dessous main demander des secours en Danemarck.

Le roi, étonné de la facilité de sa conquête, regretta d'avoir promis une si grosse part au comte de Paris, et, prêtant l'oreille aux conseils de Bernard, lui envoya l'ordre de rebrousser chemin. Hugues étoit déjà devant le château d'Hyêmes, dont il faisoit le siége. Il obéit, mais il en conserva le ressentiment le plus vif. Les Rouennais, déjà indisposés, le furent bien davantage par les vexations et les rapines d'un intendant du roi, nommé Raoul-Tourte.

Quel fut l'étonnement, quand on apprit que le roi de Danemarck, Aigrold, venoit de débarquer avec une armée sur la côte de Dîves, et que les habitans du Bessin et du Cotentin, qu'il avoit appelés, y arrivoient en foule pour se joindre à leurs compatriotes ! L'armée, grossie de tous ces renforts, s'avança jusqu'au village de Croissanville, et là se trouva en face du roi de France, qui, à la tête de la sienne, s'étoit campé au village de Corbon. Aigrold l'envoie sommer, sur-le-champ, de restituer la Normandie au jeune Richard. Louis demanda une entrevue pour traiter cette affaire, et, pendant que les deux rois étoient à conférer dans une tente, un chevalier cotentinois reconnoît, au milieu des Français, le comte de Montreuil, Herlouin, au rétablissement duquel il avoit contribué sous Guillaume Longue Epée. Ce chevalier lui adressoit les reproches les plus amers sur l'ingratitude qui le portoit à prendre parti contre le fils de son bienfaiteur. Au même moment un cavalier danois, d'un coup de hache, fendit la tête de Herlouin. Cette action barbare devint le signal du combat. Les Français enfoncent d'abord les Normands et Danois. Ceux-ci se remettent bientôt en ordre, et les font reculer à leur tour. C'est alors que commence la plus affreuse boucherie. — Les deux rois sortent de leur tente, et voient avec surprise que, sans leur commandement, la querelle va bientôt se décider. Louis veut rejoindre les siens, mais son cheval l'emporte et le jette au milieu des ennemis. Aigrold, voyant que ses Danois avoient l'avantage, courut au galop après le roi de France, le rejoignit, l'arrêta, et le mit sous la garde de

Bataille de Croissanville.

quatre cavaliers, auxquels il échappa pendant qu'ils s'occupoient à butiner.

A la faveur du tumulte et de la déroute, il trouva le secret de s'enfuir à toute bride vers la forêt de Touques. Là, il fut arrêté par un cavalier rouennais, auquel il offrit de l'argent. Gagné par les promesses du monarque, ce cavalier le cacha dans une île de la Seine, où il resta quelques jours; mais le roi de Danemarck et Bernard le Danois firent de si exactes perquisitions, qu'ils le découvrirent enfin, et l'emmenèrent prisonnier à Rouen. Louis IV ne recouvra sa liberté qu'après avoir signé les préliminaires, et donné pour otages ses deux enfans, qui ne lui furent rendus que lorsqu'il eut confirmé les droits de Richard à la souveraineté de Normandie et à la suzeraineté de Bretagne; il fut, de plus, obligé de céder la ville et comté de Laon à Hugues le Blanc.

Cette victoire et cette capture inattendue donnèrent à la Normandie une paix vivement désirée. Le jeune duc fit signifier à l'intendant, Raoul-Tourte, de sortir sous deux jours.

Le mariage de Richard avec la fille du comte de Paris fut décidé, quoique cette princesse, nommée Agnès Emme, ou Eumacette, n'eût encore que huit ans, et le jeune duc quatorze. Ce fut pour cause de leur extrême jeunesse qu'ils ne furent d'abord que fiancés.

Cette alliance, desirée par Hugues, lui parut sans doute propre à seconder ses grands desseins : aussi ne tarda-t-elle pas à donner de l'ombrage au roi de France et au comte de Flandre, Arnould, qui firent une alliance offensive contre ces deux princes, dans laquelle ils firent intervenir Othon, empereur de Germanie. L'armée de ce dernier ravagea tout le domaine de Hugues le Blanc. Conrad, roi de Bourgogne, se joignit bientôt à eux. Paris fut assiégé par toutes ces forces réunies, et ne put être pris. Arnould de Flandre, voyant ce mauvais succès, persuada aux trois monarques d'aller assiéger Rouen ; mais le jeune duc de Normandie, averti du danger qui menaçoit sa capitale, y rassembla ses meilleures troupes, dressa une embuscade au bois de *Bihorel*, dans laquelle donna l'avant-garde allemande, et tua de sa main le chef, qui étoit le neveu de l'empereur. Après ce prélude, d'un mauvais augure pour les agresseurs, et, malgré leur acharnement, ils furent repoussés dans toutes les attaques, et déconcertés par les sorties redoublées des Normands, qui sans cesse les culbutoient. Enfin le jeune Richard eut la gloire de triompher des efforts de quatre armées réunies.

Louis d'Outremer ne survécut que peu d'années à ces revers. Il mourut à Rheims d'une chute de cheval, en 954. Hugues le Blanc, qui le suivit de près au tombeau, à l'article de la mort, en 956, nomma son gendre tuteur de ses enfans, du nombre desquels étoit Hugues Capet.

Lothaire avoit hérité du trône de son père, et de son animosité contre les Normands. Thibault, comte de Chartres, jaloux de la tutelle donnée par le feu comte de Paris au duc de Normandie, fit une ligue avec le roi. Arnould de Flandre, et Geoffroi, comte d'Anjou, entrèrent dans cette confédération, qui ne tendoit à rien moins qu'à prendre et déposséder Richard. — Appelé à une assemblée d'états qui devoit se tenir à Amiens, il est instruit que sa vie ou sa liberté y seront en danger. Il retourne sur ses pas. Ce coup manqué, on l'invite à une entrevue à Charlemenil, près d'Arques. Il y va, mais avec son armée. Il y trouve le roi Lothaire à la tête de la sienne; et, au lieu d'une entrevue, il se livra une sanglante bataille, dans laquelle les Normands eurent tout l'avantage. Le duc Richard sauva la vie à un de ses chevaliers, nommé Gautier le Veneur, (1) *qui l'avoit instruit de jeunesse au déduit des chiens et des oiseaux, et pour ce, l'aimoit fort.*

Peu d'années après, Lothaire, fortement animé par ses alliés, entra en Normandie avec cinquante mille hommes, et s'empara d'Evreux. Après cet exploit, il laissa le commandement au comte de

---

(1) Chronique.

Chartres, qui dévasta tout le pays, en marchant sur la ville de Rouen, dont il commença l'attaque. Voilà donc Richard assiégé de nouveau dans sa capitale ; mais rien ne décourageoit ce brave prince, il parvint à sauver sa ville, la seconde fois comme la première. Une sortie brusque et faite à propos mit en désordre l'armée des alliés, et délivra Rouen.

Sur ces entrefaites, arriva un secours mandé de Danemarck. Le duc s'empressa de l'incorporer parmi ses Normands, et à son tour marcha vers les possessions du comte Thibault. Il rendit largement au comté de Dunois et au pays Chartrain tout le mal qu'avoit souffert la Normandie. Chartres fut assiégé, et brûlé en partie. Le fils du comte périt pendant le siége.

Enfin on se fatigua de la guerre, et la paix fut proposée. Lothaire chargea l'évêque de Chartres de la conciliation ; mais le prélat, craignant pour ses jours, et n'osant se rendre auprès de Richard, sans une bonne escorte ou sauf-conduit, lui envoya d'abord un moine pour en demander une, de peur, disoit-il, en parlant des Danois, *que ces diables et ces loups ne le dévorassent par les chemins.* — Le duc rit de sa frayeur, et accorda la demande. Bientôt le traité fut terminé ; et, comme on se rendit de part et d'autre les pays conquis, Evreux rentra sous la dépendance de

Richard. Ce fut quatorze ans après ce traité que la mort de Lothaire laissa la couronne à son fils, Louis V, dit le Fainéant, dont le règne ne fut que d'un an.

Après sa mort, Hugues Capet, soutenu du duc de Normandie, son ancien tuteur et son beau-frère, parvint, en 987, au trône de France. 987
Le monarque établit son séjour à Paris, où il avoit cessé d'être pendant toute la seconde race. Son règne fut remarquable par le recouvrement de l'autorité royale, réduite presqu'à rien par les usurpations des seigneurs, devenus indépendans ; quoique ce fut l'époque d'une ignorance si profonde, qu'à peine les rois, les princes, les seigneurs, encore moins le menu peuple, savoient lire.

Richard, depuis les exploits glorieux qui lui avoient procuré la dernière paix, vers 972, jouit d'un repos constant jusqu'à la fin de sa vie. Veuf sans enfans de la duchesse Emme, ou Eumacette, il s'étoit remarié à la belle Gonnor, fille d'un chevalier danois ; il en eut Richard II, son successeur ; Robert, comte d'Evreux, qui fut archevêque de Rouen ; la célèbre *Emma*, qui épousa Ethelred, roi d'Angleterre ; Helloye, ou Havoise, qui fut mariée à Geoffroy, duc de Bretagne, et Mahaut, ou Mathilde, au comte de Chartres, Eudes. Enfans de Richard Ier

L'an 996, le duc, sentant sa fin approcher, donna

ses derniers ordres pour la tranquillité de ses états, et fit reconnoître son fils aîné, Richard le Bon.

Peu de temps après, à l'âge de soixante-quatre ans, et à la suite d'un règne de près de cinquante-quatre, il mourut avec la réputation du prince le plus accompli de son temps. Les vers suivans furent composés en l'honneur du fils et du père :

> Mille ans quatre moins ont passé,
> Puis que Dex fut en terre né,
> Quand li premier Richard mourut
> Et li second, l'honnour rechut,
> Richard fut père, Richard fut fils,
> Chesqu'un fut franc et gentils,
> De Normandie, chesqu'un ducs ;
> Bon fut le père, et le fils plus.

RICHARD LE BON,
QUATRIÈME DUC.

Aussitôt que Richard le Bon fut en possession du duché, il s'occupa de récompenser les barons et chevaliers, dont les services avoient été d'une importance utile à son père et aux ducs, ses prédécesseurs. On dit que la ville de Fécamp devint son séjour favori. Instruit que quelques rassemblemens séditieux avoient eu lieu dans diverses campagnes, il chargea le comte d'Yvri, son oncle, nommé Raoul, de les dissiper; et, comme ce n'étoit que des ramas de paysans, le comte, qui avoit à ses ordres des troupes aguerries, ne tarda pas à les réduire : cette sédition étouffée dès sa naissance, les chefs et les principaux mutins furent punis avec la plus grande sévérité.

Ce Raoul est cité (1) pour un acte d'intrépidité peu commune. Étant à la chasse dans la forêt d'Yvri, un ours, d'une grandeur énorme, vint l'attaquer; les gens de sa suite, effrayés, s'enfuirent, et le laissèrent se défendre seul ; mais ce fut avec un tel courage, que dans ce violent combat le comte *enferra la bête d'un coup de lance, et la mit à mort*. En mémoire de cet exploit, le vallon

___
(1) Chronique.

dans lequel il s'étoit passé, prit le nom de *Vallis Ursonis*, dont on fait depuis en français Oursonvilliers.

Le duc ayant exigé, par une précaution de circonstance, le renouvellement de foi et hommage de la part des seigneurs de Normandie, tous s'y prêtèrent avec dévouement, excepté le seul comte d'Hyêmes, son frère naturel; mais le rebelle reçut bientôt une forte correction. Le comte d'Yvri, investi de nouveau du commandement des troupes, le prit dans sa ville par force, et le conduisit à Rouen, dans une prison où il fit un séjour de cinq années. S'étant enfin échappé, il fut quelques mois errant sans ressource, et finit par aller se jeter aux pieds de son frère, un jour qu'il chassoit dans des bois peu éloignés de Verneuil. Le duc, attendri, lui pardonna généreusement, et lui rendit ses biens, l'an 1003.

Ethelred.

A peine ces troubles domestiques étoient-ils appaisés, qu'il en survint d'étrangers. Ethelred, roi d'Angleterre et beau-frère du duc Richard, contre lequel il avoit, ou croyoit avoir, quelques sujets de mécontentement, équipa une flotte à Portsmouth, et l'envoya débarquer sur les côtes de Basse-Normandie, avec ordre de mettre tout à feu et à sang, et d'amener le duc prisonnier.

1004.

— Aussitôt que les troupes furent à terre, elles exécutèrent l'ordre à point nommé, quant au pillage et à l'incendie ; mais elles eurent bientôt affaire à un jeune seigneur du Cotentin, nommé Néel de Saint-Sauveur ; le vicomte, qui fut pour eux un rude adversaire, rassembla en toute hâte les habitans du pays, qui, sous ses ordres, attaquèrent franchement les Anglais, et les taillèrent en pièces. L'action fut si chaude, et le carnage si considérable, qu'à peine quelques petites bandes purent se sauver à Barfleur, et s'y rembarquer. Après cette bataille, la paix se fit entre les deux beaux-frères, par la médiation du pape Jean XV, ou XVII.

Le roi d'Angleterre eut lieu, par la suite, de se louer de cette réconciliation. Ayant tramé et fait exécuter l'horrible plan du massacre de tous les Danois et hommes du Nord, qui résidoient dans son royaume sur la foi des traités ; massacre qui fut exécuté dans un seul jour, le jour de Saint-Brice. Cet acte d'atrocité lui attira sur les bras de terribles affaires ; un débordement de Suédois, Norvégiens et Danois vinrent fondre sur ses états, ayant à leur tête le roi de Danemarck, Sueur, ou Suenon, ou plutôt *Sveyn*. Il paroît constant que le roi de Norvège, *Olaiis*, et celui de Suède, *Lacine*, ou *Lagacun*, commandoient aussi en personne.

La vengeance fut terrible, et, de ce moment, l'Angleterre se vit à deux doigts de sa perte. Vainement le roi crut acheter la paix, en leur fournissant une somme de 48,000 pounds; les provinces, effrayées, se soumettoient de toutes parts; le comté de Kent, à lui seul, éprouva une exaction de 8,000 pounds et le massacre de l'archevêque de Cantorbéry. Le roi, saisi de terreur, s'enfuit en Normandie, où déjà étoit passée la reine Emma, suivie de ses deux fils, Edouard et Alfred. Le duc de Normandie reçut son beau-frère avec une générosité qui fait honneur à sa mémoire.

1014. Six semaines s'étoient à peine écoulées, que la mort du terrible Sveyn rappela Ethelred dans son royaume, où la valeur *d'Edmond Ironside*, son fils aîné, le soutint deux ans contre Canute le fils et l'héritier de Sveyn, non moins redoutable que son père.

La mort d'Ethelred laissa l'Angleterre dans l'état le plus violent, puisqu'elle fut d'abord démembrée et partagée entre Edmond et le prince Danois.

Edmond fut assassiné au bout d'un mois. *Canute*, déjà roi de Danemarck, régna seul sur l'Angleterre.

Les enfans d'Edmond furent envoyés en Hongrie, et ce fut du mariage de l'un d'eux, avec une princesse allemande, que sortit *Edgar Atheling*.

C'est ainsi que les Danois, ou si l'on veut, les Normands, montèrent sur ce trône.

Canute, vainqueur des Anglais, et surnommé le Grand, devint beau-frère du duc de Normandie, de deux côtés, par son mariage avec Emma, veuve d'Ethelred, pour laquelle il conçut une passion violente, et en lui donnant la main de sa sœur Estrite, ce qui forma une double alliance entre les deux princes.

Richard, dont la destinée étoit d'être souvent en guerre avec ses parens, avoit alors pour ennemi, Eudes, comte de Chartres, qui, étant veuf de sa sœur Mahaut, ou Matilde, refusoit de rendre la dot, quoiqu'il n'en eût pas d'enfans. Cette dot consistoit en trois objets : des terres sur les bords de l'Eure, la moitié de la ville et du comté de Dreux, et le château d'Orchier. Après avoir inutilement essayé le siége de Dreux, qu'un château imprenable défendoit, *Richard* (1) *fit bâtir, à cinq lieues de là, une forte tour qu'il fit enclorre de murailles, de briques et de tuiles, et pour cela fut nommée Tuillières,* dont on a fait par la suite Tillières ; ce fut en 1007. *Dedans ladite forteresse, le duc mit bonne garnison, et y laissa pour capitaine, Néel, vicomte de Cotentin.* Le comte de Chartres, qui réclamoit le terrain sur lequel ce fort étoit bâti, vint bientôt en former l'attaque, secondé par Vallèrent, le

Fondation de Tillières, en 1007.

---

(1) Chronique.

comte de Meulan, et Hugues, comte du Mans. Mais la garnison, conduite par son brave chef, sortit avec une telle fureur, que les assaillans, écharpés, s'enfuirent dans la plus grande déroute. Deux des comtes se sauvèrent à Dreux, et celui du Maine ne s'en tira que par une ruse assez singulière. Obligé de courir à pied, parce que son cheval venoit d'être tué dans la bagarre, le poids de son armure de fer rallentissoit sa marche. Il apperçoit un étable à moutons, et court s'y cacher ; là, il se débarasse de son attirail de guerre, pour s'équiper à même la garde-robe du berger, dont il se fait ami ; affublé de sa casaque, il ressort sur-le-champ pour gagner les bois, portant un mouton sur ses épaules, et, sous ce déguisement, encourageoit à la poursuite de l'ennemi les Normands qu'il rencontroit. Il n'arriva au Mans que trois jours après, les pieds et les jambes déchirés. — Voici le texte original :

Le comte du Maine entra en un berchil, ôta son haubert et ses cauches de fer, print un mouton sur ses épaules, et le portoit, disant as Nordmans, allez, allez, ja les aurez, et tant alla à pied, qu'il vint au troisième jour au Maine.

Richard crut un moment que cette guerre alloit se terminer à son avantage ; mais le comte de Chartres, étant parvenu à intéresser à sa cause le roi de France, Robert, fils et successeur de

Hugues Capet, en fut favorisé, quoique sourdement, et c'est alors que recommencèrent les hostilités.

Le duc, inquiété par cette nouvelle et dangereuse coalition, eut recours aux rois du Nord, qui, à cette époque, saccageoient l'Angleterre. Le zèle et la promptitude qu'ils mirent à venir à son secours, furent une preuve des étroites liaisons qui subsistoient toujours entre les Normands établis dans la Neustrie et leurs anciens compatriotes. On vit bientôt paroître à Rouen le roi de Norvège, Olaüs, à la tête d'une puissante armée de Danois, Norvégiens et Suédois — Les affaires du comte de Chartres ne tardèrent pas à se discréditer.

Le roi de France s'empressa d'arrêter cette guerre, qui se préparoit à devenir dangereuse : il s'établit lui-même pour médiateur ; et, par un traité fait à Coudres, village à trois lieues de Nonancourt, il fut convenu que le comte Eudes rendroit les biens qui avoient composé la dot de sa femme, excepté la ville et le château de Dreux, avec leurs dépendances, comme terres assises hors des bornes du duché de Normandie, et relevant de la couronne ; de plus, que le château de Tillières et son appanage demeureroient en toute propriété au duc Richard. (1) *Et dès lors, l'usage*

Traité de Coudres, près Nonancourt.

Tillières rentre à la Normandie.

(1) Chronique.

et coutume de France fut reçu à Dreux, où l'on usoit de la coutume de Normandie. Le contraire fut pratiqué à Tillières, parce que la coutume de France y fut abrogée, et celle de Normandie dès lors pratiquée. Ce fut en 1017.

1017.

Le roi de Norvège, Olaüs, pendant son séjour à Rouen, fut converti par l'archevêque Robert, frère du duc, et embrassa le christianisme, qu'il voulut établir dans ses états, dès qu'il y fut retourné; mais un pirate, sans doute, n'avoit pas la douceur persuasive d'un prosélite, il convertissoit ses sujets à coups de sabre, et son zèle finit par lui coûter la vie.

Conversion du roi Olaüs

Depuis cette paix, le roi de France rechercha l'appui du duc dans plusieurs circonstances orageuses. Celui-ci, sans conserver aucun ressentiment, n'hésita pas à s'y prêter, et ce ne fut qu'à l'aide de ce puissant auxiliaire que le roi parvint à renverser l'entreprise de Landri, comte de Nevers, sur le duché de Bourgogne, celle du comte de Chartres, Eudes, sur la ville de Melun et sur le comte Bouchard; et en 1022; celle de l'empereur de Germanie, sur les états du comte de Flandre, Beaudoin, dit *Belle-Barbe*.

Richard jouissoit d'une si grande réputation de candeur et de probité, que le duc de Bretagne, Geoffroy, en partant pour la Palestine, lui confia la garde de ses enfans et la régence de Bretagne, oubliant les anciens démêlés qui jadis les avoient divisés. Il est vrai que ce duc étoit aussi son beau-frère de deux manières, comme le roi d'Angleterre, le grand Canute. Ce Geoffroi perdit la vie dans l'expédition, et fut remplacé en Bretagne par Alain, son fils aîné, qu'il avoit eu de *Havoise* de Normandie.

La dernière guerre que le duc eut à soutenir, eut pour objet la délivrance de son gendre, *Regnault*, comte de Bourgogne, que le comte de Châlons, Hugues, avoit fait prisonnier pendant différentes hostilités. S'étant empressé d'offrir une rançon, que le vainqueur refusa, il fit marcher des troupes commandées par ses deux fils, Richard et Robert. Les jeunes princes obtinrent facilement le droit de passage sur les terres du roi de France, s'emparèrent du château de la Merveille, ou la Marmande, et portèrent le siége devant Châlons, où le comte se trouva serré de si près, qu'il fût contraint de venir se jeter à leurs pieds, et d'implorer leur clémence, ayant une selle de cheval sur le dos. (1) *La coutume étoit que celui qui se rendoit à son ennemi et se tenoit vaincu, se prosternoit devant lui une selle sur le dos; ainsi faisoit pour que le vainqueur montât sur lui, s'il le vouloit.* Le comte, ainsi réduit à l'état de

―――――――――――――――――――――――
(1) Chronique.

bête de somme, obtint son pardon, mais on le fit restituer au comte de Bourgogne tout ce qu'il lui avoit enlevé.

Les jeunes princes revinrent jouir de leur triomphe à Rouen, où le duc, leur père, et les habitans de la ville, leur firent une brillante réception.

Fondation du monastère du Mont S. Michel et de la cathédrale de Rouen.

Richard le Bon fut toujours aimé de son peuple, qui ne se lassoit pas d'admirer ses grands bienfaits envers de nombreuses familles indigentes, et ses donations à une multitude d'églises et de monastères. Ce fut lui qui fit commencer l'église du Mont Saint Michel, en même temps que son frère, l'archevêque Robert, jeta les premiers fondemens de la cathédrale de Rouen.

Il avoit épousé en premières noces Judith de Bretagne, sœur du duc Geoffroi, que nous avons cité précédemment. Il en eut cinq enfans, Richard, qui lui succéda; Robert, comte d'Hyêmes; le troisième, nommé Guillaume, qui fut moine à Fécamp; Alix, mariée à Regnault, comte de Bourgogne, qui fut mère de Guy, et *Eléonore*, qui épousa *Beaudoin*, comte de *Flandre*. Devenu veuf au bout de dix ans, il se remaria, comme nous l'avons vu, à Estrite de Danemarck, sœur de Canute, dont nous avons déjà parlé, comme réunissant à-la-fois sur sa tête les couronnes d'Angleterre et de Danemarck.

Mais un amour déréglé vint troubler ce second hymen. Il répudia sa femme, Estrite, pour épouser une simple demoiselle, nommée Pavie, qu'il aimoit éperdument ; et, par cette rupture, la Normandie fut à la veille de se voir ravagée par le monarque Anglo-Danois et ses formidables troupes. Il eut de Pavie, Guillaume, qui fut comte d'Arques, et Mauger, archevêque de Rouen. Nous les retrouverons sous le règne du héros normand, ainsi que Guy de Bourgogne, fils d'Alix. {Femmes et enfans de Richard le Bon.}

Richard employa les dernières années de sa vie à donner l'exemple de fréquentes pratiques religieuses. On raconte que, pendant un de ses voyages de dévotion à l'abbaye de Jumièges, faisant un matin sa prière dans l'église, on vint lui présenter le plat, ou assiette, servant à recueillir les oblations ; au lieu d'un marc d'or ou d'argent qu'il donnoit ordinairement, il n'y mit cette fois qu'un petit morceau d'écorce, ou taillure de bois. L'étonnement se répandit bientôt parmi les assistans, sur la mesquinerie de cette offrande ; mais le duc, avant de sortir, le fit cesser, en déclarant qu'il entendoit, par cette bûchette, ou taillure de bois, donner à l'abbaye les bois et le manoir de Vimoutiers, afin *que les moines fussent plus attentifs à prier Dieu pour lui et sa postérité.*

Richard le Bon mourut en 1026, emportant les regrets de ses sujets et l'estime de ses voisins, {1026.}

après un règne de trente ans. Quoiqu'on lui reproche d'avoir mêlé à sa dévotion quelques aventures galantes, ses actes de justice et de bienfaisance le rendirent recommandable.

Sa succession fut dévolue à ses deux fils, déjà célèbres par leurs faits d'armes contre le comte de Châlons.

RICHARD III,
CINQUIÈME DUC.

Richard III, par droit d'aînesse, hérita du duché; Robert, comme puîné, fut réduit au comté d'Hyêmes.

On a vu jusqu'à présent, et l'on verra, par la suite, que le duché ne se partageoit pas, et que les princes puînés n'avoient que des apanages ou des bénéfices militaires. Cette coutume de Normandie, qui empêchoit le démembrement de l'État, tiroit son origine des anciens danois, qui n'avoient qu'un héritier parmi leurs fils, et envoyoient les autres chercher fortune.

Robert, devenu jaloux de la puissance de son frère, et mécontent de ce petit apanage, qui ne comprenoit que le territoire d'Hyêmes avec la vicomté d'Argentan, leva l'étendard de la révolte en 1026, et porta ses armes contre *Falaise*, qu'il prit d'emblée par le moyen de quelque intelligence secrète dans la garnison. Le duc rassembla des troupes, appela les comtes d'Alençon et de Bellesme, et vint, l'année suivante, envelopper son frère de toutes parts dans sa nouvelle conquête. Celui-ci se défendit d'abord avec vigueur, mais son ardeur fut promptement éteinte, lorsqu'il

1026.

Robert s'empare de Falaise.
1026.

vit que les machines de siége ébranloient tellement les murailles, que sous peu la brèche alloit être pratiquable. Il demanda bientôt à parlementer et à reconnoître sa faute. Le duc lui pardonna, le força de rendre *Falaise*, et le renvoya dans sa ville d'Hyêmes. Ceci se passa en 1027.

<small>Reprise de Falaise.

1027.</small>

Richard III ne fut pas plutôt de retour à Rouen qu'une maladie violente le mit au tombeau. Il ne laissa qu'un fils naturel, nommé Nicole, qui fut d'abord moine à Fécamp, et ensuite, pendant cinquante ans, abbé de Saint-Ouen, qu'il rebâtit. Le comte d'Hyêmes lui succéda.

ROBERT LE LIBÉRAL,
SIXIÈME DUC.

Robert hérita du duché de Normandie, dans les premiers jours de l'an 1028. Ce fut à Rouen que ses barons lui rendirent foi et hommage, et qu'il reçut aussi la couronne ducale des mains de son oncle, l'archevêque Robert. Un des premiers actes de son gouvernement fut de doubler la solde de ses troupes et les appointemens de ses officiers : du reste, il suivit, en commençant, presque tous les erremens de son père, et en imita la modération.

1028.

Cependant l'esprit remuant et inquiet de l'archevêque lui suscita des troubles domestiques, et l'indisposa si fortement, qu'il fit avancer des troupes sur Evreux, et s'empara de cette ville, dont son oncle étoit comte ; l'archevêque, furieux, se retira auprès du roi, et eut l'audace d'excommunier le duc, et de jeter l'interdit sur tout le duché. Mais le roi Robert étouffa promptement l'incendie qu'allumoient ces foudres de l'église, et rétablit la paix entre l'oncle et le neveu. Une chose digne de remarque, c'est que le nom de *Robert* étoit commun à ces trois illustres contemporains.

Cette chicane ne fut pas plutôt appaisée, qu'une

seconde survint, encore excitée par un autre prélat, Hugues, évêque de Bayeux, fils de Raoul d'Yvri, qui avoit mis dans ses intérêts les comtes du Perche et d'Alençon.

Le duc, dont la confiance étoit entière en ce dernier, d'après les services que son père, Yves, avoit rendus au duc Richard sans Peur, son aïeul, usa d'abord de ménagemens envers lui; mais, instruit que ce comte, nommé Guillaume, se laissoit encore entraîner à l'esprit de révolte par ses quatre fils, il résolut de sévir, et marcha sur Alençon avec de grandes forces, en même temps que le fidelle vicomte de Cotentin se porta vers le château de *Bâslon*, où il battit complettement deux des fils, dont l'un, nommé Fouques, périt dans l'action, et l'autre peu de temps après.—Le vieux comte d'Alençon, assiégé dans sa ville, se vit forcé de venir demander sa grâce, suivant l'usage de ce temps, pieds nus et la selle sur le dos; le dernier des quatre fils a laissé, dans l'histoire de Normandie, une mémoire atroce, sous le nom de Guillaume Talvaz.

Le château d'Yvri, défendu par les troupes de l'évêque, ne fit pas une grande résistance.

Le duc, après avoir rétabli l'ordre et la tranquillité dans ses états, se montra aussi le protecteur des princes opprimés. La valeur avec laquelle il rétablit, dans le comté de Flandre, Beaudoin

IV, son beau-frère, tourna sur lui les regards de l'Europe, vers 1030.

En 1031 mourut, à l'âge de soixante ans, et après un règne de trente-cinq, le roi de France, Robert. Ce monarque avoit, dès 1026, fait couronner à Rheims, Henry I.er, son fils aîné, malgré les instances de sa femme, Constance, qui vouloit qu'on lui préférât Robert, son cadet; mais, à sa mort, la reine, poursuivant son dessein, excita une révolte, appuyée des comtes de Champagne et de Flandre.

Le malheureux Henry, dénué de ressources, se sauva de Paris, lui douzième, et vint à Fécamp se jeter entre les bras du duc de Normandie. Le généreux Robert se fit honneur de protéger son seigneur suzerain, et de lui fournir des secours prompts et puissans. Pendant les préparatifs, une escorte de 500 hommes, commandée par le comte d'Arques, frère du duc, et le vicomte de Cotentin, Néel, accompagna Henry jusque chez le comte de Corbeil, Mauger, son oncle, dont Robert conseilloit et désiroit l'alliance; et, sur-le-champ, les troupes normandes entrèrent dans le Vermandois, s'emparèrent de Laon, Noyon, Beauvais, Senlis, Rheims, Sens et Melun. Bientôt la reine douairière se vit forcée de renoncer à ses injustes projets, et d'abandonner les factieux qu'elle avoit séduits. Henry monta sur le trône, et, oubliant avec grandeur les torts de

Le roi donne le Vexin français au duc Robert.

son frère, lui céda le duché de Bourgogne ; ensuite, voulant reconnoître en roi le service signalé du duc de Normandie, il lui fit don des villes de Gizors, Chaumont et Pontoise, avec la plus grande partie du Vexin français.

Robert, au retour de cette guerre, apprend que le duc de Bretagne, Alain III, se propose de faire une levée de boucliers, pour secouer le joug de cette suzeraineté, toujours un objet de discorde depuis Charles le Simple et le duc Roul. Il marche sans perdre un instant, s'empare de la ville de Dol, la laisse piller par ses troupes, de même que les environs, et fait bâtir auprès un fort, nommé *Charrués*, d'autres disent Pontorson, afin de tenir les Bretons en respect. Il en donne le commandement au vicomte de Cotentin, ce redoutable Néel, qui méritoit toute la confiance de son prince, et lui associe un chevalier, nommé Auvrai Gigaut, qui fut par la suite moine à Cérizy.

Guerre contre les Bretons.

— Le duc ne fut pas plutôt retourné en Normandie, que le rusé breton pénètre du côté d'Avranches, et dévaste tout le canton par le fer et la flamme. Néel et la garnison de Charrués s'empressent d'accourir, et, après plusieurs combats, dont un très-sanglant, le duc Alain fut rejeté sur son territoire, où continuèrent les hostilités.

Le duc de Normandie, occupé de grands projets, se contenta d'envoyer trois mille hommes, aux ordres de Gilbert Crespin, attaquer le comte de Ponthieu, dont il avoit à se plaindre; mais le comte se défendit, et même les troupes du duc éprouvèrent un échec, après lequel il se détermina à renoncer à l'entreprise, d'autant plus qu'il méditoit d'autres desseins, ainsi que nous venons de le dire.

On raconte que ce fut pendant cette guerre, de peu de durée, que le comte Helloin, issu des anciens chefs danois, du temps de Rollon, fit le vœu, qu'il exécuta depuis, en 1034, de fonder l'abbaye *du Bec*.

Les grands plans qui occupoient alors Robert, étoient une suite de l'intérêt qu'il portoit aux deux jeunes princes, fils de sa tante, *Emma*, et du feu roi d'Angleterre, Ethelred. Edouard et Alfred, réfugiés à sa cour et élevés sous ses auspices à l'abbaye de Jumièges, avoient sans doute des droits à la protection de leur cousin, pendant que le fier *Canute* triomphoit à Londres. Robert, touché de leur infortune, se flatta que sa recommandation auroit quelque pouvoir, et lui envoya une ambassade en leur faveur; mais le prince Anglo-Danois rejeta toute espèce de sollicitations.

1033.

Le duc de Normandie, outré du refus, fit équiper à Fécamp une puissante flotte, sur laquelle il s'embarqua lui-même avec l'élite de sa noblesse et une nombreuse armée : mais, au lieu de débarquer en Angleterre, une tempête violente battit ses vaisseaux dans la Manche, et le jeta à Guernezey. Quelques historiens ont prétendu que, malgré ce terrible accident, *Canute* fut effrayé de l'entreprise du duc, et que, pour l'appaiser, c'est à cette époque qu'il demanda la main de sa tante, *Emma*, et offrit pour les deux jeunes cousins une partie de la province de Wessex.

Nous ne disputerons pas sur ce dernier article, qui est très-possible ; mais, quant au mariage de cette princesse avec le roi Canute, nous sommes convaincus qu'il eut lieu beaucoup plutôt, et même du temps de Richard le Bon, d'après la chronologie de l'histoire d'Angleterre, qui place la mort de Canute en 1035.

Dans le partage de ses immenses états entre ses trois fils, ce puissant monarque donna la Norvège à l'aîné, *Sveyn*, issu, ainsi que Harold Harefoot, d'un premier mariage avec la fille du comte de Hampshire ; l'Angleterre à ce Harold, et le Danemarck au troisième qu'il eut d'*Emma*, sous le nom de Hardicanute. Or, comme l'expédition de Robert fut vers 1033, et le fait que nous contestons à la suite, que Hardicanute vint régner à Londres à la mort de Harold, en 1039, il s'ensuivroit que ce prince auroit été tout au plus âgé de cinq ans, à son avénement, tandis qu'il avoit déjà régné quatre ans sur le Danemarck, où il fut cité pour une expédition maritime en Flandre, et pour une complexion très-robuste.

Le duc Robert, en homme de génie, voulut profiter de son naufrage pour terminer une opération utile : c'étoit de réduire le prince breton, dans le voisinage duquel le hasard et la tempête venoient de le placer. De Guernezey, il se fit débarquer au Mont Saint Michel, envoya sa flotte se jeter sur les côtes de Bretagne, et y mettre à terre cette nombreuse armée destinée d'abord à de plus grands événemens. Elle étoit commandée par le chambellan de Longueville, ou de Tancarville. Le duc *Alain*, qui se jouoit à faire une guerre d'escarmouches contre Néel, et ne s'attendoit point à se voir assailli par un pareil torrent, se trouva pris de tous côtés. Vaincu et fugitif, il eut recours à la médiation de l'oncle commun, l'archevêque de Rouen. Le prélat se rendit au Mont Saint Michel, et, d'après le consentement du duc, y fit arriver le prince breton, son petit-neveu, qui, contrit et humilié, se trouva heureux de rendre foi et hommage au duc Robert, son cousin et son vainqueur, pour obtenir une réconciliation. Le duc ne songea point à se prévaloir de ses avantages pour exiger aucuns sacrifices ; (1) *seulement pour*

Réduction du prince breton.

___
(1) Chronique.

ce que les barons de Bretagne dédaignoient entrer dans Rouen pour faire hommage au duc de leurs terres et seigneuries, fut accordé qu'à l'avenir, ils feroient ledit hommage devant la porte du château du pont de Rouen, sur laquelle porte seroient affichées les armoiries de Bretagne, en signe d'obéissance.

<small>Fondation de l'abbaye de Cérizy.

1030.</small>

On eut été surpris, sans doute, si le duc Robert, grand dans toutes ses actions, magnifique et libéral, ne se fût pas fait remarquer, comme ses pères, par quelques-unes de ces fondations religieuses, si en vogue alors : aussi le vit-on suivre leur exemple, en faisant construire, en l'année 1030, l'abbaye de Cérizy, près de Saint-Lo.

On raconte même un trait de sa munificence, un jour qu'il assistoit dans ce monastère à une fête solennelle. Au moment de l'offrande, le sacristain, qui avoit commencé par recevoir la sienne, continua de faire sa ronde dans l'église, et présenta l'assiette à un chevalier étranger qui se trouva là, et dit *qu'il n'avoit pas de quoi offrir.*

Le duc, qui s'en apperçut, lui fit passer sur-le-champ, par un écuyer, une somme de cent livres tournois. Le chevalier la donna aussitôt toute entière à l'offrande. La messe finie, le moine quêteur revient à lui; et, après lui avoir observé que la somme étoit excessive, il lui demande *s'il l'a offert sciemment ou par mégarde.*

La réponse fut qu'il l'avoit donnée avec intention, ne l'ayant reçue que pour cela. Le duc, admirant la noblesse de ce chevalier, lui fit remettre encore une pareille somme pour ses menus plaisirs.

Naturellement généreux, il aimoit à donner; et, quand il lui arrivoit par hasard de recevoir quelques cadeaux, il en rendoit plusieurs dans la même journée. La chronique cite pour exemple l'historiette suivante : Un coutelier de Beauvais vint à Rouen lui faire l'hommage d'un chef-d'œuvre, fruit de son travail; c'étoit un couteau, merveilleusement façonné. Le duc lui fit donner cent livres, somme considérable pour ce temps. L'artisan se retire, et rentre chez lui enchanté. Pendant qu'il comptoit avec satisfaction cet argent, arrive un cadeau d'un très-grand prix. Pour cette fois il est ébloui, troublé. Embarrassé d'une telle richesse, la peur d'être volé le saisit et le fait décamper pour Beauvais, tandis qu'un troisième présent alloit encore lui être apporté.

NAISSANCE DE GUILLAUME LE CONQUÉRANT.

Quoiqu'on ait reproché au duc Robert un caractère un peu vindicatif et sujet à l'emportement, son intrépidité au milieu des dangers et ses talens dans l'art de gouverner l'égalèrent au moins à ses ancêtres, dont il n'imita pas les nombreux écarts, en fait de galanterie. Ces détails, qui sont consignés dans les anciens écrits, nous ont paru inutiles à répéter. Il n'aima qu'une fois, et ce fut à *Falaise*, lorsqu'il s'en empara, en 1026.

Son cœur, que les traits de l'amour n'avoient pas encore atteint, ne put se défendre des charmes ingénus d'une jeune fille, que, suivant la vieille renommée du pays, il aperçut pour la première fois d'une des fenêtres du Donjon (1). Trop flattée de la passion de son souverain, pour y résister long-temps, elle se livra bientôt à un attachement qui donna le jour au héros de la Normandie. — Nous allons, sur ce récit, donner le texte original, qui n'est pas sans intérêt, persuadés que ce

---

(1) La vue de cet antique Donjon a été prise, d'après nature, en octobre 1811, par *Saint-Martin*, peintre de paysages.

stile, qui date de plusieurs siècles, doit naturellement, tout incorrect qu'il est, paroître aussi précieux aux yeux de l'homme de lettres, que d'anciennes médailles le sont pour un antiquaire.

Il advint une fois que le duc Robert étant à Falaise, si vit la fille d'un bourgeois de la ville, nommée Arleitte. Cette fille fut belle, bonne et gracieuse, et plut merveilleusement au duc; et tant qu'il la volt avoir à amie, et la requit moult affectueusement à son père. Ce que oncques ne lui étoit advenu pour demander ou avoir femme, à épouse ou autrement. Cette requête le père de prime face ne volt accorder: et toutes fois fut du duc tant prié et requis, que par la très-grant amour et affection qu'il it que le duc avoit à sa fille, il y mit son consentement au caz qu'elle le vousît accorder. Et elle respondit à son père, mon père je suis votre nfant et géniture, vous pouvez de moi ordonner à votre bon plaizir, je suis prête à vous obéir. Et quand le duc sçut cette réponse, si en eut moult grante joie.

La nuit venue, elle fut menée et convoiée jusques au lit du duc. Et quand ils orent parlé ensemble, tant et si longuement qu'il leur plut, Arleitte se va endormir, et le duc la laissa reposer, et commença à penser à moult de choses; et si comme il pensoit, la jeune dame va tressaillir

7

et jetter un moult haut soupir, le duc la trait à lui, et lui demanda qu'elle avoit : « Monseigneur, dit-elle, je songeoie, et ai songé que de mon corps issoit un arbre vers le ciel, si grand que toute Normandie et Angleterre en étoient couvertes ». C'est bien, dit le duc, n'en ayez paour.

Les différentes chroniques, à la suite de ce récit, qui dans toutes est à peu près semblable, passent aussitôt à l'accouchement d'Arleitte.

Quand vient le temps que nature requiert, Arleitte eut un fils qui fut nommé Guillaume, et ainsi comme il fut né, la vieille qui le reçut le mit sur un peu de blanc feurre, et l'enfant commença moult alaigrement à pettillier et à traire le feurre de ses mains.

La chronique raconte aussi que cette vieille s'émerveilloit et admiroit l'enfant, dont la force et la vigueur annonçoient de grandes destinées. L'histoire de Normandie constate qu'il *fut nourri et instruit au château de Falaise*. Tous les soins possibles furent effectivement donnés à cet enfant chéri ; et à mesure qu'il grandit, il reçut une éducation aussi recherchée que le permettoient ces siècles peu policés, et telle qu'un duc de Normandie pouvoit la procurer à son fils. Voici le texte :

Le duc Robert fit moult honorablement

nourrir et apprendre Guillaume son fils, tout ainsi comme s'il fût d'une espouze, et longuement fut nourri à Falaise.

Sa forte constitution le mit de bonne heure en état de marcher. On le promenoit déjà, lorsqu'un jour il fut rencontré par un fils du duc d'Alençon, le féroce Talvaz, qui maudit l'enfant à cause de sa bonne mine, *advint un jour que Guillaume de Bellesme, dit Talvaz, seigneur de Séez, passant parmi Falaise, rencontra un écuier qui tenoit par la main Guillaume, fils du duc Robert. L'écuier lui dit : Monsieur, voici le fils du duc, votre seigneur. Ledit Bellesme ayant longuement contemplé l'enfant, va dire : Maudit sois-tu de Dieu, je suis certain que par toi et ta race seront ma puissance et mes honneurs abbaissés.* Il commençoit à grandir, lorsque le goût des voyages à la Terre-Sainte devint trop usité pour que Robert ne désirât pas d'aller se montrer avec éclat dans la Palestine.

Le duc ayant dévotion de pérégriner au Saint-Sépulchre, manda ses barons, et leur fit ouverture de son intention. Mais tous s'efforcèrent de le détourner de cette entreprise, en lui observant qu'il n'avoit aucun héritier légitime, et que, dans cette course longue et périlleuse, s'il arrivoit malheureusement qu'il perdît la vie, ses états deviendroient le théâtre de la guerre civile

Voyage de Robert le Libéral à Jérusalem.

et de l'anarchie; que déjà, sur le simple bruit de son départ, deux factions s'agitoient, voulant toutes deux prétendre à son héritage; celle du duc Alain de Bretagne, son cousin, et celle du comte de Bourgogne, son beau-frère. *Par ma foi*, dit le duc, *sans seigneur ne vous laisserai; j'ai un petit bâtard qui croîtra, si Dieu plaît, de la prud'hommie duquel j'espère beaucoup; pour ce, vous prie de le recevoir à Seigneur, et dez à prezent je le saisis devant vous de la duché, comme mon héritier. Je constitue Alain, duc de Bretagne, gouverneur et sénéchal de Normandie, jusqu'à ce que Guillaume soit en âge. Cependant Henry, roi de France, aura la garde de l'enfant.*

Cette volonté du duc, aussi positivement exprimée, détermina tous les prélats et les barons de Normandie à s'empresser de reconnoître pour seigneur le jeune Guillaume, âgé d'environ 7 ans, et à lui rendre foi et hommage. — Après avoir pris cette précaution nécessaire pour assurer l'état de son fils, le duc Robert fit faire ses préparatifs et donna les ordres du départ. Escorté par un grand nombre de barons, chevaliers et seigneurs de Normandie, qui s'étoient équipés à dessein de le suivre dans ce *voyage d'outremer*, il se rendit d'abord à Paris, afin de remettre lui-même son enfant entre les mains du roi. *Et fut mené*

Guillaume son fils bâtard, au roi Henry, à Paris, où le duc lui livra par la main, et présentement l'enfant lui fit hommage de la duché de Normandie.

Ensuite il prit la route de Rome, en traversant la Bourgogne et la Savoie : ce fut dans l'intervalle de ces deux contrées, qu'on le vit en chemin donner un grand exemple de clémence et de patience religieuse. En sortant d'une petite ville de Franche-Comté, où il avoit passé la nuit, les portiers, qui lui ouvrirent le matin, regardant avec dérision cette troupe de pélerins qui cheminoient les pieds nus et le bourdon à la main, osèrent les insulter. L'un d'eux porta l'insolence jusqu'à donner un grand coup de bâton sur les épaules du dernier qui passoit. C'étoit précisément le duc. Aussitôt les pélerins, qui, sous la robe et le costume pénitent, n'avoient pas perdu le caractère de chevaliers normands, revinrent sur leurs pas, et alloient faire un violent exemple de cet homme brutal; mais le duc le leur défendit, et sauva la vie du portier, en leur disant que des pélerins devoient souffrir, et, en l'honneur du ciel, recevoir les coups sans les rendre. Arrivé à Rome, il reçut l'ordre de la Croisade de la main du pape Benoit IX, et partit ensuite pour Constantinople, où il arriva après une marche longue et pénible. Voulant paroître avec magnificence à la cour de l'empereur, que la chronique nomme Argirius, et dont la femme s'appeloit Zône, toute la troupe des croisés se revêtit de manteaux richement brodés, et le duc fit son entrée sur une mule, dont les quatre fers étoient d'or, et si légèrement cloués, qu'ils purent se détacher et être ramassés par le peuple. Son séjour dans cette ville impériale fut marqué par un échange continuel de politesses et de riches présens entre lui et l'empereur, qui voulut absolument le défrayer tant qu'il seroit dans ses états.

Comme il poursuivoit sa route, il se trouva tellement fatigué, qu'il fut saisi de la fièvre causée par l'extrême lassitude du voyage. Ne pouvant plus aller ni à pied, ni à cheval, on lui fit construire une litière, dans laquelle il se faisoit porter par seize esclaves Maures. *Et comme il étoit en cet équipage, il fut rencontré par un pélerin de Pirou, en Cotentin, qui venoit d'outremer, et qui l'ayant salué, lui demanda s'il lui plaizoit mander aucunes chôses en Normandie. Tu diraz, dit le duc, à mes sujets que tu m'az ici rencontré où les diables me portoient en paradis. Voulant dire par cela que les infidèles le portoient en Hyéruzalem, et en donnant congé au pélerin qui rioit de ces paroles, lui fit donner une somme d'argent pour continuer son chemin.*

Son approche de la sainte cité fut marquée par un acte de bienfaisance envers plusieurs pélerins catholiques, auxquels on ne permettoit pas l'accès des saints lieux, faute d'un ducat : c'étoit la rétribution exigée. Le duc, ému de pitié pour ces indigens, fournit le ducat pour chacun d'eux, et les fit passer en avant de son cortége. Il parut ensuite dans un grand apparat, et débuta par faire de grandes libéralités aux gardes de la ville. Il se conduisit à Jérusalem avec sa générosité ou prodigalité ordinaire. Ses offrandes au Saint Sépulchre furent d'une telle magnificence, que le Satrappe, ou Pacha, gouverneur, conçut une très-grande vénération pour lui, vénération qui s'augmenta encore, d'après l'état que tenoit le duc dans la ville, où, suivant la chronique, *il fit une lourde dépense par ses largesses.* Son pélerinage terminé, il se remit en route pour la France ; mais il tomba malade à Nicée, cette ville qu'un concile a rendu célèbre, et y mourut, ainsi que le comte de Pontoise. On a soupçonné que le poison avoit été la cause de cette fatalité.

<small>Mort de Robert le Libéral.</small>

Peu de temps auparavant, il avoit envoyé à l'abbaye de Cérizy, par son chambellan Toustain, comte d'Hyêmes, *les précieuses reliques et beaux sanctuaires qu'il avoit achetés du patriarche de Jérusalem.*

<small>1035.</small>

L'époque de sa mort est en 1035, après un règne de huit ans.

LA VIE
ET LES FAITS D'ARMES
DE GUILLAUME,
SURNOMMÉ
LE CONQUÉRANT,
DUC DE NORMANDIE et ROI D'ANGLETERRE.

Les nouvelles de la mort du duc Robert furent un signal de troubles en Normandie : la minorité et le défaut de légitimité du jeune prince, véritable héritier, firent naître d'ambitieux projets parmi les esprits turbulens. La noblesse du pays mit ses vassaux sous les armes, et se cantonna dans ses châteaux. Bientôt on vit s'agiter les factions de Guillaume, comte d'Arques, de Guy de Bourgogne, du comte de Mortain, du comte d'Eu, et surtout celle de Roger de Tony. Alain III accourut de la Bretagne, et voulut maintenir l'ordre, à titre de gouverneur; mais un accident imprévu termina sa vie à *Vimoutiers*. Le mal ne fit qu'augmenter.

1035.

Ce fut au milieu de cette crise que revinrent de la Palestine les chevaliers compagnons d'armes de Robert, qui, avant leur départ, lui avoient rendu les honneurs funèbres, (1) *après que ce prince eut achevé le cours de sa vie en Nicée.* Ils en apportèrent les tristes détails *à son fils Guillaume, âgé de neuf ans. Et furent moult courroucés de voir* le duché en tel désordre, *que les seigneurs se faisoient la guerre les uns aux autres, détruisant le pays auquel justice n'avoit lieu,* spécialement parce que le duc Guillaume n'avoit moyen d'y mettre ordre à cause de son baz âge. Néanmoins *ils assemblèrent les prélatz et les barons, et firent tant envers le roi de France, Henry Ier, qu'ils le déterminèrent à envoyer le jeune duc à Rouen.*

<small>Arrivée de Guillaume à Rouen.</small>

Dans cette circonstance, le monarque céda plutôt qu'il ne consentit. Au milieu des prétentions à la couronne ducale qui s'élevoient de plusieurs côtés, fondées toujours sur la non-légitimité de Guillaume, il avoit plusieurs fois, pendant que l'enfant étoit sous sa garde, jeté des regards de complaisance sur ce beau duché, qui lui offroit bien quelques appas.

On se dépêcha de rendre à Rouen plusieurs bonnes ordonnances, mais le chef étoit trop jeune pour les faire bien exécuter; elles ne purent

---

(1) Chronique.

empêcher *les différens* et les hostilités que commirent plusieurs mutins. Ce fut pendant cette minorité que *Vauquelin*, seigneur de Ferrières, et *Huët* de Montfort sur Rille, se firent la guerre, et s'entretuèrent dans un combat, où périt le plus grand nombre de leurs gens. Deux partis se prononçoient l'un pour l'autre contre Guillaume, et chaque seigneur s'empressoit de rebâtir ou réparer sa forteresse et son donjon.

Parmi les événemens funestes qui se succédoient rapidement, on cite l'assassinat de *Gilbert Crespin*, seigneur du Sap, par *Odon le Gros*, et *Robert Gyroie*, seigneur d'Échaufour. Ce seigneur du Sap étoit un des partisans du jeune duc; quelques rebelles eurent, peu de temps après, la barbarie de massacrer son précepteur, nommé *Théroulde*, qui, suivant l'histoire de Normandie, avoit commencé le bourg qui porte encore son nom. *Osberne de Crépon*, son gouverneur, neveu de la feue duchesse *Gonnor*, et sénéchal de Normandie, éprouva le même sort. Il fut tué dans son lit, au Vandreuil, par un des Montgomméry, le frère de ce fameux Roger, qui par la suite acquit une si grande illustration; mais ce meurtre fut bientôt vengé. *Barnou de Glôs*, intendant ou prévôt d'Osberne, fit armer les domestiques de la maison, se mit à leur tête, et pendant la nuit alla s'introduire dans celle de l'assassin, qui fut mis à mort ainsi que ses complices.

1036.

Anarchie.

On raconte aussi les atrocités des sires de Bellesme et d'Alençon, parmi lesquels le plus détestable fut ce Guillaume Talvaz, déjà cité, dont on se refuse à retracer les crimes.

Il n'est pas surprenant que ces troubles engageassent bien des Normands à s'en aller prendre part au succès qu'avoient alors leurs compatriotes en Italie, en attendant que l'orage, qui désoloit leur patrie, fut dissipé.

Depuis la mort du duc de Bretagne, son fils, Conan II lui avoit succédé dans ses états, et le connétable de Normandie, Raoul de Gacé, l'avoit remplacé dans la régence. Ce connétable étoit fils de l'archevêque Robert, que nous avons vu figurer avec distinction sous Robert le Libéral, et qui, à titre de comte d'Evreux, avoit cru pouvoir épouser une dame, nommée Herlève, ou Hélaine, dont il eut plusieurs enfans. A cette époque, on avoit vu quelques prélats se donner la même licence. Malgré les soins assidus de ce nouveau régent, l'anarchie subsistoit toujours, et l'on voyoit encore des excès, des violences, *Faction de* des assassinats. Parmi le grand nombre de factions *Toni.* et de cabales qui s'élevèrent contre le jeune duc, on doit remarquer celle de Roger de Toni, comte de Conches et porte-guidon de Normandie. Ce seigneur, descendu d'un oncle du duc Roul, nommé Mahoul, ou *Huldrich*, voyoit avec une indignation dédaigneuse qu'un bâtard osât prétendre à la couronne ducale, tandis que lui, parent légitime des Rollon, des Richard, étoit, malgré sa puissance et ses richesses, oublié dans son château, *où il faisoit grande chère, et se tenoit en une grande hautesse.* Il avoit jadis fait la guerre en Espagne, et combattu les Maures ; ses services, largement payés, l'avoient mis à même de rapporter de ce pays beaucoup d'or, dont sa fortune étoit grossie. Il eut bientôt soudoyé une armée, avec laquelle il entra sur les terres de son voisin, le comte du Pont-Audemer, Onfray des Vieux. Ses prétentions étoient telles, qu'il ne désespéroit pas de se rendre un jour maître de tout le duché. Cet Onfray des Vieux, qui venoit de se déclarer pour Guillaume, donna le commandement de ses troupes à son fils, Roger de Beaumont, qui livra bataille au comte de Conches, tailla son armée en pièces, et le tua de sa propre main. Plusieurs historiens disent que le connétable, à la tête des troupes ducales, se joignit à celle du comte de Pont-Audemer, et que ce fut cette réunion qui terrassa le présomptueux et hautain porte-guidon.

Sa mort.

La chronique ajoute *que ce Roger de Beaumont fonda ensuite l'abbaye de Préaux, et servit toujours fidèlement le duc Guillaume en toutes ses affaires.* On lit dans l'histoire de Normandie, que Robert de Grenté-Mesnil, blessé mortellement dans ce combat, fut transporté et enterré à *Noré*, près Falaise. Ses deux fils y commencèrent un monastère ; mais, par le conseil de Giroye, leur oncle, ils transportèrent cette fondation à Saint-Evroult, qu'ils rétablirent.

1028. Pendant que Toni levoit ses troupes, et que l'essai de son entreprise étoit encore incertain, le roi Henry I.er usa d'un procédé bien étrange envers le jeune duc ; nul doute que sa politique le lui dicta, mais aussi il n'en fut pas moins regardé comme une ruse, ou très-équivoque, ou peu délicate. Il se rendit à Evreux, et appela Guillaume à lui. Le jeune prince, encore pénétré de respect pour son ancien tuteur, s'empresse de quitter Rouen et d'arriver. Le roi lui dit, « qu'il

Cession de Tillières au roi. » est mécontent de voir un fort à Tillières ; que
» ce nouvel établissement exige le séjour d'une
» garnison qui vient piller jusque sur les terres
» de France ; que fréquemment il reçoit des
» plaintes de ces dégâts, et qu'il exige que ce fort
» lui soit remis pour le démolir. » Il fait plus, il se fait suivre par Guillaume, jusque sur le terrein, et là le force de donner au commandant l'ordre d'en sortir. Ce commandant étoit Guillebert de Crespon, auquel le feu duc Robert avoit confié cette place, et qui, l'ayant munie et approvisionnée, étoit très-disposé à la bien défendre. Mais le jeune duc, cédant au roi comme un pupille

à son précepteur, réitéra l'ordre à plusieurs reprises, et Crespon obéit. C'est ainsi que Tillières fut, pour quelques années, séparée du duché de Normandie. Le roi fit sur-le-champ abattre et raser le fort.

Le conseil de régence, qui résidoit à Rouen, ne fut d'abord qu'étonné de ce que le roi, qui devoit sa couronne au duc Robert, en usât ainsi avec son fils; mais il resta par la suite dans l'abattement et dans l'indignation, quand il sut qu'une forte armée royale venoit de se porter à Tillières; que n'y trouvant plus d'obstacles, elle avoit pénétré dans le comté d'Hyêmes, où elle mettoit tout au pillage et à contribution, et que, pour comble de désastre, elle venoit de brûler la ville d'Argentan. Guillaume se repentoit bien alors de ce qu'il avoit fait. Il en étoit d'autant plus affecté, que tous ceux qui lui étoient dévoués dans la Normandie, se recrioient contre sa jeunesse et son inexpérience; mais un autre événement vint fixer l'attention. Le comte d'Hyêmes, que la chronique désigne sous le nom de Toustain le Gois, et l'histoire de Normandie sous le nom Danois de *Tursten Goz*, voyant le feu partout dans son apanage, étoit allé se jeter dans *Falaise*, et s'y étoit retranché avec une forte garnison et des vivres. Il paroît certain que, depuis le duc Robert, la vicomté de Falaise faisoit partie du comté d'Hyêmes. A la suite de cette nouvelle, un bruit plus alarmant encore vint inquiéter la régence; il étoit question d'un échange, par lequel le roi feroit remise à Toustain du comté d'Hyêmes et de la vicomté d'Argentan, aux conditions que celui-ci lui livreroit la place de *Falaise* en bon état. Cette combinaison ne laissoit pas d'être ingénieuse : une place des plus fortes que l'on connût alors, soutenue par un château redoutable que l'on entouroit d'eau à volonté, eut été pour Henry une bonne acquisition au centre de la Normandie, et par la suite, il auroit pu s'agrandir avec facilité.

Prise de Falaise par Guillaume. 1040.

Mais le connétable de Gacé prévint le coup par une entreprise hardie; il partit de Rouen avec l'élite de ses troupes, mena le jeune duc avec lui, quoiqu'il ne fut âgé que de 14 ans, et alla investir *Falaise*. Aussitôt que Guillaume parut devant cette ville, qui avoit été son berceau, le bruit de son arrivée se répandit aux alentours, l'enthousiasme devint général, et tous les cœurs lui furent bientôt rendus; chacun s'empressoit pour revoir le fils de Robert, le fils d'Arleitte, tout brillant de jeunesse et couvert d'une armure éclatante. Les habitans, que le siége retenoit dans leurs murailles, faisoient des vœux pour le jeune guerrier, et ne cherchoient que l'occasion d'ouvrir les portes de la ville, pour le recevoir comme leur enfant chéri. Toustain, auquel cet enthousiasme donnoit déjà quelques inquiétudes, en eut bientôt davantage, quand il vit *un grand pan de la muraille du château abattu* par les machines qui battoient en brèche, et la chaleur avec laquelle le Connétable menoit le siége. Ne voulant pas se laisser enlever par un assaut, il se rendit à discrétion. Le Duc lui accorda la vie sauve, mais il l'exila et le priva de tous ses biens.

C'est ici où commence la réputation guerrière de *Guillaume*. Cette prise de *Falaise*, résultat des combinaisons du Connétable, tourna toute entière à la gloire du jeune Prince, que ce hasard heureux avoit amené faire ses premières armes devant sa ville natale, et qui s'y montra si avantageusement, qu'on en conçut les plus hautes espérances. La chronique l'exprime ainsi: *pour cette vertueuse épreuve, le duc Guillaume fut depuis reputé.*

Il se porta ensuite sur Argentan et Hyêmes, pour en déloger l'armée du roi, qui ne combattit point, et préféra de négocier. L'habileté du Connétable fut encore reconnue dans un traité, par lequel toutes les conquêtes furent abandonnées et évacuées, sauf la place de Tillières que le roi garda, et fit rétablir plus forte qu'elle n'étoit avant la démolition. Tillières rebâti.

La disgrace de Toustain cessa au bout de quelques années, en faveur des services de son fils *Richard*, auquel le Duc étoit attaché. Mais, malgré le pardon qu'il obtint, il ne rentra que dans une portion de ses biens : Guillaume donna l'autre partie à sa mère, *Arleitte*, à titre de dot, lors de son mariage avec Herloin, comte de Conteville ; de ce mariage sortirent *Robert*, qui fut *comte* de *Mortain*, et *Odon*, qui fut *évêque de Bayeux*, et dont nous verrons les talens.

Mariage d'Arleitte.

Ce fut à cette époque que l'archevêché de Rouen devint vacant par la mort du célèbre Robert, et qu'il fut donné à Mauger, oncle du Duc. Mais ce nouveau prélat, bien plus turbulent que son prédécesseur n'avoit été, à son début, au lieu d'étayer son neveu de tout le crédit que lui donnoit sa place, l'employa en faveur de son frère, le comte d'Arques. Ce comte, nouvellement récréé de la main du jeune Duc, n'avoit point été corrigé de l'esprit de rebellion, par l'exemple funeste de *Toni* ; il annonçoit tout haut ses prétentions au duché, et les appuyoit sur son droit de succession à l'héritage de son père, Richard le Bon, dont il étoit fils légitime, par son dernier mariage avec *Pavie*, tandis que son neveu, quoique de la branche aînée, étoit sorti d'*Arleitte*, qui n'avoit été que concubine.

Entreprise du comte d'Arques.

Le moment étoit favorable, car nous ne voyons plus cet habile et zélé Connétable auprès de Guillaume ; les vieux historiens ne nous en parlent même plus. Le duc voloit de ses propres ailes; mais il étoit bien jeune. Une faute, une inconséquence, un ordre mal-à-propos donné, bien des chances enfin pouvoient tourner au profit de l'oncle, qui, pour en venir à son but, fit plusieurs alliances importantes, et rechercha secrètement celle du roi de France. Mais il donna l'éveil par l'augmentation qu'il fit au château d'Arques, sur lequel il fit élever une grosse tour.

Guillaume se conduisit en jeune homme, surtout dans le premier moment; mais ensuite il agit de manière à montrer qu'il s'étoit formé à l'école du Connétable. Au premier bruit de la construction de cette tour, et aussi d'après quelques avertissemens, il fait signifier à son oncle l'ordre de venir à Rouen, renouveler l'hommage du comté d'Arques, et en même temps celui de rester auprès de sa personne, pour exercer une charge dans la maison ducale, et, sur son refus, il l'envoie assiéger dans son château d'Arques, par le comte Guiffart, avec une troupe d'élite, et part pour aller faire une course à Valognes. L'histoire ne nous dit point si ce voyage avoit pour objet des affaires importantes, ou si c'étoit seulement une partie de plaisir avec ses jeunes amis.

Guiffart ne laissa pas que d'inquiéter sérieusement le comte d'Arques, qui se trouvoit enfermé sur sa montagne, tandis qu'au bas de la côte on

Siège d'Arques.

construisoit un petit fort entouré de fossés et de palis sur le bord du chemin qui monte au château, de manière que la garde de ce petit fort interceptoit toute communication.

Le comte alors trouva le moyen de faire savoir au roi de France la triste position à laquelle il étoit réduit, ne pouvant sortir de chez lui, et souvent n'ayant pas de quoi dîner. Le roi lui envoya des vivres, avec un fort détachement à l'appui. Mais Guiffart en eut connoissance, et dressa, pour l'arrivée, une embuscade dans les bois. Quarante hommes qu'il avoit envoyés escarmoucher, après s'être battus un moment, feignirent de s'enfuir, et attirèrent l'ennemi vers ces bois. Les Normands, qui s'y étoient cachés, se montrèrent à propos, et tombèrent sur une partie des troupes royales, qui furent maltraitées. Hughes Beaudoin y fut fait prisonnier, et Enguerrand, comte d'Abbeville, tué ; le reste du détachement trouva le secret de faire entrer quelques vivres dans le château, mais le siége, qui n'avoit été qu'interrompu, fut repris bientôt après.

1042.
Le comte Guiffart cependant envoya un exprès à Valognes pour instruire le Duc de ce qui s'étoit passé au sujet du ravitaillement d'Arques. Guillaume, vivement contrarié par cette nouvelle, fut sur-tout très-affecté d'apprendre que le roi de France, après lui avoir servi de père, se

fût déterminé à prendre parti contre lui. Les suites fâcheuses que pronostiquoit cette alliance, le rendirent un instant pensif et rêveur ; car, suivant la chronique, *il commençoit à se connoître et à manier les affaires de la guerre, et qui tendent à honneur*. Tout-à-coup il demande son cheval, fait appeler quelques chevaliers, ainsi que les troupes cotentines qui étoient là, pour sa garde, et leur dit : « Qui m'aimera me suivra ». Il part aussitôt comme un trait, *passe le Véez, traverse Bayeux, Caen*, et ne s'arrête qu'un moment à Pont-Audemer, parce que son cheval étoit rendu : il s'en fait donner un autre, *passe la Seine de Vatteville à Caudebec, de là vint aux Bancs-les-Côtes*, et puis *à Arques, et chevauchoit si grande erre, qu'il n'y eut homme de ses gens qui le put suivre ; car il ne mit que du jeudi midi au vendredi soir.*

Son arrivée fit un brillant effet parmi les troupes du siége ; ses soldats le reçurent avec des acclamations de joie, et ce fut à qui lui raconteroit l'affaire de l'embuscade et la mésaventure de la division royale ; *ses écuyers, ses domestiques arrivoient après lui à la file, et par bandes, et moult s'émerveilloient du train dont il étoit venu.* Dès que les troupes cotentines, qui avoient fait preuve de zèle à le suivre, eurent rejoint, il fit, au milieu de l'armée, son grand serment, *par la splendeur de Dieu, que jamais de là ne partiroit qu'il n'eût le château d'Arques, encore qu'il y dût mourir;* ce dont ses troupes lui surent bon gré, et l'estimèrent davantage.

Pendant que ces choses se passoient dans la vallée d'Arques, le comte, qui en fut bientôt instruit, et qui s'amusoit peu d'être claquemuré dans sa forteresse, ne tarda pas à redouter un neveu qui débutoit d'une manière aussi vigoureuse et aussi entreprenante. Il fit faire des propositions, mais Guillaume ne lui pardonnoit pas d'avoir excité le roi contre lui, et ne voulut d'abord rien écouter; ensuite il se prêta cependant aux conseils de Roger de Beaumont, qui lui fit entrevoir la dure nécessité où il se trouveroit de punir son oncle comme un révolté, s'il se rendoit maître de sa personne. Alors des moyens d'évasion furent facilités au comte, qui, fort aise d'être tiré de là, alla promptement se réfugier à la cour de France; mais ses biens furent confisqués. La garnison, qui se trouva sans chef, remit sur-le-champ la place au Duc.

<small>Prise d'Arques. 1042.</small>

Le comte d'Arques s'ennuya bientôt à la cour, où il étoit traité en prince détrôné; il se retira avec sa femme, sœur de Guyon, *comte de Ponthieu, vers Eustache, comte de Boulogne,* au service duquel il resta long-temps attaché.

Le duc Guillaume revint triomphant se montrer dans sa capitale; ses succès ramenèrent à lui tous les esprits incertains et flottans; et, d'après l'histoire normande, beaucoup de seigneurs, le regardant comme un de ces rochers sur lesquels les tempêtes n'ont point de prise, firent leur paix et renoncèrent à toute idée d'insubordination. Ce fut alors qu'il s'occupa plus sérieusement de l'administration de son duché; il rendit une ordonnance vigoureuse *contre les meurtres, les incendies et la rapine*; il accorda une amnistie, aux conditions que tous ses sujets mettroient bas les armes et garderoient leurs foyers, sous peine de la vie. Commençant alors à sortir de l'heureux âge de l'adolescence, une belle figure, une taille élevée, faisoient remarquer en lui les dons précieux de la nature. C'est ainsi que la chronique nous le dépeint : *Le duc Guillaume devint grand, fut beau chevalier et de noble gouvernement en tous ses actes*; il eut bientôt rétabli l'ordre, et même il se flattoit déjà des avantages que procureroit une longue paix à la Normandie.

Mais la jeunesse se flatte aisément. Ce ne fut plus cette fois une levée de boucliers, une révolte à main armée, ni un chef de parti qui annonçoit ses prétentions, mais un horrible complot, une noire trahison, enfin un projet secrètement combiné pour l'assassiner. Et quel fut le chef de cette conjuration ? un de ses amis, compagnon de son enfance, un de ses jeunes parens, enfin, *Guy* de

<small>Conjuration</small>

Bourgogne, auquel il avoit donné les comtés de Brione et de Vernon, et qu'il venoit de décorer de l'ordre de chevalerie. Ce jeune seigneur, persuadé par quelques ennemis de Guillaume, et par son entourage, échafauda dans sa tête un système de droit légitime au duché, comme sorti d'*Alix*, fille aînée de *Richard le Bon*, que nous avons vu précédemment épouser le duc de Bourgogne; mais, pour le réaliser, il falloit culbuter ce fier bâtard, auquel plusieurs victoires venoient de donner un grand essor. Ebruiter l'entreprise n'étoit pas prudent; mettre sur pied les vassaux de Brione ou de Vernon, ils eussent été détruits dans une escarmouche. Les moyens secrets, les voies obliques et détournées, parurent plus sûrs, et les premières démarches se tournèrent vers un seigneur du Cotentin, nommé Grimoult *Du Plessis*, que l'histoire dit être du lignage des *Ganelon*, et dont le château étoit situé entre *Carentan* et *Coutances*. Une alliance très-secrète fut pratiquée; mais, comme ces deux conjurés ne se trouvoient pas assez forts pour agir seuls, Du Plessis voulut s'associer le comte de Bayeux et le vicomte du Cotentin. Cependant il y avoit une difficulté, c'est qu'ils étoient en guerre l'un contre l'autre, et avec tant d'acharnement, que les défenses réitérées du duc de Normandie n'avoient pu suspendre leur animosité.

Du Plessis conseilla au prince de Bourgogne

de se rendre auprès d'eux, et de leur offrir de grands avantages par la suite, s'ils vouloient entrer dans la coalition, et réunir leurs forces aux siennes pour le mettre en possession du duché. Ce conseil, exactement suivi, eut tout l'effet qu'ils en attendoient. Les deux nouveaux conspirateurs mirent bas les armes pour ne s'occuper que de cet effroyable pojet. Le secret fut si imperturbable, que Guillaume, voyant la pacification du Cotentin, alla faire un voyage à Valognes, ne se doutant de rien, et se croyant dans une parfaite sécurité. Qui le croiroit! ce voyage inattendu fut un signal pour les conjurés, qui se rendirent tous les quatre à Bayeux. La circonstance les favorisoit; il étoit facile d'enfermer le Duc dans la presqu'île, et de barrer son retour avec des troupes; mais comme il auroit pu se sauver par la mer, leur plan fut arrêté d'aller l'envelopper dans Valognes, et là, de le massacrer. Cependant l'arrivée subite de ces différens seigneurs, et de jour en jour celle de leurs troupes, ne laissèrent pas de donner quelques soupçons dans la ville, et sur-tout à un nommé *Galet*, ou *Gillos*. Les chroniques varient sur son nom. C'étoit une espèce de fou ou imbécille, très-attaché au jeune duc, qui s'en amusoit quand il passoit à Bayeux, et lui donnoit souvent de ses vieux habits. Quelques auteurs disent que c'étoit un bouffon, comme on en voyoit alors auprès des princes.

Ce *Galet*, ou *Gillos*, conçut quelque inquiétude, d'après les propos qu'il entendit; et, pour s'assurer davantage, il alla faire ses bouffonneries ou imbécillités ordinaires chez les quatre seigneurs, qui s'en réjouirent à table, où ils causoient sans défiance : *car, pour sa folie* ou bêtise, *ils ne se méfioient de lui.* Etant parvenu ainsi à entendre quelque chose de leur projet de Valognes, il ne douta plus que la vie de Guillaume ne fut menacée, *et si print un bâton sur son col,* à la manière des imbécilles, *et ne cessa de cheminer, tant, qu'il vint à Valognes devant minuit. Il heurta lourdement de son bâton à la porte du logis où étoit le duc Guillaume,* disant *qu'il vouloit parler à lui, et pour chose qu'on lui sût demander, ne voulut dire ce qui l'amenoit avant qu'il ne lui eût parlé.*

Sitôt que le Duc l'eut fait monter, il lui annonça qu'il étoit en grand danger d'être pris et tué; que le seigneur de Thorigny, *Hamon* le Dentu, ceux *Du Plessis, du Bessin, du Cotentin,* se réunissoient à Bayeux avec *Guy* de Bourgogne, dans le dessein de venir se saisir de lui, *si promptement n'y pourvoioit.*

<small>Guillaume averti dans Valognes.</small>

Guillaume, frappé comme de la foudre, ne vouloit pas d'abord y ajouter foi, ni croire que le vicomte de Cotentin, ce brave et fidèle Néel, qui avoit servi sous son père avec tant de zèle et de dévouement, conspirât contre lui; *mais,* voyant que Galet ne cessoit de brailler et crier : *fuyez, fuyez, ou vous êtes mort.* Si saillit promptement de son lit, print ses brayes, et pour se déguiser, s'affubla d'un manteau seulement, descendit à l'étable, print un cheval, monta sus, et s'en partit chevauchant grande erre, vers les *Véez St.-Clément.*

Peu après qu'il les eût passés, il entendit un grand bruit de chevaux et de cliquetis d'armes qui venoient de son côté; aussitôt, jugeant bien que c'étoient les troupes de ses féroces ennemis, il se détourna de sa route, et se cacha dans un bois, ou plutôt une grosse haie, jusqu'à ce qu'ils eussent tous passé le Véez, s'en allant à Valognes. Alors, ne doutant pas qu'il n'y eût *grand danger pour lui* de traverser Bayeux, où étoit le quartier général des conjurés, il dirigea son chemin sur la gauche, en se rapprochant de la mer, ensorte qu'au point du jour il arriva en un village, nommé *Ryes,* et si, *comme Dieu le voulut, le seigneur du dit village étoit levé,* séant à sa porte, prêt à s'en aller hors à ses affaires, si vit venir le duc Guillaume, dont le cheval étoit si fatigué, qu'il étoit obligé de le frapper d'une houssine, et qui le salua, en s'approchant pour demander le chemin de Falaise. Le seigneur de Ryes, qui le reconnut aussitôt, s'écria : *Sainte-Marie, monseigneur, qui vous*

Il repasse le Véez seul, et la nuit.

Il est sauvé par le seigneur de Ryes.

mène ainsi et en si pauvre équipage? Qui êtes-vous, dit Guillaume, qui me cognoissez?

Par ma foi, répondit le gentilhomme, on m'appelle *Hubert de Ryes*, et tiens de vous ce village sous le comte de Bessin. Découvrez-moi votre affaire hardiment, et ne me célez rien; car, en vérité, je vous sauverai comme moi-même.

Le duc lui raconta toute son aventure, et comme quoi il étoit menacé, et contraint de fuir.... cela entendu... le gentilhomme le fit entrer en sa maison, le fit repaître, et lui donna un cheval frais; ensuite il appela ses trois fils, leur disant : beaux écuyers, vel ci votre droit seigneur; montez à cheval, et suz toute l'obéissance que vous devez à lui et à moi, je vous commande que vous le conduisiez à Falaise, et vous gardiez d'entrer en ville, en bourg ou en village, ni en grand chemin.

Il se réfugie dans Falaise.
1044 ou 45.

Et après le congé pris, chevauchèrent grand erre, passèrent la rivière de Foupendant à gué, et vindrent arriver à Falaise, où ils furent reçus à grand joie (1).

---

(1) Nous ne pouvons découvrir pourquoi tous les vieux historiens donnent ici le nom de Foupendant à la rivière d'Orne, que le Duc Guillaume, dans sa fuite, passa effectivement près du village de Mutrécy, l'année 1044 ou 45. Nous ne connoissons de ce nom qu'une ferme située à une lieue et demie de là.

Quand Hubert de Ryes eut mis le duc à chemin, il demeura en sa maison, sans parfaire aucuns voyages, pensant bien que le bruit seroit bientôt répandu de la fuite et poursuite de Guillaume, et que grande parole seroit de la chose. Et si, comme il étoit encore séant à sa porte, velecy venir une grande troupe de chevaucheurs, qui venoient la bride avallée de devers Cotentin, et le vont assermenter s'il avoit vu Guillaume le Bâtard. Par foi, dit-il, vêle cy aller, et ne peut être loin; car son cheval est moult travaillé. Attendez-moi, j'irai avec vous, et nous le ratteindrons. Lors monta à cheval, et les mena, ledit Hubert, tout le contraire du chemin de Guillaume (1).

Maintenant, en 1813, ce chemin haussé de Guillaume existe encore en partie, et on le voit entre les villages d'Ouilly-le-Tesson, Cintheaux et Fresné le Puceux. Ce qui en subsiste est toujours très-solide, malgré ce laps de 760 années environ.

Le chemin haussé du duc Guillaume.

Lorsque les conjurés apprirent que leur victime leur avoit échappé, ils entrèrent dans une

---

(1) On lit dans l'ouvrage de M. de Bráz, sieur de Bourgueville, que, quelques années après, le *Duc*, pour perpétuer la mémoire *du chemin qu'il avoit tenu de Ryes à Falaise*, fit élever, aux dépens de ses adversaires et ennemis, les terres de hauteur encore apparentes qui ne se labourent ni cultivent, et sont appelées, par les circonvoisins, *la Terre levée*, ou *le Chemin haussé*.

fureur qui tenoit de la rage. Voyant qu'il ne leur restoit que la honte de cette horrible trame, qui fut bientôt connue, ils se déclarèrent en pleine révolte, firent trembler leurs sujets du Cotentin et du Bessin, au point qu'on n'osoit pas même y prononcer le nom de Guillaume; ils menacèrent tout le duché d'une guerre terrible, et firent mine de marcher sur Caen.

Le jeune Duc, qui s'y attendoit bien, étoit alors en sûreté dans *sa bonne ville de Falaise*; il se dépêcha d'en faire réparer les fortifications, y rassembla une garnison choisie, fit approvisionner la place de vivres, et (1) *la laissa en garde à Messire Jean Bellain de Blainville*; puis il se rendit promptement à Rouen, afin de rassembler des troupes et se préparer à soutenir cette violente attaque, qui ne laissoit pas d'être fort inquiétante.

<small>Falaise fortifié.</small>

L'armée des révoltés étoit très-nombreuse, et de plus dirigée par Néel, dont l'habileté dans l'art de la guerre étoit connue. Au milieu de cet orage, l'archevêque Mauger, son oncle, lui donna, disent les chroniques, un bon conseil: ce fut d'aller demander des secours au roi de France. Guillaume, dans le premier moment, s'y refusa; il avoit eu à se plaindre du monarque, dont il ne croyoit pas les vues ambitieuses sur la Normandie absolu-

---

(1) Chronique.

ment éteintes, et par lequel il avoit été déjà trompé une fois. Cependant le temps pressoit, les ennemis étoient trop redoutables pour espérer de les culbuter facilement. Il part pour la cour, il est bien reçu. L'audience obtenue, il supplie respectueusement le roi Henry I.er de se rappeler que ce fut par les soins, l'activité et les troupes du feu duc Robert le Libéral, son père, que la couronne lui fut rendue, tandis que la malveillance de la reine, sa mère, l'en avoit dépossédé; et, en reconnoissance de ce service, *lui requit très-humblement secours à l'encontre de Guy de Bourgogne, Néel du Cotentin, Regnault, comte de Bessin, Grimoult Du Plessis, Raoul de Briquesart, Hamon le Dentu, Hugues, évêque de Bayeux, et autres, qui lui vouloient ravir sa terre, et le mettre à mort.*

Henry, qui précédemment avoit peut-être paru ingrat envers la mémoire du feu Duc, effaça tous ses torts par la grandeur d'ame avec laquelle il prit parti pour son ancien pupille, et toutefois son vassal, implorant son assistance (1).

<small>Le roi de France prend son parti.</small>

---

(1) Cette vassalité ne donnoit pas alors un très-grand relief aux rois de France, dont le royaume ne comprenoit guère que Paris, Orléans, Etampes, Melun, Bourges, Compiègne. Le reste étoit en propriété aux grands vassaux de la couronne, qui, à la vérité, rendoient hommage, mais, à cela près, étoient les maîtres chez eux, et y exerçoient la souveraineté.

Non-seulement il lui promit des secours, mais, électrisé par l'esprit de chevalerie, que la réputation de Guillaume mettoit alors en une grande vogue, il voulut marcher lui-même, et commander en personne. Aussitôt une armée considérable de troupes françaises fut rassemblée.

Le Duc, de son côté, appela à Rouen ce qui lui restoit de Normands fidèles ; savoir, ceux du Vexin, du Rouennois, du Lieuvin, ceux des pays de Caux et d'Auge, ainsi que ceux d'Evreux et Caen : la jonction des deux armées se fit dans le comté d'Hyêmes, non loin d'Argentan.

Ensuite elles s'avancèrent vers Caen, et prirent une position entre *Mézidon et Argences*, où *les camps furent assis* près l'un de l'autre ; celui des Français sur la rivière de *l'Aizon*, et celui des Normands, sur la *Méance, où ils se parquèrent.* Ce camp fut célébré par les vers suivans, dont l'antiquité fait le principal mérite :

<small>Camp d'Argences et de Mézidon.</small>

> Entre Argences et Mézidon,
> Sur la rivière de l'Aizon,
> Se hébergèrent ceux de France ;
> Et joux tant les eaux de Méance,
> Qui, par Argences va courant,
> Se hébergèrent li Nordmans,
> Qui à Guillaume se tenoient,
> Et en sa besogne venoient.

Lorsque l'armée des rebelles eut connoissance de la position qu'occupoient le roi et le duc, elle vint au-devant d'eux, et Néel la fit camper au Val des Dunes, entre Argences et Cinglais, à trois lieues de Caen.

Tout annonçoit une affreuse bataille. On voyoit régner ce silence morne, sombre précurseur des terribles événemens.

Le roi et le duc, par un matin, firent armer leurs gens; et, après la messe ouïe à Saint-Rœson de Valmeray, ils burent un coup et se mirent en chemin. Le roi vit venir de loin une troupe de huit vingts chevaucheurs, qui marchoient en bon ordre, et dont n'y avoit celui qui n'eût cornette de taffetas au bout de sa lance (1).

Le duc Guillaume, voyant cette gentille troupe, éprouva un instant de perplexité, ignorant quel parti elle voudroit tenir, et dit: *à la montre, cette troupe devroit aujourd'hui avoir du plus beau, de tel parti qu'elle se range.* Mais ayant apperçu Raoul Tesson en tête, son inquiétude se dissipa, le connoissant pour un de ses amis; le duc ignoroit qu'il avoit été gagné par Néel et le comte Regnault, qui l'avoient appelé à Bayeux, et lui avoient fait des promesses si avantageuses, qu'il s'étoit laissé séduire, et leur avoit même juré

---

(1) Ces guerriers, par un mélange de bravoure et de galanterie qui subsiste toujours dans la nation française, avoient orné leurs armes des emblèmes et des parures de leurs belles.

que le premier qu'il frapperoit dans la bataille seroit le Duc. Néanmoins, lorsqu'il vit flotter la bannière de la Normandie, sur laquelle brilloient les armes du duché, le remords le saisit; il se rappela l'hommage qu'il avoit rendu au jeune prince, auquel il avoit promis foi et loyauté comme à son seigneur, et, dans son embarras, il consulta ses officiers: *Néel et Regnault, leur dit-il, s'attendent que je serai de leur parti, je leur ai promis que le premier que je frapperai dans la bataille, seroit le duc Guillaume, et cependant c'est à lui que j'ai rendu foi et hommage; je ne sais lequel faire.* Aussitôt ses officiers lui répondirent avec une grande chaleur: *Gardez-vous, si Dieu plaît, de porter les armes contre votre seigneur, auquel vous avez juré féauté. Quoi qu'il en soit, vous acquitterez votre serment envers Néel et ses complices, en frappant doucement de votre gantelet la personne du Duc; et, ce fait, vous tiendrez son parti.*

Cela entendu, Raoul Tesson se détacha de ses braves, et vint se présenter à cheval devant le duc, qui étoit pour lors auprès du roi, et sans parler, tira son gantelet, et lui en frappa l'épaule; ensuite il dit: *Monseigneur, ne prenez à déplaisir si je vous frappe, cela n'aye fait pour mal que je vous veuille; ainsi faire me convient pour acquitter mon serment. Je vous servirai aujourd'hui loyaument comme mon seigneur.* Le duc lui répondit : *Raoul, grand mercy. Or pensez de bien faire, je vous prie.* Aussitôt le guerrier revole à la tête de son bel escadron.

Cependant les dispositions se faisoient, l'affaire n'alloit pas tarder à s'engager ; les chefs, de part et d'autre, haranguoient leurs soldats, et formoient de chaque côté leurs troupes sur une seule ligne, partagée en quatre divisions. Les Français et les Normands de Guillaume ne tardèrent pas à commencer l'attaque ; les rebelles, au nombre de vingt mille, s'avancèrent de même, et l'impétuosité des deux armées fut si grande, qu'elles se mêlèrent tout de suite sans se donner presque le temps de lancer la première volée de flèches. La division du duc se trouva aux prises avec celle du comte de Bayeux, et celle du roi avec celle du vicomte de Cotentin. Pendant qu'on se tuoit et qu'on se hachoit avec acharnement de part et d'autre, le roi, qui s'étoit jeté dans le fort de l'action, fut en danger de la vie, et ne dut son salut qu'aux chevaliers qui l'entouroient.

Bataille du Val des Dunes. 1046.

Dans la mêlée, un chevalier Cotentinois, nommé *Guillesen*, oncle de Hamon le Dentu, et beau-frère de Néel, perça les rangs français, et *ayant choisi le roi, il l'abattit d'un coup de lance.* Aussitôt le comte de S. Paul accourut au secours du monarque, et dans l'instant il s'établit un si violent combat entre lui et ce Guillesen, que tous les deux furent renversés de cheval. Le rebelle fut le premier remonté, mais *son cheval fut occis sous lui par le seigneur de Châtillon.* Néanmoins il s'échappa de la presse (1).

Dès que le roi fut remonté, il continua de se mettre en évidence, et se porta au plus fort de la bataille, où chacun *crioit* sa bannière, *les Français mont joie S. Denis, les Nordmans et Guillaume, Dieu aide et Notre-Dame; Néel et Regnault crioient S. Séver, et Humon, Saint Amand.* Ce Hamon, seigneur de Thorigny et Creuilly, surnommé le Dentu, voulut aussi percer jusqu'au monarque, et renouveler l'audace de Guillesen; mais il fut entouré sur-le-champ, et aussitôt mis en pièces.

Pendant que ceci se passoit à la division du roi, le duc Guillaume, qui depuis long-temps combattoit et cherchoit le comte de Bessin dans la mêlée, finit par le joindre. *Sitôt qu'il lui fût montré, il baissa sa lance;* mais un écuyer du comte, nommé *Bardou*, natif de Bayeux, et neveu de Du Plessis, se jeta à la traverse, et voulut combattre à la place de son maître. *Le duc le*

---

(1) Il se retira, à la suite de cette bataille, avec plusieurs ennemis du duc Guillaume, en la Pouille, vers Robert Guiscard et autres Normands, qui *florissoient* alors dans ce pays.

choisit *au-dessous du menton*, *et lui passa sa lance parmi la gorge, et de ce coup*, ledit écuyer *tomba mort à terre.*

Dans le même moment, Raoul Tesson, qui, fidèle à son prince et à sa promesse, n'avoit pas encore donné, voyant le chamaillis dans toute sa force, et l'affaire bien embrouillée, jugea *qu'il étoit temps de montrer ce qu'il savoit faire*. Il fit signal à sa brillante troupe de se porter à l'appui du duc de Normandie, et, par une charge vigoureuse, il mit le désordre dans la division du comte de Bessin : celui-ci, encore tout effrayé de la chute de son écuyer, perdit la tête, et appela Néel à son secours. Mais le duc redoubloit de vigueur; et, soutenu par la cavalerie de Raoul Tesson, *assailloit et rompoit tous les rangs*. Le comte lâcha pied, et sa division prit la fuite.

Néel, qui se combattoit aux Français, quitta la sienne pour rallier celle de Regnault, et la forcer de retourner au combat; mais inutilement. Sa division fut entraînée par la déroute de l'autre; il fut lui-même obligé de fuir, et se vit vaincu pour la première fois.

C'est alors que la plaine de Caen devint le vaste théâtre d'un horrible carnage. Le duc et le roi se mirent à la poursuite des rebelles, qui se retirèrent avec le plus grand désordre, ou plutôt se sauvèrent dans la direction qui sépare les villages d'Allemagne et de Fontenay; mais, pour surcroît d'infortune, non loin de là se trouvoit le cours de l'Orne qui barroit leur retraite. Serrés par les vainqueurs, le plus grand nombre se précipita dans l'eau; la quantité qui périt fut immense (1), *il s'en noya en la rivière d'Orne, tant, que les moulins de Bourbillon en furent écluzés.*

C'est ainsi que cette sanglante et mémorable journée rétablit le duc Guillaume, alors âgé de vingt ans, en possession de tout le duché de Normandie, à cela près de la foible résistance de Guy de Bourgogne, qui fut bientôt soumis. Ce fut en 1046.

Les chansonniers du temps firent, sur l'aventure du roi, les deux vers ci-après :

> De Cotentin partit la lance
> Qui renversa le roi de France.

Le roi venoit de repartir pour le pays de France, lorsque le duc reçut avis que Guy de Bourgogne, depuis l'affaire du Val des Dunes (1),

---

(1) Chronique.

(2) Il fut bâti, dit M. de Bras, une chapelle au haut du Val des Dunes, sous l'invocation de S. Laurent, ce qui fait croire que la bataille se donna pareil jour : elle fut démolie par les protestans, en 1562.

Ce nom du Val des Dunes existe encore ; c'est un petit vallon effectivement à trois lieues de Caen, qui s'étend sur les communes de Séqueville et Balangreville ; la Méance et l'Aizon sont encore là, de même que l'église de Valmeray.

s'étoit réfugié dans Brionne avec quelques débris de ses troupes, en fortifioit le château, et vouloit se signaler par un acte de désespéré. Guillaume, en retournant à Rouen, l'assiégea et l'emporta d'assaut. Le prince Bourguignon fut contraint de se rendre à merci, et de renoncer à perpétuité aux comtés de Brionne et de Vernon. Tout le monde s'attendoit à voir sa rébellion punie de l'échafaud; mais le duc usa d'une clémence remarquable, en lui laissant une pension convenable à son état de prince. Mal vu ensuite à la cour de Normandie, où journellement il s'entendoit dire qu'il méritoit d'être banni, il alla s'établir chez le comte du Mans; mais sa réputation l'ayant suivi dans cette autre cour, il y éprouva bientôt des mépris et des dégoûts, qui le décidèrent à se retirer définitivement en Bourgogne, où il étoit né.

Le duc de Normandie ne songea plus qu'aux moyens de remettre l'ordre dans ses états, et qu'à dissiper, par une police sévère, les derniers nuages de ce grand ouragan. Néel perdit son apanage de Coutances, et se retira en Bretagne. Du Plessis, qui cherchoit encore à remuer, finit par se faire arrêter, fut conduit à Rouen, et mourut en prison.

Nombre d'autres seigneurs, qui s'étoient laissés entraîner par les rebelles, parvinrent à rentrer dans les bonnes grâces du prince, qui leur laissoit bien leurs terres et seigneuries, mais qui faisoit démolir leurs donjons et forteresses. Les plus obstinés, regardant avec orgueil le pardon du chef comme une humiliation, préférèrent s'en aller à Naples rejoindre Robert Guiscart, et contribuer *aux* conquêtes de la *Pouille*, de la *Calabre* et de la *Sicile*.

DIGRESSION

SUR

LES NORMANDS ILLUSTRES

DE LA POUILLE, DE LA CALABRE, DE LA SICILE ET DE LA PALESTINE.

Le règne de Guillaume le Conquérant eut trop de relations avec les progrès des Normands en Italie, pour que nous ne jetions pas un coup-d'œil sur ces fameux chevaliers et sur leurs étonnantes conquêtes. Si, par l'apperçu que nous avons donné des irruptions de leurs ancêtres au neuvième siècle, nous avons montré ces premiers hommes du Nord sous des couleurs effrayantes : sans doute, en écrivain compatriote, nous devons célébrer les expéditions fameuses par lesquelles les Normands du onzième devinrent, pour l'Europe, un objet d'admiration, et remplacer les excès du pirate Hasteno par les exploits des Guiscart, des Bras de Fer, des Boëmont, en un mot, de tous les Tancrèdes.

(1) Lorsque Didier, dernier roi de Lombardie,

---

(1) Essai sur la Normandie.

fut détrôné par Charlemagne, la résistance opiniâtre des ducs de Bénevent fit échouer les prétentions de cet empereur sur leurs états, qui comprenoient presque tout le midi de l'Italie. Cependant la Pouille, la Calabre et la Sicile, furent en proie aux incursions des Sarrasins, qui en prirent bientôt une grande partie. Vers la fin du dixième siècle, ils possédoient toute la Sicile, avec plusieurs châteaux dans la Pouille et la Calabre. Le Catapan, ou gouverneur, qui commandoit dans ces contrées pour les empereurs grecs auxquels elles appartenoient, ne put empêcher ces progrès rapides, parce que les Latins, devenus possesseurs de Bénevent et de Capoue, le vexoient d'un autre côté par des guerres continuelles. Ainsi, dans une étendue de plus de cent vingt lieues, l'Italie n'étoit plus qu'un vaste théâtre de guerres, de brigandages et de barbarie.

De 1003 à 1020.

Une troupe d'environ quarante chevaliers normands, revenant d'un pélerinage à Jérusalem, vers l'an 1005, passèrent sur la mer de Naples, et relâchèrent à Salerne, dans le temps que cette ville, menacée de pillage par une armée d'Arabes, venoit d'obtenir leur retraite à force d'argent. Ils

Défense de Salerne.

trouvèrent les habitans occupés de rassembler la somme exigée par ces infidèles, dont le camp, situé dans les prairies voisines de la place, étoit le repaire du brigandage et de l'ivresse auxquels ils s'abandonnoient sans défiance. Ces chevaliers reprochèrent aux malheureux Salerniens, qui se laissoient rançonner, la foiblesse de leur soumission, et s'offrirent à leur duc Gaimar pour les défendre. Leur dévouement fut accepté comme un secours envoyé du ciel; et, pendant la nuit, ils marchèrent à la tête des habitans, qu'ils encourageoient, fondirent sur le camp des Mahométans, en massacrèrent une grande partie, et contraignirent le reste à se rembarquer précipitamment.

A la pointe du jour, ces chevaliers, glorieux d'avoir chassé cette horde de plusieurs milliers de Sarrasins, dont les riches dépouilles leur étoient restées, furent ramenés dans la ville en triomphe, au milieu d'un peuple qui les regardoit comme ses libérateurs.

Gaimar, ne sachant comment les récompenser, leur offrit des présens; mais ils refusèrent avec désintéressement, et même, quelques instances qu'il leur fit, ni ses prières, ni les vœux de ce peuple ne purent les retenir. Le désir de revoir leur patrie les décida peu de temps après à préférer de partir; mais, comme on craignoit le retour des Musulmans, on leur fit promettre de revenir et d'envoyer quelques détachemens de la jeunesse Normande. Ils consentirent de plus à emmener avec eux un ambassadeur chargé de présens pour le duc de Normandie; c'étoit, dit le texte, *des chappes royales, recamées d'or et parsemées de pierreries, avec des brides d'or et d'argent.*

Osmond Drengot.

L'éclatante action de ces pélerins guerriers porta le nom Normand au plus haut dégré de réputation, et, de ce moment, l'émulation fut excitée dans tout le duché. Parmi ceux qui partirent des premiers pour l'Italie, on cite Osmond Drengot, qu'une fâcheuse affaire avoit mis dans le cas de s'expatrier. Pendant une chasse à la forêt de Lions avec le duc de Normandie, il avoit entendu un chevalier, nommé Guillaume Répostel, qui se permettoit des discours insultans sur l'honneur de sa famille, et, pour toute réponse, il lui avoit porté un coup mortel. La sévérité du prince, et le blâme de ses pareils, le déterminèrent à entreprendre ce voyage, accompagné d'une troupe choisie, qui s'attachoit à sa fortune, et de ses quatre frères, *Asclitin*, *Renault*, *Balderic* et *Raoul*.

1017.

1018.

Arrivés dans ces contrées, les uns s'attachèrent au duc de Salerne, d'autres au prince de Capoue, et le plus grand nombre resta au service de *Mello*, prince de Barri, et de son frère, *Datté*. Avec ces nouveaux alliés, Mello gagna trois batailles contre le Catapan; l'une à Trémo, où fut tué le général de l'empereur grec, Bazyle, *Léon Pacian*; l'autre à la Civita, la dernière à Vary.

Mais le fruit de ces victoires fut perdu dans un quatrième combat contre Bubagan, nouveau général, auprès de Cannes, le même lieu qu'Annibal avoit rendu si célèbre. Après cette disgrace, Mello confia ses Normands au prince de Capoue, Pandolphe, et au duc de Salerne, Gaimar, et alla demander des secours à l'empereur d'occident, Henry; mais dans le retour il perdit la vie.

Les succès du général grec ne furent arrêtés que par l'arrivée de cet empereur, Henry, qui porta ses troupes jusque dans la Campanie, et qui dut en partie ses avantages au zèle des Normands. Ceux-ci, irrités par la trahison de Pandolphe, qui se livra au parti grec, se tournèrent contre lui, et s'attachèrent à différens autres princes Lombards, sous la conduite de Ranulphe Drengot, qu'ils avoient élu pour chef, lorsqu'Osmont, son frère, avoit péri près de Cannes. Sergius, duc de Naples, qui venoit d'être dépouillé de ses états par Pandolphe, eut le bon esprit de réclamer le secours de ces étrangers, qui le rétablirent en peu de temps; et, pour prix de cet important service, il leur donna un territoire étendu, entre Capoue et Naples, sur lequel ils bâtirent une ville, qui fut nommée Averse. Ce fut la première souveraineté qu'il possédèrent en Italie, et le premier prix de leur valeur. Le duc de Naples resserra encore les liens de cette

marginalia: 1019. — Ranulphe Drengot.

Fondation d'Averse, bâtie par les Normands, de 1021 à 1030.

alliance par le mariage d'une de ses parentes avec leur chef. Le texte dit, que, peu de temps après, l'empereur Conrad vint à Capoue, destitua Pandolphe, et donna ses états au duc de Salerne, Gaïmar, et qu'ensuite il confirma le capitaine des Normands dans la donation du comté d'Averse.

L'histoire accompagne quelquefois leurs exploits de récits fabuleux, tels que les aventures et la force prodigieuse de Toustain Cistel, ou Cistau, un de leurs chefs, qui jeta un lion par-dessus une muraille, et combattit un dragon. L'animal succomba, mais le vainqueur fut empoisonné par son haleine empestée, et mourut trois jours après.

Ranulphe, devenu comte d'Averse, conçut bientôt le plan d'agrandir et de fortifier sa colonie. Des émissaires, envoyés par lui, remplirent la Normandie des récits les plus merveilleux, dont étoient ornés les détails de leurs succès; ils vantèrent les richesses et la fertilité de la Pouille, ainsi que celle du comté d'Averse, et sur-tout la facilité de s'y agrandir, et celle d'y faire fortune aux dépens de l'indolence et de l'inhabileté des empereurs grecs. Cette démarche attira en Italie beaucoup plus de Normands qu'il n'y en étoit encore venu.

Dans le grand nombre de ceux que l'on vit y porter leurs armes, on distingua trois fils de

Tancrède de Hauteville, Bras de Fer, que l'on a aussi nommé Fier à Bras, Drogon et Onfroi. Les détails sur cette famille entraînent trop d'intérêt pour se permettre de les abréger, et ne pas donner la note antique de l'original.

<small>Vers 1033, arrivée des premiers fils de Tancrède</small>

Tancrède de Hauteville, que la vertu rendoit aussi recommandable que la noblesse, habitoit près de Coutances. Il épousa successivement deux femmes, Morielle et Frésonde, aussi nobles de vertu que de race, et aussi belles d'esprit que de corps. Il eut cinq fils du premier lit, Guillaume, surnommé bras de Fer, à cause de sa force, et par les romans, Fier à bras ; Drogon, Onfroi Geoffroy et Serlon. Du second lit, plus fécond, il eut Robert, surnommé Guiscard, pour ses ruses de guerre ; Mauger, ou Maugis ; Guillaume, Humbert, Tancrède et Roger. Le texte ajoute : que Frésonde départit également ses faveurs maternelles aux aînés et aux cadets, les nourrit et les éleva tous avec tant de soin, que son mari eut sujet de bénir mille fois le jour de son mariage, et ses voisins de publier par-tout les vertus de sa femme.

Ses onze fils, se détachant avec le temps des plaisirs de la jeunesse, s'exercèrent aux armes, à bien piquer et tourner les chevaux, et en beaucoup de tournois à donner des preuves de leur courage et de leur adresse. Tandis que la

Normandie jouit de la paix, et que les messagers du comte d'Averse ne promettent à ceux qui passeront en Italie, rien moins que des villes et des comtés, les aînés de Hauteville, assez forts pour endosser la cuirasse, et pour souffrir les travaux de la mer, prennent la résolution de renoncer aux prétentions de la succession paternelle, qui ne pouvoit satisfaire qu'à l'honnête entretien d'un de leurs frères, d'aller chercher fortune dans ces provinces étrangères, et sous les enseignes de quelques princes, faire voir que la valeur est naturelle aux Normands.

Pandolphe, instruit du renfort qu'alloit recevoir la colonie d'Averse, essaya promptement d'accaparer les nouveaux débarqués, pour s'en étayer contre le duc de Salerne, qui l'avoit réduit au comté de Téane, et que, par vengeance, il avoit attaqué; mais il l'abandonnèrent bientôt pour se ranger du parti opposé, dans lequel ils trouvèrent leurs compatriotes. Ce fut avec leur aide que Gaimar, leur ancien ami, conquit la ville d'Amalphie, le pays de Suriento, et força Pandolphe à mettre bas les armes.

La renommée de ces guerriers, qui faisoient triompher les princes auxquels ils s'attachoient comme auxiliaires, rendit leur alliance précieuse à tous leurs voisins; elle fut particulièrement recherchée par un général de l'empereur, Michel

Paflagonien; les vues politiques de cet empereur étant de recouvrer la Sicile, à l'aide des troubles suscités par deux princes Maures ou Arabes, qui s'en disputoient la couronne. L'un s'appeloit *Apochap*, et l'autre *Apolaffar*.

Quoique les Normands se souciassent peu d'affoiblir, pour une guerre absolument étrangère, leur nombre qui n'étoit pas encore considérable, le général grec, dont le nom étoit Maniac, ou Maniacès, employa auprès d'eux la persuasion de Caimar, et fit tant, par ses promesses et ses insinuations, qu'il en obtint trois cents, qui se réunirent à lui sous les ordres de *Guillaume d'Hauteville*, dit *Fier à Bras*, ou plutôt *Bras de Fer*, et de ses deux frères. Un secours aussi borné paroîtra sans doute bien foible vis-à-vis des innombrables bandes Sarrazines; mais l'on va voir de quelle importance il fut. Aussitôt que *Maniacès* les eut réunis sous ses drapeaux, il fit voile pour la Sicile, et *Messine* fut le premier objet de ses armes. Pendant un siége opiniâtre, les Grecs, qui combattoient mal (1), se laissoient repousser à toutes les attaques. Enfin les Arabes, dans une violente sortie, les ayant encore poursuivis et rejetés dans leurs retranchemens, tout-à-coup

---

(1) Ce n'étoient plus ces fameux Grecs dont Homère a chanté les exploits.

les trois cents Normands se montrèrent et tombèrent sur ces infidèles, qui se croyoient déjà certains de la victoire. Assaillis à leur tour, par les coups que leur portoient ces nouveaux guerriers, dont *ils ne connoissoient pas encore la générosité*, les plus audacieux reçurent la mort, le reste prit la fuite. Les Normands les poursuivirent avec une telle rapidité, qu'ils entrèrent avec eux dans la ville, et s'emparèrent des portes. Messine fut obligée de capituler.

<small>Prise de Messine.</small>

Maniacès, aussi émerveillé de l'intrépidité de ses alliés, que de la richesse de sa conquête, leur témoigna son estime et son admiration; ensuite il les combla de présens, et leur fit de grandes promesses, afin de les conserver tant qu'il auroit besoin d'eux.

Il s'avance en triomphateur dans la Sicile, passant au fil de l'épée tous les Maures qu'il rencontre, et se présente devant Syracuse; mais son avant-garde donne mal adroitement dans une embûche, et se laisse enlever par le gouverneur Archadra, ou Arcadius. Enflé de ce succès, ce chef arabe ne tarde pas à revenir devant le camp des Grecs, les insulter et les narguer par des menaces et des provocations effrontées. Fier à Bras, irrité, s'avance à cheval et s'élance sur le barbare. Le texte dit : *Bras de Fer met sa lance en arrêt, enfonce les éperons à son cheval, et frappe l'infi-*

dèle *avec tant de force, qu'il le désarçonne et lui ôte la vie.* En même temps tous les Normands tombent sur l'escorte arabe, dont la terreur s'empare ; et l'armée grecque, animée par ses vaillans auxiliaires, fond sur quelques autres bandes qui s'enfuient en désordre. La ville est enveloppée, et les habitans, effrayés, demandent à capituler.

Prise de Syracuse.

Maniacès, maître de Syracuse, n'avoit plus à redouter que le sort d'une bataille ; il apprend qu'une armée de trente mille Sarrazins s'avançoit pour venger la mort d'*Arcadius*, conduite par les deux princes *Apochap* et *Apolaffar*, qui déjà étoient à *Trapano*. Cette fois, il charge d'Hauteville, ou, si l'on veut, Fier à Bras, de la conduite de son avant-garde. Celui-ci s'en acquitte avec tant d'habileté, qu'il engage le combat de manière à faire donner les Grecs à propos, et à leur procurer une victoire complète, et pour son compte, à la fin de l'affaire, il poursuivit, à la tête de ses vaillans acolites, une bande énorme de ces *Maures*, ou *Marranes*, avec tant de violence, qu'il les accula contre une rivière ; et là, les Normands en firent un tel massacre (1), *que le fleuve en fut débordé.*

La prise de quelques villes fut encore le résultat de cette victoire, et la Sicile alloit rentrer sous

---

(1) Trophées des Normands.

la domination des Grecs, s'ils n'eussent pas été ingrats ; mais le Catapan Maniac, ou Maniacès, changea subitement de conduite à l'égard de ces héros, qui l'avoient si bien servi. Tout le butin pris dans cette bataille fut partagé aux Grecs, et les alliés furent privés de la portion qui leur en revenoit. Le motif de ce procédé se perd dans l'obscurité des temps ; peut-être conçut-il une basse jalousie de ces guerriers qui le surpassoient en valeur, et sans lesquels il eut sans doute été vaincu. Les Normands lui firent demander, par leur interprète *Hardouin*, la raison de cette injustice ; il répondit avec fureur qu'il étoit le maître, et que cette question étoit une insulte à son autorité. De plus, il eut l'infamie de s'emparer d'un cheval arabe que *Hardouin* avoit pris sur les *Maures*, et de le faire battre lui-même par ses valets. Irrités doublement de cet outrage fait à leur ami, Bras de Fer et ses compagnons firent le serment de mourir tous, plutôt que de rester dans l'armée du Catapan. Ils trouvèrent le moyen de se rembarquer secrètement pour l'Italie, et abandonnèrent le fourbe *Maniacès* à lui-même.

1055.
Réunis aux Normands d'Averse, ils ne tardèrent pas à former ensemble des projets de vengeance que l'on vit bientôt éclater. Une circonstance heureuse accéléra leur triomphe ; les

chevaliers, qui avoient accompagné Robert le Libéral dans son voyage à Jérusalem, s'en retournoient alors en Normandie, après lui avoir rendu les derniers honneurs. Ils passèrent par l'Italie, y firent quelque séjour chez le comte d'Averse; et, comme ils étoient très-disposés à prêter main-forte à leurs frères d'armes et compatriotes, sur-le-champ, la conquête de la Pouille fut entreprise. Les mauvaises garnisons grecques qui la gardoient, n'osant résister, les premières bourgades se rendirent presque sans se défendre, et *Fier à Bras*, ou *Bras de Fer*, s'étant avancé rapidement jusqu'à Melphe, capitale de la province, en forma le siége. Cette ville, assise sur le sommet d'une montagne, et fortifiée par la nature, auroit pu faire une longue résistance, si les habitans eussent eu des munitions de bouche; mais, attaqués à l'improviste, et bientôt en proie à la famine, ils composèrent et rendirent la place aux Normands, dont le nombre, suivant le texte, n'excédoit pas alors douze cents. Maîtres de cette position, dont ils prévirent tout l'avantage, ils s'empressèrent de la mettre dans un état de défense respectable.

Aux premières nouvelles de ce revers inattendu, Maniacès quitte son île, emmène avec lui ce qu'il peut détacher de son armée, et s'avance en furibond sur *Melphe,* comptant bien en déloger

Prise de Melphe.

les nouveaux conquérans; mais ceux-ci avoient appris dans la campagne de Sicile ce que valoient les troupes du *Catapan*, et, les connoissant trop bien pour en faire aucun cas, ils se précipitent sur eux, conduits par leur redoutable chef (1). *Lors Bras de Fer, furieux comme un lion auquel on veut ôter sa proie, sort à la campagne, attaque les Grecs, encore harassés par la mer, et en fait tomber si grand nombre sous ses armes, que Maniac fut contraint de repasser en Sicile.*

C'est alors que les Normands, assurés dans leurs succès, poursuivirent leur entreprise; en peu de temps ils se rendirent maîtres d'*Ascoli*, *Venoze*, *Lavello*, et de presque toute la *Pouille*. Rien ne pouvoit résister à ces foudres de guerre, qui, non-seulement avoient l'art de construire les machines de siége, et de s'en servir avec tant d'habileté, qu'aucune tour ni muraille, si fortes qu'elles fussent, n'étoient à leur épreuve, mais qui encore, aussitôt que la brèche étoit faite, emportoient tout d'assaut, et frappoient l'ennemi de terreur et d'étonnement, au point qu'on vînt de toutes parts se soumettre à ces illustres vainqueurs, qui alors usoient d'une grande modération.

Leurs triomphes, cependant, ne laissèrent pas ensuite d'éprouver de l'opposition; les Grecs de

---

(1) Trophées des Normands.

la Pouille, en fuite de tous les côtés, se remirent enfin de leur première frayeur, et, s'étant rassemblés sous le commandement d'un général, nommé *Duclian*, ils vinrent, au nombre de près de soixante mille, disputer la possession de ces contrées riantes et fertiles, à l'armée Normande, qui n'étoit, comme nous venons de le voir, forte que de douze cents hommes, dont sept cents en cavalerie. On peut ici, sans scrupule, taxer les anciens écrivains de quelqu'exagération d'un côté et de l'autre, en nous assurant qu'un si petit nombre de ces braves fut vainqueur de tant de forces réunies; car qui dit trop ne persuade pas. D'ailleurs on sait que ces derniers avoient le bon esprit de se faire des partisans, et qu'ils avoient enrôlé quantité d'Apuliens, formés par eux au métier des armes, qui se faisoient gloire de combattre sous de si vaillans maîtres.

Le combat eut lieu près de la rivière d'Offanto, qui sépare la terre de Bari de la Capitanate. Les Normands prirent une position très-favorable, et les Grecs, par une manœuvre défectueuse, dont ils avoient l'usage, ne faisoient donner à la fois qu'une légion, qu'on remplaçoit par une autre, aussitôt que la première étoit hors de combat. Cette mauvaise manière attira le désavantage sur eux, qui, par leur grand nombre, cependant, rendirent l'action très-longue et très-opiniâtre. Après avoir

Bataille de l'Offanto

montré tout le jour la contenance la plus ferme, les Normands, habiles à ne pas laisser échapper la victoire, sur-tout quand ils avoient à leur tête les trois fils de Tancrède, marchèrent en avant, et reprirent l'offensive. Le désordre fut bientôt dans les rangs ennemis, et la déroute commença. *Duclian*, qui se vit entraîné, voulut rallier les siens au bord de *l'Offanto*; mais la poursuite et le choc des Normands devinrent si terribles, que tous ses efforts furent vains. Pour échapper à la mort, ou à la captivité, il se jeta à la nage et abandonna les Grecs, dont plusieurs milliers se noyèrent dans le fleuve ; depuis le champ de bataille jusqu'à la rivière de *l'Offanto*, la terre étoit jonchée de leurs morts.

La renommée répandit cette étonnante victoire dans toute l'Europe, et ces triomphes, qui paroissoient gigantesques, portèrent le deuil à Constantinople. *Duclian* fut disgracié ; on s'empressa de le remplacer, et l'empereur Constantin, Monomac, fit passer de nouvelles troupes en Calabre, aux ordres du général *Exauguste Malaterre*, le fils de *Bubagan*, qui avoit une fois battu les Normands à leur quatrième combat, sous la conduite de Mello, ou Melus de Bari. Les Grecs, commandés cette fois par le fils d'un vainqueur des Normands, en tiroient un heureux présage. Il faut remarquer que sous le nom d'armée grecque, étoient compris une multitude d'Asiatiques, de Russes et de Calabrois, dont elle étoit composée, et qui s'avancèrent jusqu'à Monte-Pilozo. L'armée Normande y marcha de son côté, et l'on en vint bientôt à une affaire générale; mais elle fut d'abord mal entamée par la faute d'Athénolphe, fils du duc de Bénévent, auquel on avoit, pour plaire à son père et se l'attacher, donné la conduite d'une légion. Cette circonstance fut sur le point de tout perdre. Les Normands, à leur grand étonnement, éprouvant un revers, étoient en pleine retraite, et, poursuivis par une armée si étrangement supérieure en nombre à la leur, ils ne voyoient déjà presque plus de ressource, parce que Guillaume, Bras de Fer, qui les guidoit toujours à la victoire, n'avoit pu combattre à cause d'une fièvre quarte qui le tourmentoit depuis quelque temps. Mais cet admirable chef s'étoit fait porter sur une hauteur, d'où il pouvoit voir toute l'affaire, et, par précaution, avoit gardé près de lui une forte escorte d'hommes choisis. Il n'avoit pas perdu de vue un seul des mouvemens, et lorsqu'il reconnut que les Normands battoient en retraite, le dépit et la fureur s'emparent de lui; il oublie qu'il est malade, se fait donner ses armes et placer sur son cheval. Il vole aussitôt, suivi de son escorte, au milieu des siens, qui font des cris de joie lorsqu'ils l'apperçoivent; sa présence rétablit le

Bataille de Monte-Pilozo.

1041.

combat; ses troupes se rappellent qu'elles sont invincibles quand il est à leur tête, elles retournent à la charge, et la mêlée devient plus violente que jamais; les ennemis ne veulent pas céder, mais d'Hauteville veut, à tout prix, leur arracher la victoire. Tout-à-coup un chevalier Normand, dont le nom n'a pas été conservé, distingue le général grec qui parcouroit ses rangs pour les maintenir. Secondé de quelques-uns des siens, il se précipite sur lui à toute bride, et le fait prisonnier. Cet acte de vigueur abat le courage des Grecs, qui se laissent entraîner, et abandonnent le champ de bataille.

Malaterre fut d'abord conduit à *Melphe*, ensuite envoyé au duc de Bénévent; et, pour s'attacher davantage les Apuliens, on chargea le jeune *Argyre*, fils de Mello, ce premier protecteur et allié, d'aller s'emparer de *Bari*, *Juvenace* et plusieurs autres villes, avec un détachement qu'on lui confia.

<small>Bras de Fer, duc de la Pouille.</small> L'empire des Grecs étoit presqu'entièrement éteint dans ces contrées, soumises par les armes victorieuses des Normands; et ces guerriers, en reconnoissance du zèle, de la prudence et de l'intrépidité de Guillaume d'Hauteville, dit Bras de Fer, le nommèrent duc souverain de la *Pouille*. Il est à remarquer que ni les seigneurs voisins, ni le pape, ne furent consultés. Ensuite ils se rassemblèrent à *Melphe*, pour s'entre-distribuer les

commandemens et les propriétés. Chaque chef eut le commandement d'une ville, et fut obligé d'avoir une maison à lui dans la capitale. Les inférieurs eurent chacun un village. Le duc, outre la capitale, eut *Ascoli; Drogon* eut *Venoze*; *Onfroi* eut *Monodi* ; *Asclitin* eut *Acheront* ; *Ranulphe*, qui fut appelé au partage, eut *Saint-Archange*, etc.

Ces dispositions furent suivies d'une triple alliance, entre *Bras de Fer, Ranulphe et Gaimar*.

La Normandie retentit bientôt du bruit de tant d'exploits et des avantages d'une si belle conquête. Les voyages dans la Pouille y devinrent plus que jamais en vogue; les uns y alloient pour chercher la gloire, et d'autres pour chercher la fortune. Les troubles, qui accompagnoient la minorité du duc Guillaume, ne contribuoient pas peu à grossir ces émigrations, et déterminèrent une foule de nobles à s'y rendre, emmenant avec eux beaucoup de gens propres à faire de bons soldats. C'est alors qu'on y vit arriver Guillaume de *Montreuil*, Ernault de *Granteménil*, Anquétil de *Noyer*, et Théodolin du *Tané*. Mais, ce qui rendit sur-tout cette époque remarquable, ce fut le départ de trois autres fils du vieux *Tancrède*; *Robert*, surnommé *Guiscard*, avec deux de ses jeunes frères; *Maugis* et *Geoffroi*. Tous ces voyages se faisoient par petites bandes et sans

<small>Seconde arrivée des fils de Tancrède.

1041.</small>

bruit ; le pélerinage de Rome servoit de prétexte, et, aussitôt arrivés dans la Pouille, ces pélerins quittoient le bourdon pour endosser la cuirasse. On assure que le nombre de ceux qui suivirent *Robert Guiscard*, à diverses époques et en différentes bandes, fut de six à sept mille.

La cour de Constantinople ne s'étoit pas tenue pour battue ; elle avoit envoyé débarquer à *Hydronte*, que nous croyons être *Otrante*, un seigneur, nommé *Synodian*, auquel elle n'avoit donné aucunes troupes que celles qu'il pourroit lever dans la *Calabre*. Ce bravache *fit sommer les Normands de lui remettre toutes les places qu'ils avoient prises, et de se retirer des terres de l'empire.* Pour toute réponse, ils marchèrent sur lui, défirent quelques bandes *qu'il avoit recueillies et mises en campagne.* Le nouvel envoyé, à peine sorti *d'Hydronte*, se dépêcha d'y rentrer et de regagner la mer.

La dernière ressource de la cour d'Orient fut alors de tirer de prison Maniacès, qu'elle avoit fait enfermer précédemment pour des sujets de suspicion assez graves, et de le mettre à la tête d'une flotte et d'une armée de débarquement. Il arrive à *Hydronte*, développe ses troupes, et s'avance vers Tarente. *C'étoit*, dit le texte, *dans le mois des fleurs que commencèrent les furieux effets de sa tyrannie.* Soit qu'il craignît que la Calabre n'eût quelque penchant pour les nouveaux étrangers, soit qu'il espérât d'effrayer les Normands par des excès de barbarie, le *Catapan* signala sa campagne par des cruautés inouïes. Il désola les malheureux Calabrois par des supplices et des tortures. On en peut juger par le récit qu'en fait cette note latine :

Interimit multos, Maniacus, et arbore quosdam
Suspensos, alios truncatos vertice mactat;
Cœpit inauditum genus, exercere tyrannus.
Audet in infantes, viventis adhuc, quia capti
Corpus humo sepelit pueri, caput eminet extrà;
Sic perimit multos, et nulli parcere curat.

Ne pouvant empêcher tant d'horreurs, les Normands du moins ne restoient pas dans l'inaction ; voyant que *Barri* étoit menacé, ils se dépêchèrent de s'emparer de *Trani* qu'ils n'avoient pas encore.

Pendant que ces choses se passoient en Italie, à Constantinople on destituoit le féroce Maniacès, qui, sans s'y attendre, vit arriver à son quartier-général le *Patrice Pardo*, revêtu de pouvoirs pour prendre le commandement, et chargé de lui signifier son rappel. Que fit le *Catapan*? il refusa d'obéir, s'empara d'une caisse militaire bien garnie, que le Patrice avoit apportée, et le fit poignarder ; il essaya même de se faire proclamer empereur par ses soldats.

Mais l'armée normande s'avançoit ; grossie

par les derniers renforts, elle présentoit un front plus formidable et bien plus étendu qu'auparavant. Elle avoit toujours en tête son nouveau duc de la Pouille, son vaillant *Bras de Fer*, et le comte d'Averse, *Ranulphe*. *Maniacès*, qui étoit campé près de *Matère*, fut d'abord indécis. La grande étendue qu'occupoit l'ennemi l'inquiète, ou l'épouvante; il se retire sans combattre. Réfugié dans *Tarente*, il est vivement suivi et aussitôt bloqué. En vain *Bras de Fer* employa les ruses de la guerre pour l'attirer au combat; la ville étant difficile à prendre, le Catapan n'en voulut pas sortir. Il ne soutint même le siège que quelques jours, et profita de la mer pour passer en Epire, de là en Bulgarie, où il fut accusé de vouloir soulever le peuple; mais quelques détachemens, commandés par *Etienne Sebastaflore*, marchèrent contre lui et rapportèrent sa tête à Constantinople.

1044.

Le duc de la Pouille, sans cesse occupé de la conservation et de la défense de sa colonie, passa dans la Calabre pour y faire élever un fort, que le texte nomme *Esquilace*; c'étoit plutôt *Serrible*. Il s'occupoit sans cesse d'asseoir son gouvernement, et les Normands n'avoient plus qu'à jouir de leurs conquêtes et de l'ombrage de leurs lauriers, lorsqu'une maladie funeste mit au tombeau ce guerrier sublime, cet illustre *Bras*

Mort de Bras de Fer. 1045.

de *Fer*, pour lequel ils avoient tant de vénération. Pénétrés d'une tristesse profonde, incertains de retrouver jamais dans un chef la valeur et la prudence réunies à un si haut degré, ils voulurent rendre hommage à sa mémoire, en choisissant, pour lui succéder, son frère Drogon. Un auteur, à peu près contemporain, *Villelmus Apuléius*, *Guillaume d'Apulée*, appeloit Bras de Fer *un lion à la guerre, un agneau dans la société, un ange pour le conseil*.

<small>Drogon, duc de la Pouille.</small>

Un des premiers actes du nouveau Duc fut de nommer *Onfroi* comte *d'Abagélard*, et *Robert Guiscard*, un de ses autres frères, comte de Calabre; mais cette contrée n'étant pas, à beaucoup près, soumise, c'étoit plutôt une conquête à faire qu'un titre assuré, dont Robert étoit gratifié. *Drogon* se vit d'abord contraint de réprimer l'ambition d'un de ses parens, Pierre, comte de Trani, qui, riche et puissant, avoit fondé les villes d'*Andria*, *Coretto*, *Bruxeilles et Boroly*.

Les Normands eurent ensuite une guerre pareille à soutenir contre l'abbé du *mont Cassin*, et ne laissèrent pas d'y avoir du désavantage. Ranulphe eut la maladresse de se faire prendre, et resta prisonnier dans le monastère pendant quelque temps; mais le prince de Salerne, également allié des uns et des autres, s'établit pour médiateur; la paix fut faite, et le comte d'Averse, étonné sans doute d'avoir été battu par les troupes d'un abbé, fut remis en liberté. Avant de le relâcher, on lui fit jurer, sur l'évangile, de ne jamais toucher aux priviléges du monastère, et de ne rien entreprendre contre l'abbé, ses moines et ses vassaux.

Cependant la nouvelle colonie prenoit chaque jour plus de consistance, et tendoit rapidement à s'agrandir; les Apuliens, quoique dominés par elle, ne se plaignoient pas de son gouvernement, et lui savoient gré de la restitution de leur ancienne liberté. Quelques entreprises ou incursions dans la terre de labour, éveillèrent l'attention du Saint Siége, qui se hâta d'appeler à son secours l'empereur Henry III. Ce prince ne put se rendre à Rome qu'après avoir terminé une guerre contre les Hongrois; il vint ensuite, mais plutôt en pacificateur qu'en guerrier. Il eut une entrevue avec le duc de la Pouille et le comte d'Averse, qui lui firent présent de plusieurs chevaux magnifiques, consentirent par arrangement à évacuer la terre de labour, et en revanche exigèrent l'investiture de toutes leurs possessions, qui consistoient alors dans le comté d'Averse, toute la Pouille, la moitié du Bénéventin et les bords de la Calabre.

1047. Mais un crime horrible vient tout-à-coup obscurcir l'horizon. Gaymar est assassiné dans sa capitale, ce prince de Salerne, dont les Normands avoient reçu tant de secours.

Brûlant d'ardeur pour venger sa mort, ils s'empressent de seconder *Guy*, son frère, et, cinq jours après, avec leur aide, la ville est reprise; quarante des conjurés expirent sur l'échafaud, et Guy remet la place entre les mains de son neveu, Gysulphe.

Ce fatal événement n'étoit que le prélude d'une effroyable conspiration tramée de loin par les Grecs avec les Apuliens Lombards, qui avoient gagné une partie des habitans dans tous les coins de la Pouille. Le secret fut gardé jusqu'au moment où, le même jour et à la même heure, tous les Normands devoient être massacrés. Le duc *Drogon* fut une des premières victimes dans *Montoglio*. Environ quinze cents Normands périrent en trois jours, et, sans la vigilance et les précautions prises par *Onfroi*, il n'en eut pas échappé un seul, de quinze mille que l'on comptoit alors dans la Pouille. Mort de Drogon.

Onfroi, plein d'une juste colère, prend à l'instant le titre de Duc, rassemble à la hâte une partie des Normands, fait des exemples dans plusieurs villes, et marche avec tout ce qui le joint sur *Montoglio*. Les conspirateurs se défendent et soutiennent un siége; mais, après une forte résistance, il les emporte d'assaut, livre les assassins de son frère aux bourreaux, et en tire une vengeance éclatante qui se répète dans toutes les places. Onfroi, duc de la Pouille

Tant d'exemples terribles et sanglans ne rebutent pas les auteurs de cette épouvantable trahison. Ils trouvent le secret de faire entrer l'empereur, le pape et les plus puissans seigneurs de l'Italie, dans une ligue contre les Normands. Le Saint Père se transporte en personne à la cour de l'empereur, en obtient un certain nombre de troupes réglées, et enrôle tous les vagabonds qui se proposent. Le texte, dit qu'en revenant il eut quelques-uns de ses domestiques tués (1) *à Mantoue* par la populace, et qu'il arriva pour *passer le carême à Rome*, en attendant les Allemands qui venoient sous les ordres de Godefroy, duc de Lorraine.

L'affaire mise en délibération devant les cardinaux assemblés, il fut résolu dans le consistoire qu'on feroit la guerre aux Normands, et qu'on travailleroit à les chasser par la force des armes, *bien que, depuis Jean X, les souverains pontifes n'eussent marché tambour battant et drapeaux déployés.*

Léon IX fait aussitôt un grand appareil de guerre, et annonce publiquement l'expulsion et la destruction des Normands. Ceux-ci se montrent nobles et généreux ; ils proposent de continuer la paix, aux conditions qu'ils resteront feudataires du Saint Siége. Le pape refuse toute proposition, et répond qu'ils n'auront la paix que quand ils auront rendu

---

(1) Trophées des Normands.

à Saint Pierre ce qui appartient à Saint Pierre, et qu'ils auront abandonné l'Italie. Un refus de cette nature, adressé à des hommes accoutumés aux combats, et auxquels la gloire étoit aussi chère que leurs propriétés, étoit bien fait pour leur faire prendre les armes.

Le pape s'avance vers la Pouille, suivi des Allemands, des Lombards et de tous les recrues qu'on avoit pu ramasser dans la marche d'Ancône et autres provinces; sur sa route il fait une pause au mont Cassin, ordonne aux religieux les prières et le jeûne le plus austère, et fait son oraison devant l'autel de Saint Benoit, pour obtenir la victoire par son entremise. Enfin, avant de combattre, il lance les foudres de l'église contre les audacieux qui osoient lui résister, marche jusqu'à la vaste plaine arrosée par le Fertorio, ou Fortoré, et, à la première approche de l'ennemi, il range ses troupes en bataille, sa cavalerie ayant pour chef un Suisse, nommé *Garner*, géneral impérial.

Bataille du Fertorio, ou Fortoré, contre le pape Léon IX.

1053.

Voici l'ordre que tinrent les Normands, qui ne formèrent que trois divisions, à chacune desquelles ils attachèrent une portion de leur belle cavalerie, composée de trois mille hommes. Le duc Onfroi commandoit la première; la seconde étoit aux ordres de Richard, comte d'Averse, héritier du comté depuis la mort de son père *Asclitin*, et de *Ranulphe*, son oncle. Robert Guiscard étoit en réserve avec un corps de calabrois, *ayant l'ordre de se porter où la nécessité le demanderoit*. Il est à remarquer que, dans cette crise, les Normands d'Averse et ceux de la Pouille s'étoient réunis plus étroitement que jamais, et qu'ils avoient affaire à une armée quatre fois plus nombreuse que la leur (1). *Le choc se donna dans le mois de juin, entre les bataillons rangés de part et d'autre. Au commencement les armes sembloient égales, mais peu à près les Normands, pour gagner plus facilement la victoire, feignent de se débander, et, comme vaincus prennent la fuite. Les Allemands prenant lors cette ruse pour vérité, quittent leurs rangs et se mettent à poursuivre; les premiers se retournent bientôt, et, secondés du dernier bataillon, c'étoit la réserve, donnent dessus leurs ennemis avec tant d'adresse et de valeur, que les Italiens et les Lombards, rompus dès les premiers coups, prennent la fuite, laissant les Allemands sous la grêle des flèches. Ceux-ci, pour n'avoir aucune retraite, font ferme, et se défendent assez long-temps; mais enfin ils tombent presque tous sous les armes des Normands*, et principalement sous les coups de la division de Guiscard, qui avoit un commandement à cette affaire, pour la première fois. Dès le com-

---

(1) Trophées des Normands.

mencement de la déroute, le souverain pontife (1), *voyant qu'il ne pouvoit conserver sa vie que par la légèreté de son cheval*, fut un des premiers à prendre la fuite. Troublé sans doute par le grand fracas d'une bataille, auquel il n'étoit pas accoutumé, au lieu de se retirer du côté de Rome, il pique, à tête perdue, vers la Capitanate, et reste dans un village nommé *Civita*. Les vainqueurs le poursuivent en toute hâte, et ont bientôt entouré son asile. Les habitans, effrayés, s'empressent de livrer le Saint Père.

Le Duc rendit des honneurs, ainsi que toute son armée, à l'auguste captif, l'accompagna ensuite avec sa cavalerie jusqu'à *Bénévent*, où, le plus respectueusement du monde, il fut gardé comme prisonnier de guerre pendant dix mois entiers. Au moment de sa captivité, Léon IX reprit toute la douceur évangélique ; il remplaça son excommunication par des indulgences, il reconnut souverains légitimes ceux qu'il avoit traité de tyrans et d'infidèles, et leur confirma l'investiture qu'ils avoient déjà reçue de l'empereur Henri III.

Onfroi, duc et paisible possesseur de la Pouille, n'oublia point de régler le sort de ses frères ; il confirma Robert Guiscard dans son gouvernement de Calabre, dont toutefois il n'avoit encore qu'une

---

(1) Trophées des Normands.

portion, et donna le comté de Capitanate à *Maugis*. Ce *Maugis*, ou *Mauger*, ne vécut que peu de temps, et laissa son héritage à *Geofroy*, encore un des onze frères.

San Marco, bâti par Robert Guiscard. 1054.

Guiscard, retourné dans son comté, se dégoûta d'un fort que le texte nomme *Serrible*, situé au fond d'une vallée, et dont le séjour malsain causoit des maladies mortelles à ses hommes d'armes. Il pénétra plus avant, et choisit un point élevé pour y bâtir le château de *Saint Marc*, ou *San Marco*, en dépit de la grosse masse des habitans qui ne vouloient pas encore le reconnoître, et qui, pour lui faire niche, enlevèrent tous les vivres et le bétail des environs. Ce tour perfide mit sa garnison dans un véritable état de détresse, et lui-même dans une situation très-embarrassante; voici comment il sut s'en tirer. Ayant choisi parmi ses Calabrois une soixantaine de ceux dont il étoit le plus sûr, et les ayant envoyés à la découverte, ces espions lui rapportèrent que tous les vivres étoient entassés à quelques lieues de là, dans un vallon entouré de hautes montagnes, presque inaccessibles. *Guiscard*, sans en prévenir le gros de ses troupes, s'entoure d'hommes d'élite, marche la nuit avec des guides à travers les rochers et les précipices, et enlève à main armée une forte provision de subsistances, qu'il fit arriver au point du jour à St. Marc. La garnison, quoi qu'elle fût toute joyeuse de l'événement, reprochoit à son chef de s'être autant exposé, dès qu'elle sût qu'en revenant par le bon chemin qui étoit gardé, il avoit eu plusieurs chocs à soutenir (1).

Ce fut en mémoire de cette expédition nocturne que le duc Onfroi donna à ce frère le surnom de Guiscard, dont l'étymologie, dans l'idiôme danois, étoit *fin et rusé;* nous trouvons ce surnom dans ces mots latins, *Robertus, qui, magnanima virtute, priores transcendit fratres, cognomen Guiscardus erat.*

La manière dont il découvrit une masse d'argent considérable, est trop singulière pour ne pas être racontée, quoique nous la regardions comme fabuleuse. *Voyant une statue plantée sur une colonne de marbre, laquelle étoit couronnée d'un cercle de cuivre, où étoient gravés ces mots : J'aurai le premier jour de mai, au soleil levant, une couronne d'or....* Il falloit un homme expert dans l'art de la magie pour indiquer le sens de ces paroles; *Guiscard* le trouva parmi ses prisonniers Sarrazins. Un d'eux lui révéla ce secret, lui annonçant qu'à l'heure et au jour indiqués par ces mystérieuses paroles, la place où porteroit l'extrémité de l'ombre de la statue, renfermeroit un grand trésor. Le premier de mai, *Guiscard* ne manqua pas de faire faire

---
(1) Trophées des Normands.

des fouilles exactes à la pointe de l'ombre, et, ayant trouvé le trésor, il accorda la liberté au Sarrazin.

<small>Mort d'Onfroi. 1057.</small> Vers 1057, une maladie grave ayant terminé les jours du duc Onfroi, cet événement ouvrit à son frère une vaste porte à la fortune, et lui facilita les moyens de développer ses grands talens, et de devenir par la suite un des plus puissans princes de l'Europe.

<small>Robert Guiscard, duc de la Pouille.</small> Robert fut nommé duc de la Pouille, au préjudice de ses neveux, *Hermann* et *Abagélard*. Après avoir reçu le serment de fidélité de tous les chefs Normands et Apuliens, il leva une puissante armée dans le dessein d'achever la conquête de la Calabre, et de s'y présenter en force. Ce fut en suivant le rivage de la mer qu'il y pénétra, et parvint jusqu'à Reggio, dont il ne put encore se rendre maître, et dont sans doute la prise étoit réservée par les destins à un jeune frère qui n'avoit pas encore quitté la Normandie. La résistance de cette place l'obligea à y renoncer pour le moment, et il ramena l'armée dans son duché, où d'autres affaires l'appeloient. Cette marche militaire n'en imposa pas moins à toute la Calabre, où le gouvernement grec perdoit chaque jour de son crédit, et même, à son retour, il prit ouvertement le titre de duc de la Pouille et de la Calabre. Mais une démarche indiscrète

fut au moment de le brouiller sans retour avec le nouveau pape, Nicolas II. Ses troupes s'étoient emparées par hasard, ou par mégarde, d'une ville appelée Troya, qui relevoit du Saint Siége. Aussitôt les foudres du Vatican furent lancées contre tous les Normands et contre leur chef, et le duc de Toscane, appelé au secours de l'église. Mais Guiscard, en habile politique, sut calmer la colère du Saint Père. Le résultat d'un concile tenu à Melphe, fut qu'on restitueroit à l'église tout ce qui avoit pu être envahi sur elle, à l'exception de ce qui en existoit dans la Pouille, la Calabre, la Sicile, et dans le comté d'Averse, mais dont le Comte et le Duc rendroient hommage comme donations faites par Charlemagne, Louis le Débonnaire et Charles le Chauve. Richard, comte d'Averse, fut confirmé dans la principauté de Capoue ; mais on céda au pape la ville de Bénévent.

Traité avec le pape Nicolas II.

La teneur du serment que prêta Robert Guiscard dans cette circonstance, mérite d'être transcrite par sa singularité.

Je, Robert, par la grace de Dieu et de Saint Pierre, duc de la Pouille et de Calabre, et qui le serai de la Sicile, Dieu et Saint Pierre me secourant, promets payer, tous les ans, à Saint Pierre et à vous, Nicolas, pape, mon seigneur, et à tous vos successeurs, une pension de douze

1059.

deniers, monnoie de Pavie, pour chaque couple de bœufs, en confirmation de ce que vous m'accordez, et en reconnoissance d'hommage et de fidélité pour toute la terre que je possède en mon domaine, et que j'ai toutefois accordée et donnée à qui que ce soit des Normands ultramontains pour la posséder. Le terme de cette rente et pension sera toujours, l'année finie, le dimanche de la Sainte Résurrection. J'oblige moi et les miens, soit héritiers, soit successeurs, à payer cette pension à vous, Nicolas, pape, mon seigneur, et à vos successeurs. Ainsi, Dieu me soit en aide et ses saints évangiles.

On voit par cet acte qu'il rendoit hommage de la Sicile plus de dix ans avant de la posséder. Il falloit que les Normands eussent alors une grande puissance en Italie pour en agir ainsi, et être autant cajolés du pape.

<small>Arrivée de Roger de Hauteville et de Serlon.</small> A peu près dans le même temps on vit encore partir de Coutances un des fils de Tancrède de Hauteville, le plus jeune de tous, *Roger*, dont la renommée devint si étendue par la suite. Il étoit accompagné de *Serlon*, son neveu, de Hugues de Grentemenil, de Ernaut d'Echauffour, de Robert de Guitot, et d'une nombreuse suite. Arrivé dans la Pouille, le Duc, son frère, le vit avec une extrême satisfaction; outre l'avantage d'une riche taille, et d'une complexion très-

robuste, il annonçoit un caractère un peu mutin et très-entreprenant. Ces qualités lui valurent bientôt des suffrages parmi les guerriers Normands et Apuliens, qui le regardèrent comme un sujet de grande espérance. Guiscard, pour le former aux combats, l'envoya promptement rejoindre les troupes qui étoient en Calabre, campées dans le Val des Salines. Ses premières armes furent heureuses ; il eut presqu'aussitôt un commandement de soixante hommes, avec lesquels il se distingua, et ensuite un plus considérable. Dans les attaques sans nombre qu'entraîna cette guerre de montagnes, ses succès furent si multipliés, que les soldats, auxquels il donnoit continuellement l'exemple, le prirent bientôt en grande affection. L'histoire rapporte que cette affection devint si marquée, qu'elle donna de l'ombrage au Duc, lorsqu'il vint en force rejoindre Roger, et même qu'il y eût pendant quelque temps de la froideur entre les deux frères. Cependant, dès que la conquête fut plus avancée, Guiscard lui en donna une partie en le faisant comte. Pendant un intervalle de cette guerre, qui dura deux ans, le Duc épousa la princesse *Sygelgayte*, fille du feu duc de Salerne, Gaimar, malgré son premier mariage avec *Auberée*, dame normande, dont il avoit un fils, nommé *Bohémont* ; ce mariage ayant été cassé pour cause de parenté trop rapprochée.

Ce fut dans la campagne suivante que la totalité de la Calabre fut soumise, et que les deux princes se portèrent devant Reggio, dont le siége fut remarquable par un trait de la vaillance du frère dernièrement arrivé. Un géant, sorti des murs de la ville, insultoit et provoquoit au combat singulier tous les chefs de l'armée ; *Roger s'avance bouillant de colère*, accepte le défi et met sa lance en arrêt. En vain son colossal adversaire veut employer sa force prodigieuse et tâcher de l'écraser de son poids ; le jeune guerrier le frappe avec tant d'adresse, au défaut de la cuirasse, qu'il le renverse et lui fait mordre la poussière. Les Reggiens, déjà fatigués de plusieurs sorties, voyant leur géant terrassé, perdirent courage et demandèrent à capituler. On accorda la sortie libre aux deux commandans grecs, à condition que les habitans prêteroient serment de fidélité à *Robert Guiscard*, qui, entré dans la place, fut proclamé duc de Calabre.

Prise de Reggio. 1062.

La prise de Reggio donna bientôt l'éveil à toute la Sicile. Les gouverneurs arabes, ou sarrazins, pour faire taire l'esprit d'enthousiasme qui portoit les insulaires à l'admiration des Normands, autorisés par les lois de leur gouvernement barbare, firent pendre et empaler sans relâche, surtout à Messine. Ces excès décidèrent trois habitans de la ville, dont l'histoire a conservé les noms, *Ansol de Pacti*, *Nicolas Camoly* et *Jacques de Saccain*, à passer le bras de mer et à se rendre auprès des deux princes, pour les supplier de les délivrer de l'effroyable joug des Musulmans. Dans cette conférence, quelques plans furent arrêtés pour entreprendre la conquête de l'île. La querelle du gouverneur *Bennemuler* avec l'amiral *Beltumen*, qui commandoit la marine sicilienne pour le soudan des Maures africains, fut aussi d'un grand secours. Cet amiral, sans doute suspecté par le gouverneur, l'avoit poignardé. Poursuivi par le grand justicier de Sicile, *Béchavel*, il vint se réfugier à *Reggio*, et rendit des services importans pour la traversée et pour l'attaque de l'île.

Sans entrer dans les longs détails de cette conquête et de tous les merveilleux faits d'armes de Serlon et de Roger, *qui seuls seroient l'objet d'un volume*, nous dirons simplement que le débarquement se fit à *Chappo*, que nous croyons être *Capo Faro*, et que, attaqué bientôt après, Roger manœuvra si habilement, qu'il attira l'ennemi entre deux feux, en faisant mine de filer le long du rivage de la mer. L'ennemi, donnant dans le piége, s'y porta en entier. C'est alors que Serlon, placé en embuscade, *se rüe sur ses derrières*, pendant que son oncle attaque la tête avec fureur. Les Sarrazins surpris, se voyant écrasés par

Attaque de la Sicile.

une grêle de flèches, et ne sachant de quel côté faire face, tombent sous les coups des Normands(1), *comme le bled tombe sous la faucille du moissonneur.*

<small>Prise de Messine.</small> Guiscard, qui étoit resté en Calabre, fut instruit par son frère du gain de la bataille; et, au reçu de cette bonne nouvelle, il lui envoya diligemment une augmentation de forces pour réparer les pertes éprouvées dans l'action. Bientôt le siége de Messine fut entrepris et commencé *par le côté du midi*; Roger, pour ne laisser aucun espoir de retraite à ses soldats, avoit renvoyé tous les vaisseaux à Reggio. La ville étoit défendue par un commandant nommé *Belchan*, qui encourageoit tellement ses Maures, qu'ils se laissoient tuer plutôt que de reculer. On les voyoit du haut des remparts rouler de grosses poutres et d'énormes pierres sur les assiégeans, qui n'étoient intimidés ni par leur grand nombre, ni par leurs horribles cris. Pendant qu'on avançoit les travaux d'attaque, Roger, brillant comme l'astre, parcouroit alternativement ses escadrons et ses fantassins, et leur annonçoit l'honneur d'un triomphe très-prochain. Enfin l'heure de l'assaut arrive, on se bat sur la brèche avec un acharnement effroyable, la résistance est opiniâtre; mais enfin les Sarrazins épuisés, fatigués, aban-

(1) Trophées.

donnent les remparts et se retirent dans le centre de la ville. Belchan n'a que le temps de se jeter dans une barque et d'aller par mer se réfugier à Palerme. Alors les Normands s'abandonnèrent à l'animosité, et firent une telle boucherie des Maures, que Roger fut contraint de leur défendre de tuer davantage.

Ce premier pas fait ouvroit l'entrée de l'île, mais la réduction totale fut encore l'affaire de plusieurs années. Roger chargea d'un commandement particulier l'ancien amiral *Bettumen*, qui, par l'influence qu'il avoit dans *Catane*, son ancienne propriété, lui fut d'une grande ressource. Ne songeant plus qu'à s'étendre et à gagner du terrain, chaque jour il ajoutoit à sa conquête; mais il falloit encore essuyer bien des combats et assiéger bien des villes. Une des plus remarquables affaires eut lieu auprès de *Cyrame*, ville ou village, dont Serlon s'étoit emparé avec une trentaine de ses fiers compagnons d'armes. A peine y étoit-il entré, qu'il se trouva enveloppé par *une multitude de circoncis* ; c'est l'expression du texte. Roger, n'ayant qu'une partie de ses troupes, ne calcule rien et risque tout pour venir dégager son neveu de la position où l'avoit mis une trop grande témérité. Serlon, par le moyen d'une sortie violente, vient à bout de percer les rangs des Arabes et de rejoindre son

Combat de Cyrame.

oncle ; mais une affaire générale étoit engagée, nul moyen de retraite, il falloit vaincre ou terminer son sort. Les Normands étoient serrés par une nuée de Sarrazins, qui, les voyant en petit nombre, s'attendoient à ne pas en laisser échapper un seul. C'est ici que la présence d'esprit de Roger lui fournit dans ce moment de détresse un expédient merveilleux, et bien propre à faire époque dans l'histoire.

<small>Vision de Roger.</small> Remarquant que ses soldats fléchissoient, il leur crie à haute voix *qu'il apperçoit dans la nue un guerrier céleste qui vient combattre pour eux ; son cheval,* disoit-il, *et son armure sont d'une blancheur éclatante ; je vois briller une croix de gueule sur son écu.* A l'instant tous les capitaines, pénétrant le but du chef, répétent ces paroles, et persuadent à leurs troupes que c'est Saint Georges lui-même, dont ils distinguent la ressemblance, et qui vient les protéger. Une croix brillante paroît aussi quelques momens au bout de l'enseigne de Roger. Il n'en fallut pas davantage pour enlever une victoire à peu près désespérée. Les soldats crurent au miracle : frappés de ces paroles, ils s'imaginent voir l'ange qui leur fait renverser les Sarrazins. Rien ne peut leur résister ; les Maures sont abattus, massacrés par milliers, et tout ce qui n'est pas tué cherche son salut dans la fuite.

Cette vision chimérique, qui avoit produit un si étonnant succès, passa bientôt pour réelle dans un siècle amateur des prodiges. Ce ne fut pas la seule merveille que l'on publiât dans ces temps crédules ; mais le vrai miracle fut de voir une petite armée d'étrangers s'emparer d'une bonne partie de l'Italie et de la Sicile, où toutes les forces de l'empire grec venoient d'échouer.

Nous voyons dans l'histoire que, par la suite, Roger accrédita lui-même le bruit de cette vision, en répandant que Saint Georges lui étoit effectivement apparu, et en portant toujours depuis, sur son enseigne et sur son bouclier, la devise suivante : *Dextera domini fecit virtutem, dextera domini exaltavit me*. Le texte ajoute qu'il employa toujours cette devise dans ses actes, et qu'on la vit sur une infinité de médailles siciliennes.

Mais un crêpe lugubre vint, hélas ! rembrunir l'éclat de ses lauriers. L'intrépide, mais trop téméraire *Serlon*, devenu gouverneur de *Cyrame*, fut assassiné dans une partie de chasse par la trahison d'un seigneur sarrazin, nommé Bracchino. Roger ne tarda pas à venger ce crime atroce dans le sang des infidèles. Mais notre but, nous l'avons dit, n'étant pas de raconter toutes les particularités de la conquête de Sicile, nous nous bornerons à dire que Roger n'en fut abso-

Mort de Serlon.

lument maître qu'au bout de dix ans, et qu'il la gouverna pendant trente-sept, y compris le temps de ladite guerre. Il épousa successivement *Eremberge*, fille du comte de Mortain, et *Adélays*, nièce du marquis de Montferrat; il eut de cette dernière deux fils, dont l'un porta, comme lui, le nom de Roger, et lui succéda en 1102. A cette conquête il ajouta celle de Malthe, et prit le titre de comte de Sicile, ainsi qu'on le voit dans le préambule d'un acte en latin, dans lequel il se qualifie de destructeur des Sarrazins, ainsi qu'il suit:

_{Roger, comte de Sicile.}

Ego Rogerius, Siciliæ et Calabriæ comes, divino munitus præsidio, gladio supernâ gratiâ cinctus, galea et scuto bonæ et laudandæ intentionis adornatus, siciliam petii, contra nefandam Sarracinorum feritatem pugnaturus, quos septiformi Dei gratiâ, ac cooperante imo omnia efficiente Divinâ misericordiâ expugnavi, illorum superbiam ac instantem eorum contra fidem nostram audaciam minoravi, et ut verius loquar ad nihilum penitus redegi. L'acte qui suit ce préambule a pour sujet la création de l'évêché d'Agrigente, dont il revêtit un nommé Gerland, originaire de Flandre.

Il survécut d'environ quinze à seize ans à son frère Robert Guiscard, et passa en Italie, après sa mort, pour terminer les discussions violentes, et à main armée, qui s'étoient élevées entre ses deux neveux, *Bohémont* et *Roger*, pour la succession de leur père. Le résultat de sa médiation fut que Roger, quoique le cadet, eût le duché de la Pouille, et Bohémont, non légitimé, se contenta du comté de Tarente.

Parmi le grand nombre d'églises qu'il fit bâtir, aucune ne fut comparable au temple qu'il fit élever en l'honneur de Saint Georges, qu'il regardoit comme son Saint tutélaire, depuis le combat de Cyrame ; suivant le texte, ce fut dans une ville qui se nommoit Triocala (1).

L'époque de sa mort est en 1101. L'on ne vit pas sans admiration alors, que Roger de Hauteville, cadet d'une nombreuse famille, parti de Coutances vers 1059, fût devenu comte et souverain de la Sicile, et y terminât une vie glorieuse, regretté de ses sujets, à l'âge de soixante-dix ans. Nous sommes fâchés d'être si promptement arrivés à la fin sans avoir raconté tous ses exploits, du moins les plus mémorables; mais nous y reviendrons, lorsque nous reprendrons l'histoire de Robert Guiscard, que nous avons laissé de côté pour un moment, afin de suivre l'établissement des Normands dans cette île.

Mort de Roger de Sicile.

1101.

A peine Simon, l'aîné de ses fils, lui avoit-il succédé, que sa mort, inattendue, mit le comté de Sicile et la portion de la Calabre, qui faisoient

---

(1) Sa fille Bazyle épousa le roi de Hongrie, Alanan.

partie de la succession, dans les mains du second fils Roger, encore enfant; mais la minorité n'eut point les inconveniens dont on a vu tant d'exemples. La princesse, sa mère, *douée d'un esprit rafiné et rompu dans les affaires d'état, fut déclarée régente.* Cette dame, pendant le temps de son administration, qui dura environ treize ans, eut le talent *de se concilier l'attachement de son peuple et celui des princes, ses voisins; elle gouverna sagement et avec douceur; elle empêcha les sangsues de l'état d'empiéter sur la substance des pauvres, et ses épargnes furent telles, que, malgré le peu d'impôts qu'on levoit sur les Calabrois et les Siciliens, les coffres du prince furent bientôt remplis.* C'est ainsi qu'Adélays de Montferrat prépara le beau règne de son fils, auquel bien des événemens concoururent.

<small>Roger son fils devient roi.</small>

Vers 1127, l'autre branche des Tancrède de Hauteville, possédant la Pouille avec partie de la Calabre, s'éteignît dans un petit-fils de Robert Guiscard, nommé Guillaume, et, de droit, la succession fut dévolue au comte de Sicile, comme héritier le plus proche; mais ce ne fut pas sans de fortes oppositions de la part des principaux seigneurs Normands d'Italie, qui lui suscitèrent plusieurs guerres civiles et de violens débats avec les deux papes consécutifs, Honoré et Innocent II. Dans les différentes ligues qui se formèrent contre

<small>Il hérite de la branche des Tancrède d'Italie. 1127.</small>

lui, et dont Honoré fut l'ame, on vit pour chefs Geoffroy, comte d'Andria ; Roger, comte d'Ariein ; le comte de Conversane ; le prince de Capoue, Robert de Grenteménil ; et Ranulphe, comte d'Averse. Lorsqu'après la mort du pape Honoré, il eut réussi en grande partie à les réduire ou pacifier, il prit le titre de roi. Une chose remarquable, c'est que ce fut pendant les divisions du pape Innocent, et de l'anti-pape Anaclet, qu'il fut couronné, vers 1129, par le cardinal Caravelle, dans Palerme, où il établit le Siége de la royauté. Il est à remarquer encore que ce cardinal lui fut envoyé par Anaclet, qui cherchoit à s'étayer de la puissance de Roger, pour faire légitimer son élection de préférence à celle d'Innocent, qui s'étoit réfugié en France, d'où il fulminoit contre son antagoniste.

La description de la fête du couronnement, tirée des trophées des Normands, nous a paru curieuse à transcrire. *Qui pourroit décrire combien fut grande la gloire de ce nouveau roi, et dire le nombre des seigneurs normands et italiens qui l'assistoient, vétus d'habits richement étoffés, publieroit que l'abrégé de toutes les richesses et de toutes les beautés du monde étoient réunies à Palerme. Le palais étoit tapissé d'ouvrages enrichis de tant d'or et de perles, qu'ils sembloient donner une nouvelle*

Son couronnement.

1129.

clarté au soleil, et de la nuit faire un beau jour. Le pavé étoit si bien mélangé de marbre, de jaspe, de porphire, qu'on ne le voyoit qu'avec admiration; toutes les tables y furent couvertes de viandes que la même friandise avoit assaisonnées et servies dans la magnificence des plats d'or et d'argent. Tous les serviteurs, jusqu'aux cuisiniers, étoient couverts de soie, et l'artifice, en toute chose, sembloit aller au delà de la nature. L'abondance et la richesse y étoient si grandes, que les peuples étrangers, attirés par la beauté de la fête, en apprenoient davantage par les yeux qu'ils n'eussent faits par les oreilles.

Le prince Roger, mis au rang des têtes couronnées, pouvoit bien compter sur la Sicile; mais son règne étoit encore loin d'être affermi dans la Pouille, où venoit de se former une nouvelle ligue entre le pape Innocent II et Ranulphe, comte d'Averse. Ce dernier s'empare d'une partie de la Pouille; Roger quitte la Sicile, et est battu par lui. Obligé de se retirer à Salerne, il y attend des renforts, avec lesquels il se porte en avant; ayant fait prisonnier, dans une affaire, de Flenques et le comte de Conversane, il fait pendre le premier, et envoie le second dans les prisons de Sicile. Ce fut vers ce temps qu'il eut la douleur de perdre la reine Albérie, sa

1132.

femme, dont il avoit un fils, portant comme lui le nom de Roger. Elle étoit fille d'Alphonse VI, roi de Castille. Le jour de Noël, il reçut ses deux fils chevaliers, créa Roger duc de la Pouille, et Tancrède prince de Bari. Ce dernier étoit enfant naturel; c'est celui que nous verrons, par la suite, monter sur le trône de Sicile.

Innocent II, venant d'être confirmé par le concile d'Etampes, n'avoit plus rien à ménager (1). Pendant que le roi est en Sicile, il fait marcher toutes ses troupes dans la Pouille, et, après s'en être emparé, donne le duché au comte d'Averse, Ranulphe; mais la mort de celui-ci dérange les plans belliqueux du Saint Père.

C'est alors qu'il envoie vers le monarque sicilien, le délié Bernard, abbé de Clairvaux, par lequel il avoit été si bien servi au concile d'Etampes; mais le glaive étoit tiré. Le roi, irrité par la nouvelle fulmination du Pontife, s'avançoit en force : il falloit d'autres événemens pour amener la paix.

Une armée formidable venoit de quitter la Sicile, sous ses ordres : débarquée en Italie, ses premiers corps, commandés par son fils Roger, faisoient rentrer sous son obéissance toutes les villes et les campagnes qu'on en avoit soustraites.

Le pape en est allarmé; il demande l'avis de

---

(1) Trophée.

son conseil, mais l'exemple de Léon IX revient frapper la mémoire. Les cardinaux raisonnent, se troublent et ne décident rien. Innocent II prend son parti; il sort de Rome avec mille chevaux, suivi d'un gros corps d'infanterie, et se rend à Saint-Germain, qui paroît être Saint-Gio.

1139.

Guerre contre le pape Innocent II.

Ce fut en 1139. Le roi de Sicile, dont le camp n'étoit pas éloigné, lui envoye sur-le-champ des ambassadeurs pour négocier la paix, avec promesse d'avoir, en revanche, ses demandes pour agréables. Le pape fait accueil aux députés du nouveau souverain, et lui *dépêche incontinent deux cardinaux*, avec proposition de venir à Saint-Germain, où l'affaire seroit traitée. Le roi, son fils, et toute l'armée, quittent Troia, et se mettent en route pour s'y rendre. Mais avant l'entrevue les ambassadeurs, de part et d'autre, veulent entamer la question, et ne peuvent se mettre d'accord; *ceux du pape entendoient que le roi rendroit Capoue, ceux du roi ne voulurent pas y consentir : partant, les pourparlers sont interrompus; le roi, voyant qu'il étoit impossible de traiter, quitte sa route, rentre en campagne, et s'empare de quelques places. En revanche, le pape fait assiéger le château Galluzo. Sur cette nouvelle, le roi porte aussitôt son camp dans le domaine de Saint-Germain, où le Saint Père avoit son quartier-général.*

Au seul bruit de son approche, le pape, Robert de Capoue et les troupes romaines décampent au plus vîte pour se retirer en lieu plus assuré. Mais Roger, le fils du roi, avoit prévu cette manœuvre, et s'étoit avancé par des chemins détournés, avec mille hommes de cavalerie, pour couper leur retraite, et les attendoit à une embuscade qu'il leur avoit dressée. Les soldats du pape ne manquèrent pas d'y donner. Se voyant vigoureusement assaillis, ils se sauvent en déroute de tous les côtés. La cavalerie Sicilienne chargeoit avec une telle impétuosité, que le souverain pontife, marchant à la queue de ses gendarmes, fut fait prisonnier avec le chancelier Aimeri et ses cardinaux, avant de se douter de la chose. Son trésor et ses bagages furent le butin des troupes légères du jeune duc Roger.

Aux premières nouvelles de la prise du pape, le roi envoya vîte lui faire une infinité d'excuses, et en même-temps, avec toute l'onction et la soumission d'un pénitent, le prier d'en finir au sujet de la paix. Le Saint Père, qui se voyoit entre les mains de gens de guerre du genre des houssards, et ne savoit pas encore s'il en sortiroit, se trouvoit fort embarrassé ; mais il commença pourtant à respirer et à se croire(1),

---
(1) Trophées.

dit le texte, *au milieu de ses doux enfans*, sur-tout d'après les égards du jeune prince Sicilien, qui *avoit été élevé à la française*, et qui le traitoit avec beaucoup de *respect et de civilité*. Enfin, Innocent II se décida ; il consentit à tout ce qu'on demandoit, à condition qu'on rendroit aux églises les trésors enlevés.

Les articles de la paix arrêtés, le roi se rendit sur-le-champ auprès du Saint Père qui le releva de l'excommunication, et, par un étendart qu'il lui mit dans la main, l'investit du royaume de Sicile, de la Calabre, du duché de la Pouille et de Naples, et de la principauté de Capoue.

1139. L'acte d'investiture, qui fut dressé le lendemain, étoit daté du 6 août 1139, et portoit en tête :

Innocentius, episcopus, servus servorum Dei, carissimo in Christo filio Rogerio illustri et glorioso Siciliæ regi, ejus que hæredibus in perpetuum.

Il n'y eut point de conditions onéreuses que le paiement de six cents Schiffats, que l'anti-pape lui avoit imposés en la première investiture.

Fondation du royaume des Deux-Siciles. 1139.

C'est ainsi que Roger fonda le royaume des Deux-Siciles.

Après avoir mis l'ordre dans ses états, il fit une campagne en Afrique, assujettit sous ses lois Tripoli, Makdian, Sphace, Caphie, et força le roi de Tunis de lui payer un tribut, qui fut continué pendant plus de trente ans. Une autre campagne en Grèce augmenta encore sa renommée.

L'année suivante, il eut l'audace d'aller par mer attaquer Constantinople, dont il brûla les faubourgs. Mais, attaqué à son retour par la flotte des vénitiens, il soutint un combat qui fut extrêmement sanglant de part et d'autre. Il fut ensuite plus heureux contre l'empereur Conrad, dont il battit la flotte.

Ayant perdu trois de ses fils, Roger, Henry et Amphuse, il fit couronner, de son vivant, le seul qui lui restoit, nommé Guillaume.

Enfin, après un règne brillant et remarquable, il termina sa vie en 1154, à l'âge de 59 ans. Son corps fut mis en dépôt dans un riche mausolée de porphire, où furent gravées en lettres d'or les deux devises suivantes, qu'il avoit adoptées pendant sa vie : *Rogerius in Christo pius, potens Rex, et christianorum adjutor.* L'autre étoit, *Apulus et calaber, siculus mihi servit et afer.* J'ai assujetti l'Apulien, le Calabrois, le Sicilien et l'habitant de l'Afrique.

Mort du roi de Sicile, Roger. 1154.

Il avoit bâti un palais, dont la principale pièce portoit le nom de salle des Tancrède. Ce magnifique édifice étoit à Palerme, dont il avoit fait sa capitale, à cause du port, qu'il regardoit comme le plus avantageux contre les pirateries des Africains. On lui attribue l'établissement en Sicile des premiers métiers à faire des velours, taffetas et autres étoffes de soie, par le moyen de prisonniers grecs qu'il ramena d'une de ses campagnes, et qui formèrent à Palerme d'autres ouvriers.

Fondation de l'école de Salerne.

Son règne fut encore illustré par sa législation, par la protection qu'il accorda aux sciences, aux lettres et aux arts, enfin par la fondation de cette fameuse et célèbre *école de médecine*, établie à Salerne.

Guillaume le Mauvais.

1154.

Guillaume premier succéda au trône de son père ; il se fit remarquer comme lui par plusieurs campagnes de terre et de mer. Différentes révoltes dans la Pouille y attirèrent ses armes, et là, cette guerre ne put être terminée que par le siége de Bénévent, où se trouvoit renfermé le pape Adrien. L'affaire arrangée, le

1156.

Saint Père le couronna dans la ville même, et le reconnut roi de Sicile, duc de la Pouille et prince de Capoue. L'acte est daté de 1156 (4 du mois de juin).

Sa mort. 1165.

Sous son règne, la place d'amiral prit une grande importance ; mais on voit avec peine qu'il mérita le nom de Guillaume le Mauvais, tandis que son père est appelé, par un auteur italien, le grand roi Roger. L'année 1165 termina sa vie.

Le trône de Sicile fut occupé par son fils, Guillaume le Bon. Le règne de celui-ci fut agité par différentes factions, et sur-tout par celle d'Odon Carrel contre le chancelier ; mais il n'eut plus comme ses pères de différens avec les papes, et jouit sans dispute des mêmes titres et possessions qui étoient le fruit de leurs exploits. Ce même chancelier, prêt à être la victime d'une sédition excitée contre lui ; se réfugia dans l'église de Palerme, ensuite dans le clocher, où il fut défendu et sauvé par le courage de plusieurs chevaliers normands, *Aldouin de Caen*, *Carbonnel*, *Hugues Louvet*, *le comte de Meulan*, *S. Séverin* et autres. On vit avec eux Bohémon, de Tarse en Cilicie, fils ou neveu sans doute du célèbre guerrier de ce nom. Le pape Alexandre voulut négocier son mariage avec la fille de l'empereur Frédéric Barberousse, et, par ce moyen, cimenter sa paix particulière ; mais le roi préféra l'alliance de Henry II, et, en conséquence, demanda la main de la princesse d'Angleterre. La demande portoit en tête :

A Henry, par la grace de Dieu, illustre roi des Anglais, duc de Normandie et d'Aquitaine, et comte d'Anjou ; Guillaume, roi de Sicile, duc de la Pouille et prince de

Guillaume le Bon.

1170.

1171.

Capoue, désire le bonheur de la santé, et la victoire sur ses ennemis.

La princesse, dont le nom étoit *Jeanne*, fut embarquée pour la Sicile ; elle fit son entrée dans Palerme, à cheval, suivie d'un brillant cortége. Nous ne trouvons rien qui dise le jour du mariage, mais seulement un acte du roi, en date de février 1177, qui lui assigne pour douaire le comté de Saint-Ange, avec les villes de Sipanto et de Vesta.

<small>Mariage de sa tante Constance, fille du roi Roger, avec Henri VI, fils de l'empereur Frédéric, surnommé Barberousse.</small>

N'ayant point voulu pour lui de l'alliance de l'empereur Frédéric Barberousse, il consentit au mariage de Constance, sa tante, avec Henry, le fils de cet empereur. Cette Constance étoit fille du roi Roger, son aïeul ; elle avoit plus de trente ans lors de ses noces, qui furent célébrées à Milan, dans l'église de Saint-Ambroise, et son mari, qui fut depuis Henry VI, n'en avoit que vingt et un. Le bon Guillaume, ou Guillaume le Bon, qui voyoit dans ce mariage l'affiliation à un puissant empereur, ne se doutoit pas que l'on n'épousoit sa tante que parce qu'il n'avoit pas d'enfans, et qu'on espéroit, à sa mort, réunir les Deux-Siciles à l'Empire. C'est ainsi qu'il fut la cause innocente, environ vingt ans après, de la destruction de l'ouvrage de ses pères, et de ce bel édifice créé par tant de valeur et tant de traits d'héroïsme des chevaliers normands, ses ancêtres.

Après sa mort, arrivée en 1189, Jeanne, sa veuve, fut remariée à Raimont, comte de Toulouse, et sa tante Constance, qui avoit épousé Henry VI, se trouvoit être sa seule et légitime héritière ; mais à peine les honneurs funèbres furent-ils rendus au feu roi, *que les Baptisés et les Sarrazins* se battirent avec fureur dans Palerme ; ces derniers ayant le dessous, se retirèrent dans les montagnes. Alors les Siciliens, sans roi et sans chef, craignant que les infidèles n'appelassent à leur secours les Maures de la côte d'Afrique, donnèrent la couronne à un fils naturel de l'ancien roi Roger, mort depuis trente-cinq ans. Ce prince, alors d'un âge mur, portoit ce beau nom de *Tancrède*, illustré par un de ses parens à la dernière croisade ; il avoit eu pour mère la fille de Robert, comte de Liche. Les deux papes, Clément, et ensuite Célestin, craignant que la Sicile ne retournât au pouvoir des Sarrazins, manœuvrèrent pour et contre lui avec le même raffinement de politique. Célestin fit promettre à Henry VI, empereur et roi des Romains, depuis la mort de son père, Barberousse, en Palestine, qu'il rendroit hommage et payeroit un tribut annuel au Saint Siége, s'il devenoit possesseur des Deux-

Sa mort.
1189.

Tancrède.
1189.

Siciles, et en même temps il autorisoit à Palerme le couronnement de Tancrède, qui reçut le sceptre des mains de tous les principaux seigneurs de l'île, attachés à la race et au nom de leurs anciens princes normands, et qui, d'ailleurs, n'avoient nulle affection pour Henry VI et ses mœurs barbares.

Le roi, avant que Henry ne fut en marche, alla se mettre en possession de la Pouille, prendre Capoue et Averse, qui lui résistèrent; il laissa ensuite ses troupes au comte d'Acerre pour retourner en Sicile. Le prince allemand arrive en Italie, à la tête d'une armée, accompagné de Constance, sa femme. Après avoir passé à Rome et au mont Cassin, il se présente devant Naples, en même temps que sa femme se présente devant Salerne. Le comte d'Acerre, qui s'étoit jeté dans la première de ces deux villes, en ferme les portes et se laisse assiéger. La seconde, au contraire, reçoit la princesse à bras ouverts, et lui rend des honneurs. Ici l'ancien texte assure un fait qui nous paroît bien difficile à croire ; nous allons, vrai ou non, le rapporter. C'est que les Salerniens, au bout de quelques jours, s'emparèrent de l'impératrice Constance, la mirent sur un vaisseau, et l'envoyèrent à Palerme, au roi, qui la garda quelques mois prisonnière, jusqu'à ce que l'empereur Henry VI, qui leva le siége de Naples, employât l'entremise du pape pour délivrer sa femme. Le texte ajoute que Tancrède, dont toutefois elle étoit la sœur, la rendit avec beaucoup de générosité, et que l'année suivante, une armée allemande, aux ordres du général Bertolde, n'en revint pas moins ravager l'Italie. Le roi fut obligé de repasser dans la Pouille, et tout ce pays devint alors le théâtre d'une guerre d'autant plus dévorante, qu'il n'y eut pas de bataille, et qu'à mesure qu'on délogeoit les Allemands d'un canton et d'une ville, ils se jetoient sur un autre. Tancrède alloit cependant en livrer une, lorsqu'une maladie sérieuse le força de laisser son armée à ses généraux, et d'aller soigner sa santé à Palerme. Mais le malheur poursuivoit ce prince ; à peine avoit-il marié son fils Roger avec Irène, fille de l'empereur grec, Isaac Angele, qu'il le perdit, et par précaution, il fit couronner son autre fils, Guillaume.

Au milieu de toutes ces infortunes, il reçut une visite qui sans doute lui fut bien à charge, celle de deux rois s'en allant à la Croisade avec armes et bagages : Philippe Auguste et le *vaillant roi Richard, affrontant mille hasards pour aller loin d'Angleterre conquérir une autre terre dans le pays des Païens.* En outre de l'embarras de loger deux armées et celui de leur fournir des vivres,

<small>Arrivée de Philippe Auguste et de Richard Cœur de Lion en Sicile.</small>

Tancrède eut de plus un procès à soutenir, un véritable procès de la part du monarque Anglais, qui se plaignoit de ce que le douaire de sa sœur n'étoit pas payé. On se rappelle que Guillaume le Bon avoit épousé la princesse Jeanne, fille de Henry II, roi d'Angleterre. L'infortuné prince Sicilien, obéré par les guerres de l'empereur Henry VI, qui délabroient ses finances, payoit mal les arrérages dus à la reine douairière, et laissoit de l'arriéré. Richard, qui étoit un rude créancier, traita le débiteur en petit souverain ; il envoya des détachemens s'emparer de Saint-Ange et des autres terres qui répondoient du douaire ; de plus, il chassa tous les moines des environs de Messine pour loger ses troupes dans les monastères, et finit par s'emparer, de gré ou de force, de la ville pour y établir son quartier-général. Son séjour fut de près de six mois, celui du roi de France ne fut ni aussi long, ni aussi incommode.

Le texte ajoute que, malgré une infinité de fournitures en fourrages et vivres, Richard se fit encore délivrer des sommes considérables, et qu'au départ, les deux rois se quittèrent fort poliment, que même le prince Sicilien, léchant sans doute la patte du lion, reconduisit le roi Richard en mer pendant deux jours.

L'histoire de Normandie raconte, pour cause

de cette croisade, que Saladin, ayant renversé le trône de Jérusalem, fondé un siècle avant par Godefroi de Bouillon, les rois de France et d'Angleterre, mêlant l'esprit religieux à leur ardeur guerrière, formèrent le projet d'aller ensemble réduire l'infidèle, et de remettre la Palestine entre les mains des chrétiens. Richard, passé à Calais, vint trouver Auguste, et l'entrevue des deux souverains eut lieu sur les confins de la Normandie, dont Richard étoit duc.

Au gué Saint-Remy (1), près Nonancour, sur la rivière d'Avre, là il fut convenu : *que le roi de France aideroit le roi d'Angleterre à défendre ses terres comme il pouvoit faire de sa ville et cité de Paris, si elle étoit assiégée.* {Entrevue des deux monarques au gué de S.-Remy, près Nonancour.}

Que le roi Richard le serviroit et aideroit de sa part, comme si Rouen, capitale de son duché, voyoit les ennemis devant ses portes et murailles. {Leur convention.}

Que, si l'un d'eux mouroit en l'expédition d'outremer, celui qui resteroit auroit tout l'or et l'argent du défunt, voire même son armée, pour employer le tout contre les ennemis de la foi.

Que tous les comtes et barons de France, de Normandie et autres terres, qui recognoissent

---

(1) Près de ce même gué Saint-Remy existe maintenant une des plus belles mécaniques de filature qui soit en France ; c'est l'ouvrage et la propriété de M. Sykes, naturalisé français.

pour seigneurs *Philippe* et *Richard*, jureroient se garder fidélité inviolable, et ne mouvoir rien, pendant qu'ils seroient en la terre et guerre sainte.

Que tous archevêques et évêques jetteroient le foudre de l'excommunication contre les contrevenans aux articles de paix, ou entreprenans sur les terres et l'autorité des croisés. Les articles *furent jurés et signés* aux approches de Pâques; et, comme rien n'étoit encore prêt pour le voyage, le départ fut remis à la Saint-Jean. Une ordonnance particulière de Richard à son armée, en date de Chinon, étoit en ces termes:

Ordonnance de Richard à son armée. *Quiconque tuera un homme dans le navire, sera lié avec le mort, et tous deux jettés en la mer; que, s'il le tue en terre ferme, il sera pareillement lié avec le mort, et enterré tout vif.*

Qui sera dûment atteint et convaincu d'avoir tiré son couteau ou épée pour frapper son compagnon, ou même de l'avoir blessé au sang, il aura le poing coupé. Que, s'il est convaincu d'avoir seulement donné un soufflet, il sera plongé trois fois dans la mer.

Le larron atteint et convaincu aura la tête rasée, puis couverte de poix bouillante, et la poix des plumes d'un oreiller, afin qu'il soit connu de tous, et sera exposé au premier rivage où le navire abordera. Que tous seront obligés d'obéir aux amiraux comme à nous-mêmes.

Donné à Chinon, sous notre seing.

Le roi d'Angleterre reçut, des mains de l'archevêque de Tours, l'écharpe de pèlerin et le bourdon, *qui rompit dès le premier service.* (1). *Habillé à la pèlerine*, il alla rejoindre le roi de France à *Vézelay* ; ils y demeurèrent deux jours, puis allèrent de *compagnie* à Lyon, où le pont du Rhône s'écrasa sous le poids énorme de leurs charriots d'équipages, et blessa beaucoup de leurs gens.

Leur suite et leur train étant trop nombreux pour loger dans une même ville, Richard prit la route de Marseille, et Philippe, avec ses troupes, alla à *Genest*, ce qui semble vouloir dire, Gênes.

Après leur passage en Sicile, que nous avons déjà raconté, les deux monarques firent dans la Palestine une campagne, qui, quoique violente, fut infructueuse, et se quittèrent d'assez mauvaise humeur. Philippe Auguste s'en revint malade ; Richard Cœur de Lion y resta un an de plus pour avoir le plaisir de sabrer les infidèles ; mais sa santé finit aussi par s'altérer, et, avant de repartir, il rendit à peu près tout le territoire qu'il avoit conquis. Pendant son retour, une tempête le

---

(1) Histoire de Normandie.

jeta sur les côtes de Dalmatie, où il prit un habit de templier, et se détermina à traverser l'Allemagne à pied pour regagner l'Angleterre. *Il faisoit cela pour éviter le passage de France, ayant eu du refroidissement avec Philippe; mais il tomba en un plus grand péril; car, arrivé en la partie de Hongrie, qu'on appelle aujourd'hui Autriche, il se ressouvint avoir donné quelques déplaisirs à ceux de ce pays en la prise d'Acre, et sachant bien que le bruit de son arrivée voloit déjà par ces cantons, il recharcha les chemins écartés. Toutefois il ne put éviter son mauvais destin; car, encore que ses cheveux et sa barbe fussent très-longs, il fut reconnu partie par son langage, sa façon et gravité royale, ou selon quelques-uns, à l'anneau qu'il portoit au doigt, sur lequel étoient gravées les armes d'Angleterre. Quelques auteurs disent que Richard et son compagnon étant logés en un petit village près de Vienne, le compagnon alla en la ville pour acheter des vivres et changer de l'argent; que là il fut reconnu par un des serviteurs du duc Léopold, arrêté et mené devant ce duc, auquel il fut contraint de déceler le roi son maître. Le duc, joyeux d'une aventure qui le mettoit à même de se venger de l'outrage fait à ses gendarmes dans la Syrie, et de la mort du marquis de*

Montferrat, *qu'à tort on imputoit à Richard* (1), envoya tout aussitôt le prendre prisonnier. Le roi tira son épée contre les archers ; mais, comme ils lui dirent qu'on n'en vouloit point à sa vie, il se rendit.

Le duc l'envoya sur-le-champ à l'empereur Henri VI, le fils de Frédéric Barberousse, qui eut la bassesse de le retenir vingt-deux mois prisonnier, d'autres disent un an, ce qui est plus croyable, dans une tour du château de *Trivelles*, sans autre motif évident que celui d'en tirer une forte rançon.

On trouve dans une vieille histoire de Normandie, de M. de Thou, écrite en langue si ancienne, que souvent elle est inintelligible, toute l'aventure d'un ménétrier, ou joueur de violon, nommé Blondeaux, et dont on a fait Blondel, lequel parcourut toute l'Autriche en cherchant son roi, et le découvrit enfin en jouant auprès de la tour sur son violon l'air favori du monarque, qui répondit *par le trou d'une arbalétrière*. C'est sans doute à cet antique récit que nous devons le brillant opéra-comique, si connu depuis trente ans. Mais notre texte regarde cette aventure comme *une fiction*, ou *plutôt invention des*

---

(1) C'étoit une des victimes *du Vieux de la Montagne*, qui on convint dans une lettre à Léopold. Cette lettre existe dans l'Histoire de Normandie, page 460.

trouverres ou des poètes anciens, et assure que la captivité de Richard Cœur de Lion fut bientôt connue dans toute l'Europe, et que plusieurs seigneurs vinrent le voir, accompagnés des évêques d'Ely et de Salsbery, auxquels il donna l'ordre de retourner promptement en Angleterre, et de pourvoir à sa rançon. Quoique l'histoire de Normandie raconte en gros qu'il fut obligé de se racheter par une somme de cent mille livres d'argent, poids de Cologne, et que les abbés de Boxeley et du Pont-Robert, envoyés d'Angleterre pour traiter de sa liberté, le rencontrèrent en Bavière dans le village d'Oxefer, comme on le menoit à la cour de l'empereur, qui étoit pour lors à *Hagenou*, que nous croyons être *Hanau*, où Henri VI n'étoit sans doute venu que pour se rapprocher de l'Angleterre et toucher les fonds plus facilement, nous voyons plus de détails dans une lettre de Richard lui-même, écrite à sa mère, la reine Eléonore, à laquelle il annonce qu'il est enfin tiré du château de *Trivelles*, qu'il est à la cour de l'empereur, mais qu'il ne peut s'en écarter que quand il aura payé la somme de soixante et dix mille marcs d'argent. Cette lettre est datée de Hagenou, le 19 d'avril 1193.

1193.

Cependant le captif roi se faisoit encore illusion; car on lit dans le traité qu'il fut obligé de signer, que définitivement il ne fut relâché que quand il eut fourni cent mille marcs d'argent pur, au poids de Cologne, argent comptant, que des envoyés extraordinaires des deux princes allèrent chercher à Londres, bien cacheté dans des coffres, et donné soixante-sept ôtages pour garantie de cinquante autres mille marcs, qu'il s'engagea de payer par la suite, dont vingt mille étoient pour le duc d'Autriche. Ce traité, purement dicté par le barbare Henry VI, portoit, en tête, ces mots : *Au nom du Père, du Fils et du Saint-Esprit, Amen.* Ce fut en l'apprenant que Philippe Auguste écrivit à Jean sans Terre cette lettre qu'on a tant citée : *Donnez-vous de garde, car le diable est délié.* Jean sans Terre ne possédoit alors que le comté de Mortain en Normandie ; mais, pendant l'absence et la prison de son frère, il régissoit le duché d'une manière peu loyale, disoit-on.

Les vieux historiens vont même jusqu'à certifier qu'il avoit intrigué pour empêcher son élargissement.

Nous trouvons encore une anecdote qui a rapport à la Normandie ; c'est un accord, ou trêve, signé en 1194, entre Verneuil et Tillières, par des délégués des deux monarques, en vertu duquel Richard, comme duc de Normandie, *pourra fortifier, si bon lui semble, le Neubourg, Driencourt, Conches et Breteuil,* et le roi de

France demeurera en possession du Vaudreuil, de Louviers, d'Aquigni, de Lyre et autres lieux, jusqu'à la haie Malherbe et au pont de l'Arche. Ce qui prouve que Philippe, qui s'étoit déjà approprié le Vexin, s'étoit aussi un peu étendu dans la Normandie. Ce traité fut signé, pour le roi de France, par Gervais de Châtillon, et se terminoit ainsi : *Fait entre Verneuil et Tillières, l'an mil cent nonante-quatre, le vingt-troisième jour de juillet.*

Mort de Tancrède, roi de Sicile 1194. Cette même année 1194 nous rappelle à la Sicile, où nous avons laissé le roi Tancrède malade et malheureux. La continuité des troubles dans la Pouille, où les troupes impériales, quoique peu nombreuses, entretenoient une petite guerre continuelle, et, malgré la perte de *Bertolde* et du comte de *Camélo*, résistoient aux efforts de *Diapulte*, son meilleur général, augmenta ses chagrins. Trop affecté de ces événemens pour que sa santé délabrée pût se rétablir, ces deux causes réunies le conduisirent au tombeau, laissant, après un règne de cinq ans et quelques mois, un trône chancelant à son fils Guillaume, et abandonnant avec regret Sibille, sa femme, et ses trois filles, Albérie, Constance et Mazonie, dont le sort futur remplit ses derniers momens des plus cruelles inquiétudes. Ses funérailles furent faites dans la grande église de Palerme.

La mort de Tancrède frappa bientôt les oreilles de Henry VI, et réveilla ses anciens projets sur les Deux-Siciles. Ses coffres, copieusement garnis par l'énorme rançon qu'il avoit arrachée au roi d'Angleterre, soudoyèrent facilement une armée de soixante mille hommes, avec laquelle il entra en maître dans l'Italie. Le jeune prince Sicilien, qui n'avoit pu acquérir l'expérience de ses pères, et n'avoit encore que le courage belliqueux de cette illustre famille, dont il étoit le rejeton, entreprit d'aller défendre Naples avec une petite armée de terre et de mer ; mais inutiles efforts ! le torrent germanique inondoit tout, et bientôt la Pouille, les deux Calabres furent subjuguées. Il repasse en Sicile. Henri VI ne tarde pas à y pénétrer, sous le vain prétexte de traiter avec lui, en lui laissant la principauté de Tarente, et à sa mère le comté de Liche. La Sicile, remplie d'Allemands, subit le joug de leur chef, qui, entré dans Palerme, jeta dans une prison la reine mère, ses filles et le malheureux Guillaume. Les différens supplices, les meurtres, les massacres, toutes les persécutions qu'il exerça sur les infortunés descendans des Normands, les conjurations qu'il prêtoit à ceux qui étoient au fond des cachots pour s'autoriser à les faire périr sur l'échafaud, le désir de détruire jusqu'au dernier, tout nous laisse de Henry VI l'image

Guillaume, dernier roi de Sicile.

hideuse d'un bourreau. Après avoir ravi au jeune roi sa couronne et sa liberté, et avoir ainsi exterminé la race royale des Normands siciliens, il s'empara du trésor qui étoit dans la tour de Palerme, il fit charger cent cinquante mulets des effets précieux, vases, pierreries, tapis de soie, qu'il enleva de la salle royale des Tancrède.

<small>Fin du règne des Normands sur la Sicile.</small>

(1) *Voilà enfin comment les royaumes de Sicile et de Naples, que les valeureux Normands avoient conquis, à la pointe de leurs épées, sur les Grecs et les Sarrazins, et possédés successivement pendant un espace de cent trente-cinq ans, passèrent en la main des Allemands, et de ceux-ci en la maison d'Anjou ; et par conséquent des rois de France, auxquels ils appartiennent de droit, depuis que les Normands s'en emparèrent.*

FIN DU CHAPITRE.

---

(1) Trophées.

REPRISE DE L'HISTOIRE DE ROBERT GUISCARD.

Nous devons nous rappeler que nous avons laissé Robert Guiscard à Reggio, en 1062, et que nous ne savons encore qu'une partie de ses exploits. La vaillance de Roger, l'espèce de magie dont il accompagnoit ses faits d'armes, nous ont entraînés à le suivre dans sa conquête de Sicile, à parcourir les résultats de ses merveilleux travaux, l'établissement de sa souveraineté, et ensuite, depuis le couronnement de son fils, jusqu'à la fin de sa dynastie régnante. Cette curiosité nous a menés à des détails qui se rapprochent un peu de nos jours, et nous a fait sortir de notre plan, dont l'objet est de ne raconter que des événemens qui ayent près de huit cents années de date; il faut donc maintenant nous reculer de plus d'un siècle, afin de parvenir à connoître la suite des expéditions guerrières des Normands, et de l'autre branche des Tancrède, que nous avons vue s'établir dans la Pouille, et dont celle de Sicile avoit hérité.

Les triomphes de Roger avoient déjà fort avancé ses progrès dans la Sicile, lorsque quelques discussions avec son frère, au sujet du partage de la Calabre, l'engagèrent à laisser ses troupes aux ordres de Bettumen, et à repasser en Italie. Quoique cette querelle fût devenue assez sérieuse pour brouiller les deux princes et leur mettre les armes à la main, bientôt ils furent raccommodés. Toutefois cette réconciliation fut amenée par un incident extraordinaire. Guiscard étoit tombé entre les mains des habitans de la ville de Gérace, qui, ne voulant appartenir pas plus à l'un qu'à l'autre, étoient sur le point de le faire périr; mais Roger parut à la tête d'un parti de Normands, se fit remettre son frère, et lui sauva la vie. Ce fut après ce trait sublime que Robert Guiscard lui abandonna définitivement la moitié de la Calabre, et que, redevenus amis, ils se séparèrent, l'un pour retourner en Sicile, où des troubles et des conjurations, formées par les Sarrazins, exigeoient sa présence, et l'autre pour aller au secours de la Pouille, où venoit de débarquer une armée de troupes grecques, qui vouloient profiter des dissentions des deux frères pour la reprendre.

Robert Guiscard cède à son frère la moitié de la Calabre.

Guiscard marche sur elles, en prend une partie dans Vestia, où il fait prisonnier le lieutenant impérial *Cyriac*, et force le reste à se réfugier dans Barri. La place, investie par ses troupes, fait une résistance à laquelle il ne s'attendoit pas, et occupe ses armes près de trois ans, défendue par Étienne Patéran, ou Sébastafore. Une flotte, qu'il fait venir de Calabre, bloque la ville du côté de la mer, en même-temps qu'il l'assiége par terre. C'est alors que le général grec ne trouve de meilleur expédient que de tenter de le faire assassiner par un soldat nommé *Amerin*, auquel il avoit promis une grosse somme; heureusement l'assassin manque son coup, quoiqu'il fût parvenu, à la faveur des ténèbres, à se glisser dans le camp des Normands.

Les assiégés ne pouvoient plus compter que sur le secours d'une flotte qui s'équipoit à Durrazzo. Mais Roger, appelé par le duc, venoit d'arriver de Sicile montant ses galères; et comme il louvoyoit dans l'Adriatique, pendant une nuit, il aperçut la flotte grecque, qu'il distingua aux lanternes attachées dans les mâtures. Pour tromper l'ennemi, il fait allumer les mêmes signaux, qui font prendre la sienne *pour des vaisseaux de* Barri; il se laisse approcher, et, reconnoissant l'*Amiral à la double lanterne qui pendoit à ses mâts*, il l'attaque avec une telle vigueur, qu'il s'en rend le maître en peu d'instans, et coule à fond un de ses vaisseaux; les autres prirent l'épouvante, de

Prise de Bari par Robert Guiscard. 1068.

manière qu'on ne les revit plus. Roger perdit dans ce choc maritime une centaine de Normands; mais le grand coup étoit porté, en empêchant Bari d'être secouru.

Les habitans, instruits de l'événement, demandèrent à capituler. Le duc, qui vouloit se les attacher, usa d'une grande douceur envers eux, et porta la clémence jusqu'à oublier que Patéran avoit voulu attenter à sa vie, en lui laissant la ville pour prison.

Le duc avoit été trop bien secondé par son frère, pour ne pas l'employer encore au siége de Brindizi, dont la renommée de Roger accéléra la reddition. Après cette expédition il le renvoya en Sicile pour investir Palerme, dont l'attaque n'avoit pas encore été entamée, en lui promettant d'aller le rejoindre et de participer à la gloire de cette entreprise. Après s'être montré dans Hydronte, il passa à Scylle, ou Scyllio, qu'il fit rentrer sous sa domination, ou plutôt celle de son frère, et entra dans Reggio, suivi de ses Normands et d'une armée d'Apuliens, de Calabrois et de ceux de Bari, auxquels il avoit intimé l'ordre de l'accompagner. Pendant son séjour il y fit construire un pont auquel il donna son nom, ainsi qu'on le voit par ces deux vers latins:

Dumque moratur ibi, quia pons est conditus unus,
Pons modo Guiscardi totus locus ille vocatur.

Ayant passé en Sicile avec toutes ses troupes, il joignit le comte Roger à *Catane* ; de là ils se portèrent ensemble sur Palerme, dont Robert fit l'attaque par le côté du couchant, et Roger par celui du levant, tandis que leur flotte barroit l'entrée du port. Ce siége ne sembloit pas, au premier abord, devoir leur offrir de très-grandes difficultés, quoique la garnison Maure, ou Sarrazine, toutefois nombreuse, se défendît avec acharnement ; mais il survint une flotte des côtes d'Afrique, qui, ranimant les assiégés, força celles des princes Normands d'en venir à un combat naval terrible.

Quelques efforts que fissent les Sarrazins, ils furent battus sur mer et sur terre ; le plus grand nombre de leurs navires et galères fut pris ou brûlé. Les deux princes, alors, profitant du découragement de la garnison, donnent l'assaut des deux côtés, ayant pratiqué chacun une brèche. Mais les Sarrazins se défendent avec une fureur insurmontable ; les Normands, toujours intrépides, venoient périr sur la brèche où ils n'étoient arrêtés que par la mort, lorsque Roger découvre une petite porte mal gardée (qu'on a toujours depuis nommée la porte de la Victoire) ; il l'enfonce, pénètre dans la ville avec son invincible troupe ; *lors, courant par les rues, ils font une véritable boucherie des infidèles, et vont pour*

1071.
Prise de Palerme par Guiscard et Roger.

se joindre au duc Guiscard, qui, malgré la grandeur de son courage, ne pouvoit surmonter la force et le grand nombre des ennemis. Là, le combat fut si long et si sanglant, que beaucoup de généreux guerriers des deux partis succombèrent, et ne cessa qu'avec la fin du jour; toute la nuit on demeura sous les armes, et de part et d'autre sur ses gardes, les Normands dans la ville neuve, et les Sarrazins dans la vieille. Mais la citadelle étoit prise, et n'ayant plus aucun point de défense, le lendemain ils demandèrent à capituler. Leurs principaux chefs vinrent traiter avec les princes Normands, qui accordèrent d'abord la paix et la vie sauve, ensuite le traité étant signé, fut publié à son de trompe, et par la voix des truchemens, portant que les vainqueurs donneroient liberté aux circoncis, tant à ceux qui voudroient se faire enrôler sous l'enseigne du Crucifié, qu'à ceux qui s'obstineroient dans la superstitieuse loi de leur prophète Mahomet, et que tous demeureroient sous la sauve-garde des princes Normands, qui firent dans Palerme une entrée, ou promenade triomphale, le 10 juin 1071.

Par arrangement avec son frère, Robert Guiscard garda en propriété Palerme, la moitié de Messine et du Val d'Emme, et abandonna tout le reste, formant plus des deux tiers de l'île, au comte Roger.

Le duc de la Pouille étoit à peine de retour dans ses états, que le prince de Salerne, Gysulphe, fils et successeur de Gaimar, oubliant les obligations qu'il avoit aux Normands, leur chercha querelle pour un territoire assez étendu, qu'il vouloit s'approprier le long du rivage de la mer. Cette chicane paroissoit d'autant plus méchamment imaginée, que les affaires de Sicile étoient encore fort orageuses, et qu'une diversion pouvoit favoriser une descente des Africains, qui conservoient toujours des intelligences dans l'île. Guiscard ne balance pas ; il se fait seconder par les Amalphitains, et vient assiéger Salerne, qui bientôt lui est rendue. *Gysulphe se retire dans la citadelle*; aussitôt toutes les machines sont dressées pour battre en brèche. Le duc s'en approche de si près, qu'il est blessé au bras ; mais rien ne peut le retarder ; il serre le prince avec tant de vivacité, qu'il le force de demander à capituler, et le fait consentir à renoncer à ses biens et à ses titres, pour obtenir la vie sauve.

{Robert Guiscard prend Salerne. 1072.}

Après avoir appaisé en peu de temps différens autres troubles, Guiscard voulut réunir à son duché la marche d'Ancône, et, secondé du prince de Capoue, Richard, il y porta tout son appareil de guerre. Mais, comme il fit passer son armée au travers de la terre de labour, le pape Grégoire VII, irrité de son audace et du dégât

{1073.}

que le passage des troupes avoit fait sur son territoire, lance ses foudres sur Guiscard et les Normands. Celui-ci, outré de colère, aussitôt la campagne finie, en représailles de la fulmination, met le siége devant Bénévent. Les choses en étoient à ce point de brouillerie, quand l'abbé du Mont Cassin, Désier, se mit à la traverse, et rétablit la bonne intelligence entre le duc de la Pouille et Grégoire, qui leva l'excommunication. Le pape eut lieu par la suite de se louer de cette clémence, car nous verrons qu'il se trouva dans le cas d'avoir recours à Robert Guiscard.

Le prince des Normands d'Italie avoit à peine terminé toute espèce de discussions, guerres civiles et autres tracasseries, qu'il se vit entraîné dans une guerre étrangère par des événemens d'une bien grande singularité. Ayant marié une de ses filles au fils de l'empereur Grec, Michel Ducâz, il étoit au moment de jouir, au milieu de la paix, des avantages de cette alliance importante, due sans aucun doute à l'étendue de ses conquêtes, et à sa haute réputation, lorsqu'il reçut un envoyé de ce même Michel, qui lui annonça que, victime d'une conspiration, il venoit d'être renversé du trône, *tondu et chassé* de son palais; que les conjurés ne lui pardonnant pas d'avoir, par ce mariage, contracté une alliance avec les Normands, destructeurs de la puissance grecque en Italie, avoient élevé à sa place un homme de la lie du peuple, *Nicéphore Botoniate*, dans la crainte que ce mariage n'attirât sur les terres d'Orient quantité de ces mêmes Normands, qui ne se plaisoient que dans *la tempête des combats*, et ne passoient point les jours, comme eux, à *l'ombre des sycomores* et dans *des salles de jasmins et de cyprès*, et que de plus, ne voulant pas que la jeune impératrice, fille de Guiscard, mît au monde des enfans qui tinssent de cette race qu'ils redoutoient, ils la tenoient renfermée, après avoir fait subir à son mari Constantin une mutilation atroce pour s'assurer de l'extinction de sa race.

Guiscard, dans sa fureur, commence par se faire étayer du pape, qui le confirme dans ses propriétés d'Italie, après en avoir reçu l'hommage, l'autorise à replacer Michel sur son trône, en lui mettant en main l'étendard de Saint Pierre, et fulmine contre *Botoniate*. Bientôt après, Guiscard fait équiper une flotte, dont il donne le commandement à *Bohémont*, l'aîné de ses enfans, déclare son second fils, Roger, lieutenant et gouverneur de la Pouille, pendant son absence, et lève une armée de quinze mille hommes. C'étoit peu sans doute pour une telle entreprise ; *mais les Normands ne calculoient jamais le nombre des Grecs.*

Il met à la voile d'Otrante, et arrive à Corfou; il jette l'ancre d'abord au hâvre de *Hérison*, et le lendemain gagne l'embouchure de la rivière *Payeuse*. Là quelques insulaires voulurent semer l'effroi par *le brandis de leurs lances* et *leurs hurlemens*; mais rien ne put empêcher le débarquement. Guiscard harangue son armée: « Braves guerriers, leur dit-il, *qui méritez* si » bien *de porter le nom des Normands*, vos » *ancêtres, nous voici dans un pays fait pour* » *renouveler vos actions héroïques. Il est bien* » *vrai qu'il le faut conquérir à la pointe de* » *vos armes; mais vous n'avez à combattre* » *que de la foule, un peuple tout neuf et* » *inhabile au métier de la guerre. Il croira par* » *ses cris et ses hurlemens ordinaires vous* » *donner de la terreur, mais il ne fera qu'al-* » *lumer votre courage* ». *A peine avoit-il fini de parler, que toutes ses compagnies courent vers les murailles de Cazapole, et l'enlèvent dès le premier assaut, non sans un grand carnage des infidèles. Le château de Corfou, qui donne son nom à toute l'île, fut bientôt après l'objet de leurs armes. Il se défendit quelques jours, mais étant tombé en leur pouvoir, ils s'avancent dans les terres et assiégent la ville d'Avolucie, près les champs Pennaciens. Les habitans firent d'abord mine de vouloir tenir;*

Il débarque à Corfou.

Robert Guiscard prend Corfou.
1080.

mais, alarmés par la présence de **Guiscard**, ils capitulèrent et se mirent en sa puissance. Un autre château, à peu de distance, envoya ses clefs, enfin, les habitans de l'île furent *plutôt vaincus qu'aperçus*.

Guiscard, aussitôt après, passe un petit trajet maritime, tourne ses forces contre Durazzo, et l'assiége par terre et par mer ; mais cette ville, qui avoit envoyé demander du secours à Constantinople, forte par elle-même, montra la résolution de tenir long-temps. Il assiége Durazzo.

Pendant ces nouveaux faits d'armes du duc de la Pouille, une seconde catastrophe étoit survenue dans l'empire d'Orient. Il n'étoit plus question de Botoniate ; renversé à son tour, il avoit été remplacé par *Alexis Comnène*, qui marcha en personne, pour venir au secours de la capitale de l'Albanie. Son armée étoit forte de soixante-dix mille hommes, Grecs, Thraces, Arméniens et Anglais. Ces derniers étoient des Anglais, qui, n'ayant pas voulu se soumettre au pouvoir de Guillaume le Conquérant, avoient quitté leur patrie pour venir entrer à la solde des Grecs. Il y avoit aussi de ces Anglais fugitifs dans l'armée de Robert Guiscard.

Bohémont, qui, dans cette campagne, faisoit ses premières armes, ne tarda pas à s'y distinguer. C'étoit lui qui dirigeoit le siége du côté de la terre, tandis que le duc son père conduisoit l'attaque faite par la marine. Instruit de l'approche de l'armée grecque, il se porte au-devant d'elle avec un fort détachement, tombe sur l'avant-garde et la taille en pièces. Ce début, qui étoit fait pour étonner l'empereur Alexis, fut pour le duc de la Pouille un avertissement de se préparer à une grande bataille. *L'armée grecque se vint camper à quatre stades de lui. Tout le premier jour se passa sans rien attenter de part ni d'autre; la nuit venue, Guiscard fait la première ronde, et le prince son fils la seconde. Dès l'aube du jour, les bataillons ordonnés s'avancent avec une démarche* qui en impose à l'ennemi. Alexis divisa cependant son armée en quatre corps, et, malgré le soin qu'il prît de faire faire (1) *les quatre pointes aux Anglais*, il perdit la fameuse bataille de Durazzo, dans laquelle moins de quinze mille Normands, Bretons et Italiens, parmi lesquels on comptoit treize cents chevaliers, battirent à plate couture toute cette énorme horde de barbares et d'infidèles. L'armée impériale laissa plus de six mille morts sur le champ de bataille, sans compter une immense quantité de blessés, parmi lesquels étoient nombre de chefs. Cette mémorable victoire fut

Bohémont taille en pièces l'avant-garde de l'empereur Alexis.

1081.

―――――――――――――――――――

(1) Trophées.

suivie de plusieurs autres succès, et de la prise de Durazzo, malgré l'opposition des Vénitiens.

Guiscard, vainqueur de l'empereur Grec, le fut bientôt de l'empereur Allemand, Henry IV. Ce prince, en récrimination de ce que le pape l'avoit excommunié, avoit marché en force sur l'Italie, s'étoit rendu maître de Rome, et tenoit Grégoire assiégé dans le château Saint-Ange, tandis qu'il venoit de faire élire à sa place Humbert, archevêque de Ravenne, sous le nom de Clément III. Le duc de la Pouille, instruit de cet événement par Grégoire lui-même, qui le conjuroit de venir à son secours, mais dont l'avis n'arriva que tard à cause de la difficulté des communications, sacrifie ses lauriers pour s'opposer à une révolution si contraire à ses vues politiques et à la protection qu'il accordoit à ce pontife depuis leur raccommodement. Il nomme *Bohémont* son lieutenant-général dans la Grèce, lui laisse la plus grande partie de l'armée, et quitte la Dalmatie. Il ne fut pas plutôt débarqué en Italie, que l'abbé du Mont Cassin en fut instruit, et trouva le secret d'en donner avis au Saint Père, auquel cette nouvelle rendit le courage. Ayant rassemblé en toute hâte une nouvelle armée dans ses états, il s'approche de Rome en prince à qui rien ne résiste, et, malgré les efforts réunis des Romains et des Im-

Guiscard délivre Grégoire.
1084.

périaux, arrache le pape du château Saint-Ange, et, après l'avoir délivré, le mène en sûreté dans Salerne.

Pendant cette expédition, son fils, le célèbre Bohémont, battoit de nouveau l'empereur Alexis, en sorte que toute l'Europe retentissoit alors du nom des Normands, qui, dans l'espace de moins d'un demi-siècle, avoient conquis les Deux-Siciles et l'Angleterre, étendu leur influence du Danemarck à l'Espagne, et faisoient chanceler sur son trône l'empereur de Constantinople.

(1). Guiscard, après avoir abaissé Henry, ne perdit pas de vue le projet de détrôner Alexis. Vingt mille hommes, qu'il avoit lui-même formés aux combats, passent l'Adriatique sous ses ordres, et vont avec lui rejoindre l'armée de son fils, qui s'avançoit déjà par la Dalmatie et la Macédoine, et portoit la terreur jusque dans la capitale de l'empire grec. De telles forces réunies, et sous d'aussi valeureux chefs, auroient, selon toute apparence, fait passer le sceptre impérial d'Orient dans les mains de Robert Guiscard, si sa mort dans l'île de Corfou n'eût fait évanouir ses vastes projets, et terminé la campagne de son fils. Les historiens ont varié sur les différentes causes de cette mort imprévue. Son corps fut

Mort de Robert Guiscard. 1085.

---

(1) Essai sur la Normandie.

rapporté en Italie, et placé dans le sépulcre de ses frères, à Venoze, avec cette épitaphe.

Hic terror mundi, Guiscardus, hic expulit urbe,
Quem Ligures regem, Roma, Alemannus habet.
Parthus, Arabs, Macedumque Phalanx non texit Alexim;
At fuga, sed Venetum, nec fuga, nec pelagus.

La même année vit aussi périr le pape Grégoire VII.

Nous avons déjà vu les dissentions qui s'établirent entre Bohémont et Roger, au sujet de l'héritage de leur père, et que, pour empêcher qu'elles ne se terminassent par les horreurs d'une guerre civile, leur oncle Roger, comte de Sicile, étoit accouru de ses états afin de rétablir entre eux la bonne harmonie, et que l'effet de sa médiation fut de borner à la principauté de Tarente la souveraineté de Bohémont, tandis que Roger conserva le duché de la Pouille. Nous avons vu encore que la branche des Tancrèdes d'Italie, s'étant éteinte vers 1127 dans la personne de Guillaume, fils de ce Roger-ci, la Calabre, la Pouille et toutes les nouvelles conquêtes, passèrent dans la main du roi de Sicile, Roger, comme le plus proche héritier collatéral, après que le fils de Robert Guiscard en eût joui jusqu'à sa mort, arrivée en 1099, et son petit-fils jusqu'en 1127.

C'est dans cet intervalle sur-tout que la fin du onzième siècle nous amène à une des plus brillantes époques de la gloire normande, époque justement célébrée; mais, toute mémorable qu'elle est, elle ne doit néanmoins occuper que le second rang, et laisser la première place dans notre histoire à celle de notre illustre, notre vaillant duc Guillaume.

Les chrétiens étoient persécutés, martyrisés dans la Palestine, le temple de Jérusalem et les lieux saints profanés sans cesse par les Maures, les Sarrazins ou les Arabes, enfin ce que l'on appeloit alors les infidèles. A la voix de plusieurs véhémens prédicateurs, une foule de princes, de seigneurs et de guerriers illustres, prennent pour signe de ralliement une croix rouge sur l'épaule, et partent de France pour aller tirer de l'oppression les malheureux chrétiens, à la tête d'une armée que l'on a dit être de plus de cinq cent mille hommes.

Robert Courte-Heuze.

Le duc de Normandie part pour la Palestine.

1097.

Le duc de Normandie, *Robert Courte-Heuze*, le fils aîné de Guillaume le Conquérant, étoit trop avide de gloire pour ne pas se montrer avec éclat dans cette fameuse expédition. L'élite de sa noblesse, la fleur de ses guerriers, se décorent de la croix, viennent se ranger sous ses drapeaux, et forment à eux seuls une armée formidable, avec laquelle il prend la route d'Italie, tandis que Godefroi de Bouillon et les autres princes filent le long du Danube.

Arrivé dans la Pouille, ses légions se grossissent bientôt d'une multitude de Normands puliens, sous les enseignes du prince de Tarente, Bohémont, déjà célèbre par sa campagne de Grèce, auquel se réunit un corps bien digne d'être remarqué, puisqu'il étoit aux ordres du jeune *Tancrède*, son neveu. Ce prince, dont la valeur fut bientôt citée, étoit le petit-fils de Robert Guiscard, par Mabille, sa mère, qui avoit épousé Guillaume de Grenteménil.

L'arrivée de tous ces guerriers en Asie fut suivie, comme on devoit s'y attendre, de la conquête de la Palestine et de la prise de Jérusalem, dont Godefroi de Bouillon fut élu roi en 1099. Les services éclatans de Bohémont lui acquirent la principauté d'Antioche, dont, après lui, ses descendans héritèrent jusqu'en 1128. Mais sa gloire fut encore surpassée par celle de son neveu, qui fut créé duc de Galilée.

Les mille cavaliers du duc Robert, les noms de Bohémont et de Tancrède sont trop héroïquement célébrés dans l'admirable poëme de la Jérusalem délivrée, pour que nous osions donner quelque froid détail.

La seule remarque que nous nous permettions, parce qu'elle mène à un rapprochement heureux et flatteur pour la ci-devant Normandie, c'est que la meilleure traduction que nous ayons de

Bohémont prince d'Antioche.

Tancrède duc de Galilée.
1099.

Traduction du Tasse.

ce chef-d'œuvre immortel, traduction regardée comme supérieure, en ce qu'elle a fait passer dans notre langue tout le génie du Tasse, est l'ouvrage d'un respectable Normand, qui, Prince et grand Dignitaire, sait unir aux talens de l'administrateur le goût de la littérature et les grâces les plus aimables.

REPRISE DE LA VIE

ET FAITS D'ARMES

DE GUILLAUME.

~~~~~~~~~

Nous nous sommes à regret écartés de notre sujet principal; mais nous n'avons pu refuser un moment d'intérêt à ces illustres compatriotes, dont les exploits nous ont conduits en Italie, en Sicile, enfin aux Croisades.

Il est bien juste que nous revenions maintenant à notre vaillant prince, à notre jeune duc Guillaume, que nous avons vu, dès l'âge de vingt ans, se couvrir de gloire à la bataille du Val des Dunes, l'année 1046. En reprenant le fil de son histoire, nous dirons qu'après cette bataille, toutes les factions disparurent, et qu'une partie des rebelles se soumit, comme nous l'avons déjà vu, tandis que les plus obstinés s'en allèrent en Italie, où Robert Guiscard les appeloit à lui, et augmentoit ainsi le nombre de ses fameux partisans. La paix fut rétablie, et Guillaume jouit pendant quelques mois d'un bonheur qu'il devoit en partie au secours prêté par Henry I.er, qui enfin s'étoit décidé à être reconnoissant envers le fils, nous le répétons, des services du père, par lequel il avoit été jadis remis sur son trône. Leur alliance fut bientôt resserrée plus étroitement, à dessein de s'opposer de concert aux entreprises d'un nouvel ennemi, qui, par ses hostilités, empiétoit sur le territoire de la couronne. Geoffroi Martel étoit le nom de cet audacieux guerrier, comte d'Anjou, et un des plus ambitieux princes de son siècle. A peine le monarque eut-il montré le désir de s'étayer des armes normandes, que le duc, avec tout le zèle et l'ardeur du jeune âge, réunit ses troupes aux siennes. Le comte d'Anjou, qui jusqu'alors avoit toujours triomphé des autres princes, et sur-tout de ses voisins, ne vit dans ce traité qu'un nouvel aiguillon pour sa gloire, et ne s'aperçut que trop tard de l'impossibilité de résister à une réunion aussi formidable.

Seconde alliance avec le roi.
1047.

En moins de deux mois la guerre fut portée jusqu'au sein de ses Etats. Le château de Moulins fut assiégé et emporté d'assaut. Le jeune duc des Normands y donna de si grandes preuves de valeur, qu'elles lui attirèrent l'admiration des vieux capitaines ; ils devinrent ses prôneurs et vantèrent ses faits d'armes, qui furent souvent extraordinaires pendant cette campagne.

Guerre contre le comte d'Anjou.

On le voyoit sans cesse dans les différentes

escarmouches et aux affaires d'avant-postes, où il se plaisoit à montrer sa force et son adresse. *Un jour s'étant détaché de ses troupes avec quatre Gentilshommes, il rencontre quinze cavaliers ennemis. Il baisse sa lance, et abat le premier qui se retourne, dont la chute fut si rude, qu'il en eut le bras et la cuisse cassés :* les autres prennent la fuite.

Le Duc et ses quatre compagnons les poursuivent, en *prennent sept prisonniers*, et les amènent vers un corps de trois cents cavaliers, qui, inquiets de leur chef, le cherchoient par-tout. Mais Guillaume éprouva que c'est un inconvénient d'être trop vanté ; sa réputation lui fit des jaloux ; même les traits de l'envie gagnèrent, dit l'histoire, jusqu'au cœur du roi.

Geoffroy Martel, peu accoutumé à voir ses armes malheureuses, tenta la voie des négociations, et réussit à faire sa paix avec Henry, sans comprendre le duc de Normandie dans le traité. *Le Roi fait sa paix séparément.* 1048.

Ce genre d'accommodement, que l'on a vu imité plus d'une fois, irrita Guillaume au dernier degré contre le monarque ; il prévit bientôt qu'abandonné par les troupes françaises, il alloit être forcé d'évacuer l'Anjou, et que le théâtre de la guerre seroit transporté dans ses propres États par ce puissant Geoffroy Martel, qui possédoit non-seulement l'Anjou, mais aussi Bourges et une partie du Maine, la Touraine dont il avoit chassé le comte Thibault, et le Poitou qu'il avoit de même enlevé au comte de Poitiers.

1049.

Une retraite, faite en bon ordre, fut la suite de la prudence du Duc., qui, à son retour en Normandie, trouva bien quelques trahisons réchauffées et quelques cabales secrètes, dont le motif étoit encore cette défaveur que l'opinion attachoit à sa naissance.

Le comte d'Anjou s'empare d'Alençon, de Domfront et du pays de Passays.

Le comte d'Anjou s'avance en même temps, et s'empare d'Alençon, du château de Domfront, et d'une partie du pays de Passays, pendant que Guillaume s'étoit retiré jusqu'à *Falaise*, son point d'appui ordinaire, pour y grossir son armée. Le jeune Duc ne se sentit pas plutôt en état de lutter seul, qu'il se porta audacieusement devant Domfront; en approchant, il fut attaqué par un corps de trois cents chevaux et de sept cents piétons : une charge au grand galop les culbuta au premier abord, et les força de se sauver jusqu'aux portes du château, où fut fait prisonnier un de leurs capitaines. Il est à remarquer que, dans la charge, *le Duc avoit* (1), *d'un coup de sa lance, abattu mort celui qui conduisoit la pointe des escadrons ennemis.* Ce début étoit brillant sans doute; mais Domfront, bien fortifié,

---

(1) Histoire de Normandie.

muni d'une garnison nombreuse, annonçoit une longue résistance, pendant laquelle Geoffroy Martel auroit tout le temps de venir, avec une armée d'observation, renverser les plans d'attaque de son adversaire. C'est ici que l'on reconnoît l'heureuse étoile de Guillaume; un secours imprévu, que certainement il étoit loin d'attendre, un allié, sur lequel il n'avoit garde de compter, attaque Martel par ses derrières. C'étoit le valeureux Néel, qui, voulant réparer en grand homme les torts qu'il avoit eus à l'égard de son souverain, avoit marché sur Angers avec quatre à cinq mille hommes, que, pendant son exil en Bretagne, il avoit levés à ses dépens.

L'alarme avoit été donnée; les habitans de la ville et des campagnes, conduits par quelques troupes du comte, étoient venus à leur rencontre. Néel les avoit attirés dans *une embûche* où il avoit caché huit cents hommes, les avoit taillés en pièces; mille Angevins étoient restés sur la place, le reste s'étoit enfui à tête perdue, pendant que les vainqueurs pilloient et ravageoient les terres du comte d'Anjou.

De 1050 à 1054.

On pense bien que, peu de temps après ce service signalé, Néel fut réconcilié avec le Duc, qui lui rendit sa vicomté de Cotentin, ou plutôt de Coutances.

Néel réconcilié avec le Duc.

Martel, qui se portoit alors au secours de Domfront, ne manqua pas d'être fort étonné et dérangé par cette manœuvre qu'il n'avoit pas prévue. Les émissaires qu'il reçut de Guillaume, ne le troublèrent pas moins, ainsi que nous allons le voir dans les événemens subséquens, où il paroîtroit que le comte d'Anjou n'agit pas en homme qui eût sa tête bien à lui.

Aussitôt que le duc de Normandie fut instruit que Martel avoit assis son camp non loin de Domfront, il fit appeler *Guillaume, fils d'Osberne; Roger de Montgommery*, et *Guillaume, le fils Thierry*, et leur dit : *Allez trouver le comte d'Anjou, et dites-lui de ma part que, s'il porte des vivres à ceux de Domfront, j'en garde la porte, et que demain matin j'y serai pour le recevoir.*

Ces chevaliers montèrent à cheval et se rendirent aux avant-postes ennemis, en faisant signe qu'ils vouloient parlementer. On les conduisit à la tente du comte d'Anjou, et Montgommery lui adressa le discours du Duc, en le répétant mot par mot. Le comte leur répondit : *Dites au duc Guillaume que, demain au point du jour, je serai monté sur un cheval blanc, prêt à le combattre, et entrerai dans la porte de Domfront; et, afin qu'il me cognoisse, j'aurai un écu tout en or, sans aucune devise.* Roger de Montgommery répliqua : *Sire, ne vous travaillez* point, *car bien matin aurez le Duc en cette place, monté sur un cheval bay* (1), *avec un écu de Gueulles, et, afin de le recognoître, il aura au bout de sa lance une cornette de taffetas, dont il vous essuiera le visage.* Provocation

Et sur ce, lesdits seigneurs s'en retournèrent vers le Duc, et lui rendirent compte de leur mission. On s'attendoit, pour le lendemain, à de grands faits d'armes ; mais, à la pointe du jour, comme Geoffroy Martel rangeoit ses troupes, deux chevaliers vinrent l'avertir que Domfront s'étoit rendu, et que le duc étoit maître de la place ; ils lui ajoutèrent qu'il se donnoit maintenant des peines inutiles, et que le fait étoit constant.

L'histoire n'en disant pas davantage, nous ne pouvons que répéter la chose, sans assurer si c'étoit une ruse de l'ennemi, ou si ces chevaliers s'étoient trompés. Bref, Martel induit en erreur, Reprise de Domfront. se retira de quelques lieues vers un endroit nommé Ambrières, ou Hambières ; il est très-possible que, d'un autre côté, l'entreprise de Néel sur sa capitale le déterminât à abandonner Domfront, qui cependant n'étoit pas encore pris ; mais, aussitôt que les habitans furent instruits du départ de Martel, *ils se rendirent au*

---

(1) La chronique dit un cheval bayard.

duc Guillaume, lequel fit planter sa bannière sur la tour.

Il ne s'en tint pas là, et marcha bientôt après sur Hambières, où le comte lui dressa une embuscade dans une forêt voisine. Le Duc, ayant bien su s'en garantir, l'attaqua si à propos de son côté, tandis que Néel l'attaquoit du sien, qu'ils le battirent. Mais l'affaire fut extrêmement chaude, et Guillaume, quoique vainqueur, y perdit du monde, entr'autres trois chevaliers qu'il regretta beaucoup, Amauri de Flavacour, Robert de Beaumesnil, et le comte d'Aumale. En revanche il fit prisonnier le comte du Mans-Hélie et grand nombre de Manseaux et d'Angevins. La chronique raconte que, pendant la bataille, il parvint à joindre le comte d'Anjou, et qu'il l'abattit d'un coup de lance, mais que celui-ci ne revint plus à la charge, et en fut quitte pour avoir son heaume faussé, et un bout de l'oreille coupée.

Bataille de Hambières.

Le Duc fit élever un nouveau fort à Hambières, et, dans le dessein de tenir Martel en respect de ce côté, y laissa une garnison nombreuse. Il partit ensuite pour aller reprendre Alençon.

Arrivé près de la ville, il découvrit une embuscade qui l'attendoit ; aussitôt il range sa cavalerie en bataille, et se prépare à charger ; *mais ils ne l'osèrent attendre, ains se départirent incontinent, fuyant vers Alençon. Le Duc et* ses gens allèrent après; mais ils furent entrés en la ville avant qu'on pût les atteindre, sinon le capitaine du château, qui suivoit le train de derrière, lequel le duc Guillaume jetta par terre d'un coup de sa lance.

Après avoir contemplé le château assez longuement, il fit dresser trois bastillons autour d'*Alençon*, et, pendant qu'on travailloit à cette opération, arriva un gros corps de fantassins, composés de *Poitevins, Manseaux* et *Angevins*, qui se campèrent au bord de la Sarthe. Les Normands s'emparèrent aussitôt de la rive opposée, et s'établirent sur un terrain qui étoit traversé par un *boulevart*. Ce voisinage occasionna quelques insultes de part et d'autres, d'autant plus faciles qu'on étoit assez près pour s'entendre réciproquement; celles des Angevins furent vraiment outrageantes; ils crioient : *la pel, la pel, à la pel*, et ces cris étoient répétés toute la journée par les assiégés, qui, ne sachant pas encore la défaite de Martel, se divertissoient à battre des cuirs et des peaux de bêtes sur le haut des murs, comme auroient pu faire des corroyeurs. Pour avoir l'intelligence de ce genre d'ironie insultante, il faut savoir que le principal commerce de Falaise étoit alors la pelleterie, ainsi que la tannerie, et qu'Arleitte, mère du Duc, passoit pour descendre d'une famille d'artisans de cette profession. Ainsi tout l'esprit du sarcasme portoit absolument sur les Falaisiens qui étoient dans l'armée, et sur leur chef. Nous regrettons que Guillaume n'ait pas méprisé une aussi misérable injure, et nous sommes fâchés d'être obligés de dire, comme l'histoire, que malheureusement il s'en tint pour outragé, et que ce sentiment le porta à une vengeance peut-être au-dessous de lui.

Dans une attaque qui fut faite contre les Angevins et les Manseaux, on prit plusieurs maisons et baraques dont on jeta le bois dans les fossés de la ville, et, lorsqu'une partie en fut remplie, on y mit le feu qui consuma un des quartiers et un faubourg, pendant que les Normands donnoient l'assaut de l'autre côté. Quelques-uns des prisonniers qui furent faits dans cette chaude attaque, eurent les pieds et les mains coupés, ainsi que le duc les en avoit menacés pendant leurs outrages ; ensuite il fit jeter ces membres mutilés par-dessus les murs, à ceux qui défendoient le château, en leur faisant dire que, s'ils ne se rendoient pas sous peu, autant leur en arriveroit.

Prise d'Alençon. La garnison ne tint pas à une pareille menace, et livra le château d'Alençon que le Duc fit occuper.

Ce fut, suivant quelques historiens, à la suite

de cette guerre que, retourné à Rouen, il y appela tous les prélats et barons de Normandie, auxquels il fit renouveler le serment de fidélité. Il en repartit ensuite pour aller faire un voyage de peu de durée en Angleterre, où le roi Edouard l'accueillit avec de grandes marques d'attachement, lui témoigna son ancienne reconnoissance par de riches présens, et la haute considération qu'il attachoit à ses glorieux faits d'armes.

Voyage du Duc en Angleterre.

Pour se mettre au fait des services rendus à ce monarque par le duc de Normandie, il est nécessaire de jeter un coup-d'œil rapide sur l'Angleterre et sur les événemens qui avoient porté à ce trône cet Edouard que nous avons vu encore enfant se réfugier avec son frère Alfred, en Normandie, où leur mère *Emma* vint les mettre à l'abri des orages du règne de leur père Ethelred, vers 1013, orages causés par les Danois ou Normands. Nous avons déjà vu comment, à la mort de Canute le Grand, ses vastes états furent partagés entre ses trois fils. Swein fut roi de Norvège, et Harold Harefoot, en français Pied de Lièvre, régna sur l'Angleterre (ces deux premiers sortoient de son mariage avec *Alfwine*, la fille du comte de Hampshire), et Hardicanut, qu'il avoit eu de son second hymen avec Emma, fut roi du Danemarck.

Malgré les soins que Robert le Libéral avoit

pris de faire céder la province de Wenex à ces deux princes fugitifs, derniers rejetons du sang royal d'Angleterre, c'est-à-dire du sang Anglo-Saxon, à sa mort, en 1035, ils en furent dépossédés.

Mort de Canute le Grand, 1035.

Et, suivant l'histoire d'Angleterre, Alfred et Edouard ne se trouvant pas très en sûreté en Normandie pendant les troubles de la minorité de Guillaume, saisirent cette occasion qui se trouvoit correspondre avec la mort de *Canute*, pour aller, accompagnés d'une nombreuse suite, faire une visite à leur mère *Emma*, qui tenoit une cour splendide à Winchester. Mais, comme Alfred, l'aîné des deux, pouvait avoir, à titre de fils d'Ethelred, des prétentions au trône, Harold Harefoot, en conçut de l'ombrage, et cette circonstance prit bientôt un *aspect mélancolique*. Un seigneur d'Angleterre, nommé Godwin, auquel Harold avoit promis d'épouser sa fille, forma, d'accord avec lui, le projet infâme de se défaire des deux princes. Alfred fut invité de se rendre à Londres de la part de Harold; mais, à peine avoit-il atteint Guilford, qu'il fut environné par les vassaux de Godwin, qui massacrèrent impitoyablement toute sa suite, s'emparèrent de lui, lui crevèrent les yeux, et le conduisirent au monastère d'*Ely*, où il ne tarda pas à expirer. Edouard et sa mère, qui apprirent à Winchester cet épouvantable crime, s'enfuirent précipitamment vers les bords de la mer. Emma gagna la Flandre, et son fils retourna en Normandie, où il reprit ses habitudes paisibles et réservées, ne se mêlant de rien, et vivant tranquille sous la protection de Guillaume, comme il avoit vécu auparavant sous celle de son père, le duc Robert, et sous les Richards.

Harold Harefoot mourut, dit l'histoire d'Angleterre, le 14 avril 1039, après un règne d'environ quatre ans; aussi peu regretté qu'estimé de de ses sujets, il laissa sa succession à son frère Hardicanut.

Mort de Harold Harefoot. 1039.

Celui-ci apprit cette nouvelle comme il partoit de Danemarck avec soixante-dix voiles pour aller en Flandre auprès de sa mère Emma. Renonçant à ce voyage, il *cingla* promptement vers Londres, où il fut reçu et reconnu roi sans aucune opposition.

Il ne fut pas plutôt sur le trône, que les détails de la mort de son frère de mère, Alfred, lui inspirèrent de l'horreur, et qu'il voulut la venger; mais le moyen qu'il employa fut aussi farouche qu'indécent; il fit déterrer et jeter à la Tamise le corps de Harold, qui toutefois étoit aussi son frère, seulement du côté de père. On se rappelle qu'*Emma*, sœur de Richard le Bon, duc de Normandie, avoit épousé *Ethelred*, ensuite le grand *Canute*. L'histoire d'Angleterre remarque avec indignation que ce fut Godwin qui fut l'instrument de cette barbarie stupide ; elle ajoute que pendant ce temps Edouard écrivit de Normandie au roi Hardicanut, son frère aussi, que ce Godwin étoit fortement impliqué dans l'assassinat d'Alfred, et qu'il l'engageoit à lui faire faire son procès ; mais que l'industrieux courtisan détourna l'orage qui menaçoit sa tête par un magnifique présent que le roi reçut avec satisfaction. C'étoit une très-belle galère, dont la pouppe étoit d'or, conduite par quatre-vingts rameurs qui avoient chacun un bracelet d'or au bras, et de plus étoient armés et équipés d'une très - somptueuse manière. Ce cadeau, accompagné du serment que fit Godwin, qu'il étoit innocent du crime, lui attira l'indulgence du roi.

Mort de Hardicanut, 1041.

Le règne de Hardicanut ne fut pas de longue durée. Des excès fréquens d'intempérance le mirent au tombeau dans l'espace de deux ans, et, dit l'histoire, ses sujets n'en furent surpris ni affligés.

A sa mort, la race de *Canute* se trouvant éteinte, les Anglais saisirent cette occasion de secouer le joug des Danois, et de ce gouvernement de Pirates dont ils avoient eu si long-temps à souffrir. Swein existoit encore : il régnoit en Norvège, et l'on se garda bien de l'appeler. On vouloit retourner à la ligne Anglo-Saxone ; le véritable héritier étoit alors en Hongrie, c'étoit le petit-fils d'Edmond Ironside, que nous avons vu pendant deux ans soutenir le trône d'Ethelred, son père, contre le terrible Canute ; mais ce n'étoit qu'un enfant nommé *Edgard Atheling*, et les momens étoient trop pressans pour aller si loin le chercher.

On jeta donc les yeux sur Edouard, qui végétoit en Normandie, tantôt à la cour de Guillaume, tantôt à l'abbaye de Jumiéges, où il se plaisoit depuis qu'il y avoit été élevé. Ce qui parut bien étrange et bien singulier aux yeux de la nation Anglaise, ce fut la conduite astucieuse de ce *Godwin*, comte de Kent, gendre du grand *Canute*, beau-frère de *Hardicanut*, et le plus puissant seigneur de toute l'Angleterre, sur laquelle on savoit qu'il avoit de grandes vues. Il se montra un des plus zélés pour le rappel d'Edouard, et fut un des premiers à en proposer l'élection à l'assemblée des États ; il alla même jusqu'à lui offrir en mariage sa fille *Editha*, afin, disoit-il, d'éteindre l'animosité d'Edouard contre lui ; mais sa véritable intention étoit, par ce moyen, de conserver une grande influence dans le gouvernement ; ce à quoi il réussit.

Le duc Guillaume ne fut pas plutôt instruit des vues de l'Angleterre sur le compte d'Edouard,

Couronnement d'Edouard. 1042.

qu'il s'empressa de lui fournir des vaisseaux et une escorte nombreuse, pour qu'il allât en recevoir la couronne. Il ne pouvoit, sans doute, moins faire pour le fils de sa grande-tante, et pour un parent à un degré aussi rapproché.

Hume prétend que ce qui détermina le nouveau roi à épouser la fille du comte de Kent, contre lequel il avoit une forte prévention du meurtre de son frère, fut le besoin d'un si puissant appui contre les partis qui pourroient s'élever en faveur d'Edgard Atheling, dont nous avons parlé : du reste il est certain que, tant que Godwin vécut, il eut une très-grande influence sur le gouvernement, quoique le roi ne l'aimât pas, et qu'il existât souvent entr'eux de violens démêlés. Ce comte de Kent, dont la femme, nous venons de le dire, étoit fille du monarque Anglo-Danois Canute, et s'appeloit Thirra, outre plusieurs filles, en avoit eu sept garçons. L'histoire nous a conservé les noms de cinq, Biorn, Toston, Léofwin, Vlnoth et Harold; ce dernier hérita de l'intrigue et de l'ascendant de son père sur Edouard; il fut nommé grand sénéchal d'Angleterre, et c'est lui que nous verrons souvent se montrer dans les grands événemens qui suivront.

On conçoit aisément la satisfaction qu'Edouard dut éprouver environ dix ans après son couronnement, lorsqu'il reçut à Londres son neveu à la mode de Bretagne, devenu puissant et célèbre pour avoir à peu près reconquis le duché de Normandie, ce même pays qui pendant si longtemps avoit été son asile. Cette espèce d'intérêt que l'ancienneté d'âge accorde à la jeunesse valeureuse, contribuoit aussi à raviver sa reconnoissance et son ancienne affection. *Guillaume* avoit alors vingt-sept à vingt-huit ans; *Edouard*, environ cinquante.

Ce fut la réunion de toutes ces circonstances qui le disposèrent alors à ce fameux testament, dont les uns ont nié, les autres ont assuré l'existence. Le Duc avoit une raison très-forte pour l'espérer; Edouard n'avoit point d'enfant de son mariage avec Editha; de plus, il y avoit lieu de croire qu'il n'en auroit point, parce que, ayant adopté une vie régulière jusqu'à l'austérité, et même à peu près monastique, genre de vie auquel il s'étoit habitué à Jumiéges, il avoit fait vœu de chasteté, et avoit fait enfermer la reine dans le monastère de *Warevel*, à la vérité à la suite d'une révolte de son père Godwin, mais aussi parce que, n'ayant pas fait le même vœu que lui, elle ne s'étoit pas crue obligée de l'observer avec autant de scrupule.

Guillaume ne fut pas plutôt de retour en Normandie, qu'il se vit contraint de sévir contre le comte d'Eu, nommé Buzâz, un descendant de

Richard sans Peur. En punition d'une révolte qu'il fit éclater, le Duc entra en force dans ses états, l'assiégea, le prit dans la ville d'Eu, et le chassa de la Normandie. Il alla figurer pendant quelques années dans la Pouille, sous le nom de comte de Montreuil, et ensuite revint à la cour de Henry I.er, qui lui donna le comté de Soissons.

Se voyant affermi dans ses états, principalement depuis la paix que le comte d'Anjou avoit été forcé de signer, il voulut mettre le comble aux vœux de ses sujets, sur-tout de ceux qui lui étoient les plus attachés, en contractant une alliance aussi avantageuse qu'honorable ; ayant fait demander en mariage la princesse Mathilde, fille de Beaudouin V, comte de Flandre, dont la beauté, l'esprit et les vertus étoient renommés.

Mariage du Duc. *Elle lui fut accordée et richement dotée, et arriva noblement accompagnée au château d'Eu, où les noces se firent avec la plus grande pompe.*

1055. Mais après le mariage, l'archevêque Mauger, excité par son humeur habituellement tracassière, excommunia les deux époux, sous prétexte de la parenté qui existoit entr'eux. On se rappelle qu'une fille de Richard le Bon, Eléonore, avoit épousé le comte de Flandre, Beaudouin le Barbu ; par conséquent Guillaume et Mathilde descendoient tous deux de cet ancien duc de Normandie, et se trouvoient cousins peu éloignés. Inutilement ils firent une fondation, suivant la chronique, consistant *en la nourriture et l'habillement de cent pauvres, tant à Rouen qu'à Caen, Bayeux et Cherbourg;* il fallut avoir recours au Pape. Ce Mauger, assez mauvais sujet d'ailleurs, s'étoit formalisé, disent d'autres historiens, parce que les noces avoient été faites au château d'Arques, l'ancien domaine de son frère, et dans lequel il n'avoit pas perdu l'espoir de le faire rentrer. Le Pape alors existant, si l'on en croit la chronique, étoit Victor II, *lequel, considérant que, s'il y avoit divorce, les Normans et les Flamans se pourroient mutiner l'un contre l'autre et s'entre-détruire*, accorda la dispense, mais à la condition qu'en outre le secours donné aux cent pauvres, les augustes époux *devoient bâtir et doteroient chacun une abbaye, une de moines, l'autre de nonnains, à ce que Dieu fût servi par l'un et l'autre sexe, et leur voulsist pardonner leur méfait. Lesdites abbayes furent richement bâties et fondées èsfaubourgs de Caen : l'une de la Trinité, pour les femmes; l'autre de Saint Étienne, pour les hommes.* Ces deux vastes monastères étoient connus, avant la révolution, sous les noms de Abbaye aux Hommes et de l'Abbaye aux Dames.

<small>Fondation des abbayes de Caen.</small>

Lenfranc. Ce fut le célèbre Lenfranc, moine du Bec, et italien d'origine, qui fut le premier abbé de Saint Etienne de Caen. Par la suite Guillaume le fit passer à l'archevêché de Cantorbery, où il mourut en 1106.

Quoique nous n'ayons pour objet que les détails de la vie de notre illustre Duc, l'on nous pardonnera sans doute, à cause de la singularité, quelques lignes sur l'archevêque de Rouen, ce Mauger, qui s'étoit montré si scrupuleux sur parenté des époux, et nous dirons, d'après l chronique encore, qu'en revanche il ne le fu guère sur l'extrême et scandaleuse dissipation de revenus, calices, reliquaires et ornemens de son église. Ces abus furent portés à un tel excès qu'on fut forcé de le déposer, pour mettre à place un moine de Fécamp, nommé Maurille homme estimé.

Mauger. *Mauger, se voyant destitué, se retira ès-île de Guernesey, où il s'accointa d'une demoisell nommée Gille*, de laquelle, entr'autres enfans il eut un fils, nommé Michel de Bayeux, qui all joindre les Normands d'Italie, accompagna l prince d'Antioche, Bohémont, dans le voyag d'outremer, et se distingua dans la guerre de l Palestine. Les subtilités ou friponneries de c Mauger faisoient que le peuple lui attribuoit u esprit familier, nommé *Thouret*, par le moye duquel il prédisoit l'avenir. Cet archevêque se noya dans la mer, fut retrouvé entre deux roches, et inhumé à Cherbourg. Nous n'en parlons que parce qu'il étoit fils du duc Richard le Bon, comme nous l'avons vu.

Ce fut à peu près à cette époque que mourut l'évêque de Bayeux, Raoul de Dol. Le Duc profita de cette circonstance pour donner la place vacante à son frère de mère, Odon, prélat célèbre, auquel on doit la construction de la cathédrale qui subsiste encore de nos jours; il doubla le nombre des chanoines, et occupa ce Siége cinquante ans, pendant lesquels il augmenta considérablement les revenus de l'évêché (1).

Odon, évêque de Bayeux.

Les exploits du duc Guillaume, la valeur de ses Normands, avoient bien excité précédemment quelques envieux à la cour de France; mais ce mariage, cette alliance avec un prince de l'importance du comte de Flandre, donnèrent décidément de l'ombrage : le Roi lui-même ne vit pas sans peine un vassal, déjà si redoutable, acquérir un tel degré de puissance. Ses principaux seigneurs se plurent à peindre les Normands sous les plus noires couleurs, à rappeler les excès et les invasions des Normands pirates, leurs ancêtres; on forma des plans pour les expulser; on

---

(1) *Voyez* la Chronique.

<small>Intrigues à la cour de France.</small> alla jusqu'à proposer leur destruction, et Henry se laissa séduire par le projet insensé, à cette époque, de réunir la Normandie à la couronne. Il n'étoit pas sans doute le premier roi de France qui se fût flatté de cette idée, et à coup sûr il ne fut pas le dernier. Ses successeurs héritèrent sans contredit du même désir ; mais le moment n'étoit pas venu, il falloit encore qu'il s'écoulât près d'un siècle et demi, pour démontrer que cette gloire étoit réservée à Philippe Auguste.

Le Roi fit appeler tous *les plus puissans seigneurs et chefs de guerre du royaume*, et, à la tête d'une armée très-nombreuse, marcha sur la Normandie, en prenant pour prétexte des hostilités les violences auxquelles les Normands s'étoient portés, au siége d'Alençon, contre les troupes de Geoffroy Martel. Le quartier-général fut fixé à Mantes, et le comte d'Anjou ne fut pas un des derniers à s'y rendre. Le Roi fit passer quarante mille hommes dans le Vexin normand, aux ordres de son frère Eude, ayant sous lui *le comte de Chaumont, Raoul de Montdidier, avec Gui, comte de Ponthieu, pour entrer dans le pays de Caux, et mettre tout à feu et à sang.*

Guillaume, accoutumé dès l'enfance aux crises et aux périls, ne fut point déconcerté par ce grand appareil. Il divisa de même son armée en deux corps ; avec l'un il se porta sur Evreux pour faire tête à Henry, et envoya l'autre s'avancer dans le pays de Caux, sous le commandement du comte d'Eu, son frère de mère.

Ici nous regrettons de distraire l'attention, pour faire part de notre embarras sur la désignation de ce frère. La chronique dit que ce fut Odon. Odon étoit-il, ou n'étoit-il pas encore évêque de Bayeux? Dans le premier cas, l'état d'évêque ne se seroit donc pas alors opposé, dans les momens pressans, au métier des armes, ainsi que nous avons vu les évêques de Paris se montrer, lorsque différens siéges mirent leur ville en danger. Cela justifieroit aussi les services que nous verrons Odon rendre à son frère à la bataille de Hasting, où il parcourut souvent les rangs à cheval, servit au Duc en quelque sorte d'aide de camp, et, par la suite, de premier ministre en Angleterre.

L'histoire de Normandie assure que ce frère étoit Robert, qui, trop jeune encore pour commander seul, étoit guidé par Roger de Mortemer; elle ajoute que Guillaume l'avoit revêtu du comté d'Eu, lors de la destitution du rebelle *Buzdz*. Mais la chronique affirme de son côté que ce Robert, fils, ainsi qu'Odon, d'Arleite et d'Herlouin de Couteville, fut nommé comte de Mortain, lorsque le Duc son frère chassa de ce comté le traître *Guerlan*, dont la conspiration lui fut révélée par un chevalier nommé Robert Bigot, et que tous ces rebelles devinrent autant de recrues pour Robert Guiscard, qui les dédommageoit amplement dans la Pouille de ce qu'ils perdoient dans la Normandie.

Nous terminons ceci par un fait, c'est que les rébellions de *Buzâz* et de *Guerlan* furent les derniers orages intérieurs qui se manifestèrent avant la grande conquête.

La chronique explique ainsi les plans politiques du Duc, lors de l'élévation de ses frères : *Et par telles pratiques le duc Guillaume enrichit ses pauvres parens du côté maternel, et abaissa ses riches, puissans et hautains parens du côté paternel, pour ce qu'ils lui faisoient souvent fâcherie, et tâchoient à le priver de sa duché, comme envieux de sa grandeur.* Tous ces seigneurs, qui avoient voulu entraver les succès du jeune héros, descendoient des différens ducs Richard, et par conséquent étoient ses parens à des degrés plus ou moins rapprochés.

Quoi qu'il en soit du chef de l'armée cauchoise, elle fit plusieurs marches savantes et dirigées par la prudence et l'habileté du comte de Longueville Guiffart, des comtes de Montfort, de Gournay et de Guillaume Crespin, contre un ennemi bien supérieur en nombre. Pendant ce temps le Duc envoyoit ses patrouilles jusqu'auprès de Mantes, et faisoit enlever par ses troupes, composées de tous hommes de la Basse-Normandie, les vivres, fourrages et bestiaux de ces plaines, *tant pour s'en aider au besoin, que pour en ôter la commodité aux troupes royales*, qui paroissoient dans l'inaction autour du quartier-général, tandis que l'autre armée s'avançoit sur la rive droite de la Seine.

Elle vint (1) *de Beauvais à Mortemer-sur-Andelle, près Lyons, et pour ce que les gens du comte Eude trouvèrent le pays gras et abondant en beurres, bleds, foins et fourrages pour leurs chevaux, ils s'arrêtèrent en ce lieu pour passer la nuit, faisant grande chère, et sans aucun doute s'endormirent, estimant que les Normans fussent, avec leur duc Guillaume, à Evreux.*

Mais l'armée du pays de Caux, instruite du campement à Mortemer, fit une marche forcée, et vint tomber sur le corps du comte Eude, *et tant exploitèrent chemin les Normands toute la nuit, qu'au point du jour ils vinrent donner une chaude alarme aux ennemis qui ne s'en guettoient point, et les mirent en tel désordre, qu'il n'y avoit celuy qui n'eust assez affaire à prendre sa chemise. Les Normans les sacque-*

Bataille de Mortemer-en-Lyons.

1058.

---

(1) Chronique.

mentoient et abbatoient dru comme mouches et sans mercy ; leur donnèrent un tel effroi, qu'ils abandonnèrent chevaux et bagages, et passoient sur les ventres l'un de l'autre pour eschapper de la meslée. De bien quarante mille, n'eschappa la quarte partie, qu'ils ne fussent morts ou prins. La plus grande déconfiture fut faite près d'Ecouys, en un village qui fut nommé Coupe-Gueule à cette occasion. Quand il fit jour, les Normans se mirent à piller les chevaux, harnois et bagages, dont ils furent moult enrichis. Tost après la victoire, le comte de Longueville, Guiffart, envoya Raoul Tesson de Cinglais à Evreux, porter au Duc la nouvelle de cette victoire.

Guillaume, qui prévit bien qu'après cette aventure le Roi ne l'attaqueroit pas, voulut lui marquer son ressentiment par une ironie amère ; il envoya à Mantes, quatre paysans crier et distribuer aux portes de la ville les vers suivans, afin qu'ils parvinssent au quartier-général.

> Réveillez-vous, et vous levez,
> Guerriers, qui trop dormi avez ;
> Allez bientôt voir vos amis
> Que les Normands ont à mort mis,
> Entre Écouys et Mortemer ;
> Là, vous convient les inhumer.

A cette nouvelle, le Roi fut moult dolent, et les bourgeois de Mantes grandement effrayés. Au-

cuns fuyards échappés de la bataille vinrent conter comme la besogne étoit allée, et dès-lors chacun troussa son bagage et s'en retourna, le Roi menant grand deuil avec ce qui lui restoit de gens.

Le comte Eude n'avoit dû son salut qu'à la bonté de son cheval; mais le comte de Ponthieu, Gui, s'étant trouvé parmi les prisonniers, le Duc l'envoya au château de Caen, où il resta deux ans. Après quelques excursions sur le territoire du Roi, en représailles de celles qu'il avoit éprouvées, Guillaume se rapprocha de Tillières, ce fort qu'il avoit cédé dans sa jeunesse, et qu'il avoit regretté long-temps. Pour en contenir la garnison de plus près, il fit bâtir un château à Breteuil, dont il donna la garde à Guillaume, *Fitz-Auber*, ou plutôt *Fitz-Osberne*. Le voisinage mit bientôt les deux garnisons en querelle; mais le Duc avoit alors tant d'avantage et sut tirer si bon parti des conjonctures, qu'il engagea Henry à faire la paix. *Bâtisse du fort de Breteuil.*

Paix avec le Roi.

La première condition fut la restitution de Tillières, que le Roi gardoit depuis sa minorité.

Tillières rendu à la Normandie. 1059.

Ensuite, que le Duc posséderoit, comme don de sa majesté, tout ce qu'il avoit conquis, et pourroit désormais conquérir à la pointe des armes sur Geoffroy Martel.

Que ledit seigneur et roi renonceroit et jureroit de ne donner aucun secours audit comte d'Anjou, contre le duc de Normandie.

Que le Duc donneroit la liberté à tous les prisonniers de guerre, ou pris sous ce prétexte.

Le dernier article de ce traité, par lequel les prisonniers étoient rendus sans rançon, attira beaucoup d'éloges au Duc, qui se contenta de leur faire payer leur nourriture suivant leurs qualités, parce qu'ils avoient été traités en conséquence.

Les comtes payèrent chacun dix florins, ou bezans, par jour; les barons six, les chevaliers quatre, et les écuyers deux.

Ainsi Geoffroy Martel se trouva délaissé et compromis envers le duc de Normandie, exactement de la même manière que Guillaume l'avoit été vis-à-vis de lui, à peu près dix ans auparavant. Contenu par cette politique adroite de son redoutable rival, on pense bien qu'il cessa ses aggressions habituelles, et que le Duc, qui avoit profité de la victoire de Mortemer, pour faire faire une paix générale, voulût jouir enfin du repos que la jalousie de ses égaux, et même celle de plusieurs de ses parens avoit tant de fois troublé. Mais un événement inattendu ralluma, quelques mois après, l'animosité de ces deux foudres de guerre, la mort du comte du Maine, Hébert, qui, à sa dernière heure, avoit légué

Mort du comte du Maine.

ses états au duc Guillaume; legs qui se trouvoit être une suite naturelle de la promesse de mariage existante entre Marguerite, sa fille unique, et Robert, le fils aîné du Duc. *Il avoit enchargé aux Manseaux, et très-expressément enjoint en son lit mortuaire, qu'ils ne prissent Geoffroy Martel pour seigneur, ni autre, sinon le duc Guillaume, qui les défendroit contre tous.* Il est aisé de juger, par cette dernière volonté du comte Hébert, combien il accordoit de confiance et d'intérêt au duc de Normandie, et à quel point le comte d'Anjou, qui lui avoit ravi une partie de ses états du Maine, lui étoit devenu odieux. Mais cette donation, tout honorable qu'elle étoit, n'en fut pas moins, dit l'histoire, un sujet de discorde perpétuel, à peu près semblable à la suzeraineté de Bretagne.

Il fait Guillaume son légataire.

Le Duc, instruit du testament, ne perdit pas une minute pour le faire exécuter, en prenant toutefois la précaution de se faire escorter par une forte armée; et, malgré quelque opposition de la part des Manseaux, il s'empara de leur capitale, et mit garnison normande dans le château. Tout le pays fut promptement obligé de se soumettre; et, après s'être fait rendre foi et hommage par les différens seigneurs, il quitta la ville du Mans pour revenir dans son duché.

Sur ces entrefaites, Gauthier, comte du Vexin,

vint prétendre à la succession, comme ayant épousé la tante du comte défunt, nommée Biotte, et se présenta militairement dans le Maine ; mais les garnisons que le Duc y avoit laissées en firent bientôt justice.

<small>Nouvelle coalition contre Guillaume.</small> Gautier, réduit à implorer le secours des princes qui voulurent bien soutenir ses prétendus droits, parvint à mettre dans ses intérêts Geoffroy, comte de Mayenne, Hubert de Sainte-Suzanne, et quelques autres qui faussèrent le serment fait au duc de Normandie. Mais ce qui releva le plus ses espérances, fut la protection du comte d'Anjou, qui saisit avec ardeur cette belle occasion de renouveler ses entreprises contre son ancien ennemi, et ne manqua pas de se mettre à la tête de cette formidable coalition. Les troupes de ces différens alliés, réunies, entrèrent dans le Maine, et reprirent en fort peu de temps tous le pays qui s'étoit soumis aux Normands. La garnison du Mans tint plus long-temps que le reste, mais elle finit de même par être <small>Reprise du Maine.</small> forcée de céder. Tout le Maine reconquis, Geoffroy Martel se porta audacieusement sur Ambrières, et *l'eût pris d'emblée*, sans la précaution du Duc, qui envoya en toute hâte Guillaume Fitz-Osberne se jeter dans la place avec un corps considérable, pour renforcer la gar- <small>Le comte</small> nison. *Ainsi le comte d'Anjou et ses gens y*

reçut plus de perte que d'avantage, combien qu'il fût aidé des vicomtes de Thouars et de Chartres.

<small>d'Anjou échoue devant Ambrières.</small>

Ce violent orage fut malheureusement accompagné d'un événement fatal, la mort de la princesse du Maine, Marguerite, fiancée au jeune Robert, en attendant qu'il eût atteint l'âge requis pour pouvoir être marié. Ce malheur étoit bien propre à refroidir toute espèce de bonne volonté chez les Manseaux, qui ne virent plus qu'un étranger dans leur nouveau Duc, et non le beau-père de leur princesse. Mais l'étoile de Guillaume sembloit être au-dessus de toute espèce de fatalité. Il marche à son tour avec trente mille hommes, déloge Martel de devant Ambrières, bat l'armée combinée dans plusieurs rencontres, s'empare de la ville de Mayenne, et remet tout le pays du Maine sous sa domination. Rentré dans la ville du Mans pour la seconde fois, il en fit abattre toutes les fortifications, afin de ne laisser aux habitans aucuns moyens de rébellion, et à ses ennemis aucuns points de défense.

<small>Guillaume s'empare de Mayenne.</small>

<small>Le Mans est démantelé.</small>

Cette précaution fut d'autant plus sage, que la paix étoit loin d'être faite avec le comte d'Anjou.

Cet homme inquiet et remuant, envieux à l'excès de la gloire du prince de Normandie, ayant accaparé le comte de Meulan, prince du même genre de caractère, parvint, à force d'intrigues et de manœuvres sourdes, à renouer une nouvelle coalition, plus nombreuse et plus terrible que jamais, dans laquelle entrèrent douze comtes et trois ducs. La chronique ajoute qu'elle étoit composée de cent mille hommes, nombre que nous regardons comme fort exagéré. Toujours est-il vrai qu'on y vit figurer une partie des grands vassaux de la couronne; mais nous n'ajoutons pas foi à son dire, qui est répété par l'histoire de Normandie, que le Roi marcha en personne, et que ce fut le mauvais succès de cette campagne qui le rendit malade, tandis que Henry I.er expira le 4 août 1060, et que la fameuse affaire de Varaville, où l'on a prétendu qu'il commandoit, paroît constamment n'avoir eu lieu qu'en 1061, époque de la paix générale, sur laquelle nous croyons que le crédit du comte de Flandre influa pour beaucoup. Nous ajoutons plutôt foi sur cet article, à ce que nous dit l'abbé Prévôt, que la guerre ne se fit jamais au nom de la France, et que Henry demeura fidèle à la parole qu'il avoit donnée d'entretenir, avec la Normandie, une paix qui dureroit autant que sa vie. Reste à connoître les ressorts cachés de la politique.

Geoffroy Martel, à la tête des fédérés, se mit en campagne au mois d'août avec une armée, qui, suivant les vieux historiens, devoit faire trembler la Normandie. Du Perche, *il vint à*

Aunou, non loin *de la source de l'Orne*, et de là vint se camper devant *la ville d'Hyêmes*. Ayant tenté d'enlever le château, il y trouva une garnison vigoureuse, qui, dans une sortie, lui fit perdre du monde et du temps. Comme le ravage des campagnes et le pillage du pays étoient un des principaux objets de cette guerre, le comte d'Anjou ne s'obstina point au siége d'Hyêmes, fila sur *Saint Pierre-sur-Dive*, et fut logé, dit l'histoire, *dans l'abbaye*.

Le duc Guillaume, qui sentit bien que ses forces n'étoient pas suffisantes pour agir de haute lutte contre un tel débordement, se jeta promptement dans sa ville de Falaise, sa ressource ordinaire dans les momens critiques. De là il put facilement manœuvrer avec adresse : ne voulant pas risquer toute son armée en pleine campagne, il se borna à mettre aux trousses de Martel de gros détachemens qui firent ce que nous appelons maintenant une guerre de voltigeurs, et que la chronique nomme *un camp volant qui enlevoit tous les vivres du plat pays*, en même temps escarmouchoit l'ennemi en queue.

<small>Guillaume se jette dans Falaise.</small>

L'armée combinée traverse toute la plaine de Caen et se porte dans le Bessin, ravage tout le comté jusqu'aux bords de la mer, et, après s'être chargée d'un immense butin sur les rives de la Seule, elle se rassemble à Bayeux, de là se replie sur Caen, où, suivant la chronique, il n'y avoit point alors *de forteresse* capable de lui résister, *sinon un petit château.* Ayant traversé l'Orne dans cette ville, le comte d'Anjou se prépare ensuite à passer la Dive au pont de Varaville (ce qui donne à penser que c'étoit alors le seul pont existant sur cette rivière). Son intention étoit de piller le pays d'Auge, le Lieuvain, le Roumois, et de mettre Rouen à contribution. Il prend cette route et dirige toute son armée sur la chaussée (qui porte encore actuellement, 1814, le nom de Varaville), chaussée très-longue, et conduisant à un pont fort étroit, qui existoit alors sur la Dive. Son avant-garde passe tranquillement.

Mais le duc Guillaume, qui, pendant le ravage du Bessin, *étoit sorti de Falaise* avec vingt mille hommes, Normands et Bretons, instruit de la marche que tenoit l'ennemi, étoit venu *toute la nuit, le plus secrètement qu'il put, se loger en la vallée de Bavent, où il se tint tant qu'il sceust par ses espions qu'une partie de l'armée du Roy estoit passée outre le pont de Dive. Adonc le duc Guillaume vint promptement avec ses gens, qu'il avoit duisez en deux parties, frapper rudement sur l'arrière-garde.*

Le comte de Berry, qui la commandoit, fut tué des premiers. L'alerte donnée à la queue fit engorger le pont où tout le monde voulut passer à-la-fois. Comme il étoit de bois et fort vieux, il rompit, et beaucoup de soldats se noyèrent. La moitié de l'armée, ainsi coupée, n'avoit aucunes ressources, puisque, à droite et à gauche de la chaussée, étoit un marais impraticable. La rivière, loin d'être guéable, se trouvoit grossie par la marée montante, et le duc Guillaume serroit et poursuivoit avec une violence extrême ; les Normands chargeoient avec fureur en criant : Dieu aide et Notre-Dame.

<small>Combat de Varaville. 1061.</small>

Le comte d'Anjou, qui étoit déjà monté à la côte de *Bazebourg*, se désespéroit *de voir ainsi tuer, noyer et prendre tout son monde*, sans que son avant-garde pût *venir à la récousse*, tant à cause de la rivière que du marais et du pont rompu. Voyant qu'il étoit impossible de repasser ni à pied ni à cheval, il voulut un moment faire réparer le pont ; mais le comte de Bourgogne, Eudes, en empêcha, vu la difficulté et le danger. Enfin le Duc eut un tel triomphe et une journée si complète, que toute l'arrière-garde ennemie fut prise ou tuée, ainsi qu'une partie du gros de l'armée : *Il n'étoit mémoire d'avoir vu si grand nombre de prisonniers en Normandie*. Parmi eux se trouvèrent les comtes de Meulan, de Roussi, celui de Soissons, ce Buzâz que nous avons vu chassé du comté d'Eu, et le palatin de Brie.

On avoit voulu terrasser Guillaume, et au

contraire ses armes furent relevées par cet important succès, qui jeta sur sa vaillance un nouveau lustre, et fit connoître la grande supériorité de son génie dans l'art de la guerre. Quoique ses ennemis ne fussent qu'affoiblis, d'autres circonstances, à la suite de cet échec, entraînèrent la paix. A la cour de France, les choses avoient bien changé de face, et s'étoient tournées à son avantage. La mort de Henry I.er venoit d'être suivie d'une minorité, parce que Philippe I.er, son fils, et l'héritier de la couronne, n'étoit âgé que de neuf ans. La régence avoit été confiée au comte de Flandre, Beaudoin, surnommé le Frizon, père de la duchesse Mathilde. Il est aisé de concevoir qu'avec un tel appui auprès du trône, le duc de Normandie vit enfin disparoître les jalousies, les conjurations, les complots, les coalitions, et tous ces orages dont sa jeunesse avoit été agitée.

Par la paix qui fut conclue, Guillaume rentra définitivement en possession du Maine; mais il laissa le comte Gautier et sa femme Biotte en jouir pendant leur vie. A la mort du comte, les habitans du Mans se remirent d'eux-mêmes sous son obéissance, et leur évêque, *Ernaut*, suivi de tout son clergé, portant croix et bannière, vint au-devant de lui pour le recevoir en grande cérémonie, et comme souverain.

Un des principaux avantages que cette paix lui procura, fut de le débarrasser pour toujours de ce terrible et dangereux rival, le comte d'Anjou. Geoffroy Martel ne put jamais se consoler de la défaite de Varaville; il en devint à peu près fou, et, renonçant aux hommes et à ses états, comme nous l'avons vu faire depuis au roi d'Espagne, Charles-Quint, il se fit moine dans l'abbaye de Saint Nicolas d'Angers. Il institua pour ses héritiers, Geoffroy le Barbu, et son neveu Fouque le Réchin, fils de sa sœur, et d'Alain, comte de Gastines en Poitou, et mourut au bout de six mois de noviciat.

<small>Mort de Geoffroy Martel, comte d'Anjou.</small>

Le conseil de régence eut bientôt lieu de se louer de la faveur qu'il accordoit au duc Guillaume, et de son rapprochement à la cour. Tout-à-coup une révolte se manifeste dans le Midi : les Gascons refusent l'hommage qu'ils doivent à la couronne, et en même temps de reconnoître le régent. Celui-ci lève une armée, sous prétexte d'aller porter du secours à l'Espagne, assaillie alors par les Maures, et ne négligea pas, en homme prévoyant, de choisir pour son lieutenant-général le duc de Normandie, son gendre. L'événement ne tarda pas à justifier ce choix; la Gascogne et le Languedoc furent réduits, pour ainsi dire, sans combat; Guillaume prit Montauban, et toutes les soumissions que l'on exigeoit de ce

<small>Guerre du régent contre les Gascons.</small>

<small>Guillaume prend Montauban.</small>

pays se firent aussitôt après la reddition de cette ville.

Ce fut au retour de cette campagne qu'il se trouva véritablement en paix dans son duché. Un de ses premiers soins fut d'en chasser un nombre considérable de vagabonds, qui, par suite des guerres précédentes, y entretenoient le désordre, le vol et le brigandage. Pour compléter son plan de police et de gouvernement, il assembla un concile à Caen, ou plutôt une assemblée d'états, où se rendit l'archevêque de Rouen, Maurille, ainsi que les évêques, abbés, prieurs et tous les comtes et barons de la Normandie, aussi les notables des principales villes. Il y fit apporter les châsses de Saint Ouen et de Saint Romain, avec les principaux reliquaires du pays, *afin d'en imposer*, dit l'histoire, *aux ames cautérisées, et préparer les esprits à faire de bonnes lois. Et, pour éviter aux troubles et aux dissentions qui se pourroient mouvoir en si grande assemblée, il ordonna certain nombre d'archers, qui marchoient par la ville depuis le mercredi soleil couchant, jusqu'au lundi soleil levant, afin de tenir en crainte et maintenir en paix le commun peuple, pendant que les prélats et seigneurs traitoient des affaires, et étoit enchargé auxdits archers d'appréhender les mutins, pour être punis et mulctés d'amendes et de prison,*

<small>Concile de Caen, ou plutôt assemblée d'états.</small>

selon l'exigence du cas, et demeuroient excommuniés jusqu'à ce qu'ils eussent payé l'amende de dix livres tournois, ou autre somme à la discrétion de l'évêque de Bayeux, Odon. Ledit intervalle de temps fut nommé le temps des trèves. Les prélats et barons jurèrent de faire tenir, sans les enfreindre, les ordonnances, qui furent :

Que tous les abbés et prélats champêtres feroient désormais leur résidence dans les villes les plus proches de leurs abbayes, d'autant que de les voir courir dans les champs apportoit un grand scandale;

Que tous les soirs on sonneroit la cloche par toutes les paroisses, pour avertir un chacun de prier Dieu et de fermer sa maison sans plus courir par les rues (1); — Ordonnance du couvre-feu.

Que désormais tous les larrons, homicides et malfaicteurs seroient punis selon la rigueur des lois, et qu'on procéderoit criminellement contre les accusés et convaincus. L'histoire de Normandie ajoute *que beaucoup d'autres lois furent faites ensuite de celles-ci, desquelles le temps, qui dévore tout, ne nous a laissé la mémoire.*

M. de Brâz disoit, en 1588, que, pour perpétuer le souvenir de ce concile, le Duc fit

---

(1) Cette institution de Guillaume s'est conservée très-longtemps, sous le nom de l'*Ordonnance du couvre-feu*.

construire une église qu'il nomma Sainte Paix, *que l'on nomme de présent Saint Marc, à cause que les processions de la ville s'y assemblent à tel jour, laquelle a été ruinée par les Protestans en l'an 1562, et n'en reste que les murailles.*

La chronique nous fait connoître que le duc de Normandie déploya une grande magnificence pendant cette assemblée, qu'il tint ce que nous appelons table ouverte avec un grand état; que le tout fut terminé par une fête brillante au moment de la clôture, et que cette magnificence lui attira une haute considération, ainsi que ce vieux langage nous le dit : *Le duc Guillaume, au partir du concile de Caen, festoya grandement les prélats, barons et gens nobles qui y avoient assisté, lesquels prirent congé de lui, bien contens et lui donnant louanges pour ses bonnes vertus.*

Magnificence du Duc.

1063.

Vers 1063, il passa en Bretagne où il se rendit l'arbitre des discussions existantes entre les deux princes Alain et Yves, deux frères qui déchiroient cette province par une guerre cruelle, en se disputant les villes de Dol et de Saint Malo.

Comme ils étoient près de combattre, le duc Guillaume se trouva au lieu où les armées étoient assemblées, et, séparant leurs gens comme un pasteur ses brebis, mit en accord ses deux cousins, sans effusion de sang.

Nous sommes fâchés d'avoir à rapporter le reproche que lui fait l'histoire dans les années suivantes. Elle l'accuse d'une injustice ; mais elle convient qu'il fut trompé par les fausses délations de Roger de Montgommery et de Mabille sa femme, auxquels il donna les confiscations faites sur différens seigneurs, tels que les sires de Conches, de Grentemesnil, de Montreuil, d'Echauffour et l'abbé de Saint Evroult, Robert Gyroïe, qui furent obligés d'aller chercher fortune dans la Pouille, suivant la mode établie alors en Normandie ; mais le comte de Montreuil, Ernant, avant son départ, ameuta quelques bandes de paysans, à l'aide desquels il mit le feu au village de Saint Evroult et au château d'Echauffour. L'abbé, dépouillé et destitué, s'en alla trouver à Rome le pape Alexandre II, qui le renvoya à Robert Guiscard. Celui-ci lui abandonna un terrain en Calabre, près de Brundusium, que nous croyons être Brindizy, où il bâtit un beau monastère, y établit onze moines venus avec lui de Normandie, et y vécut 27 ans.

COUP-D'OEIL

SUR LES PRÉLIMINAIRES

DE LA

CONQUÊTE D'ANGLETERRE.

Nous approchons de la grande époque de Guillaume, de ce fameux événement auquel sa mémoire et son nom doivent l'immortalité, un des plus grands faits d'armes dont l'Europe ait retenti, et pour lequel la postérité lui a décerné les titres de héros et de conquérant. Pour nous mettre bien au fait des accessoires et des préambules de cette étonnante entreprise, il nous faut nécessairement recourir à l'Angleterre et à son histoire.

Les révoltes de Godwin avoient été repoussées et appaisées, non par le roi lui-même, qui n'étoit pas homme de guerre, mais par des seigneurs auxquels il avoit confié ses troupes : Léofric, Algar, Siward étoient les noms de ces guerriers. L'accommodement, ou plutôt le pardon qu'Edouard lui accorda, ne fut consenti qu'à la condition que Godwin donneroit en otage son neveu *Hacun*, enfant naturel du roi de Norvège Swein, alors en Palestine, et *Ulnoth*, un de s fils. Le monarque (1), craignant que ces otages ne vinssent à lui échapper, les envoya tout de suite en Normandie, sous la garde du duc Guillaume, auquel, ainsi qu'on le voit, il se fioit plus qu'à lui-même.

L'histoire nous apprend qu'Edouard voyant approcher la vieillesse, et n'ayant point d'enfans pour lui succéder, s'occupa de choisir un prince qui fût digne de porter sa couronne. Une députation fut envoyée (2) en Hongrie pour en ramener un autre Edward, le fils de feu son frère aîné, Edmont Ironside, et le seul rejeton de la ligne saxonne. Mais, à peine arrivé avec son fils, *Edgard Atheling*, et ses filles Christine et Marguerite, il mourut subitement. Cette mort inattendue jeta le Roi dans de nouveaux embarras. *Edgard*, trop jeune et sans expérience, lui paroissoit incapable de lutter contre les intrigues de la famille de Godwin, dont il devinoit depuis long-temps les vues ambitieuses sur le trône.

Dans cette incertitude, il jeta les yeux sur son parent le duc de Normandie, comme le seul dont le pouvoir, la réputation et la capacité pussent triompher des artifices de cette famille ; mais il voulut que le secret en fût gardé même à ses

---

(1) History of England.
(2) Ibid.

ministres. Le seul personnage mis dans la confidence fut un Normand, Robert, à qui le Roi avoit donné l'archevêché de Cantorbery. L'histoire ajoute que cet archevêque ne contribua pas peu à entretenir Edouard dans l'intention de faire ce testament, et que ce fut lui qui fut chargé d'en instruire Guillaume. Elle détaille aussi les causes qui déterminèrent sa volonté royale ; son estime pour le Duc, son aversion pour Godwin et son goût pour les Normands, dont il aimoit les usages et les manières, qu'il avoit pris lui-même pendant le temps de son éducation et de son exil. Il les attiroit à sa cour, principalement les ecclésiastiques, auxquels il donnoit des places, de préférence à ceux du pays. L'austérité de ses mœurs, qui ne fit que s'augmenter avec l'âge, et qu'il conserva jusqu'au dernier moment, lui valut, de la part de la nation Anglaise, le surnom de *Confesseur*. La chronique va plus loin ; elle dit qu'il faisoit des miracles ; elle en donne même le détail, mais nous en ferons grace à nos lecteurs.

Guillaume, mis dans le secret par l'archevêque, voyoit s'ouvrir une nouvelle carrière, et l'avenir lui annonçoit l'accomplissement de ses grandes destinées. Mais il existoit un rival, et même un rival redoutable comme guerrier. Nous devons nous rappeler que du mariage de Thirra, fille de Canute le Grand, avec Godwin, étoient sortis plusieurs fils, dont l'un s'appeloit *Harold*. Ce prince, à la mort de son père, avoit hérité des gouvernemens de Wessex, Essex, Kent et Sussex, et de la charge d'intendant de la maison royale, place qui donnoit un immense crédit. Il étoit agité (1) par une ambition égale à celle de son père ; mais il lui étoit supérieur en adresse, en insinuation et en talens. Tous ses soins et toutes ses intrigues furent employés à tâcher de détruire l'aversion du Roi pour sa famille, et même il profita de son ascendant à la cour pour faire obtenir à son frère *Toston* le gouvernement du duché de Northumberland. Il contribua aussi au mariage de ce même frère avec la seconde fille du comte de Flandre, mariage par lequel on voit que *Toston* étoit devenu beau-frère du duc Guillaume.

Harold, qui étoit loin d'être dans le secret, travailloit à se populariser, à augmenter son pouvoir, et à se frayer un chemin au trône, dont il comptoit s'emparer aussitôt qu'il seroit vacant, événement que l'âge et les infirmités du Roi annonçoient ne devoir pas être fort éloigné. Mais un obstacle le contrarioit : c'étoit ces deux otages confiés au duc de Normandie. Il voyoit avec peine entre ses mains deux de ses parens aussi proches, car l'un étoit son frère, et l'autre

---
(1) History of England.

son cousin; et il craignoit qu'à la mort d'Edouard, Guillaume ne s'établît le protecteur d'*Edgard Atheling*, et que, par le moyen de ces otages, il ne mît des entraves à ses projets.

Il employa auprès du Roi toute la ruse et toute l'insinuation qui lui étoient naturelles, pour lui remontrer l'inutilité dont étoient maintenant ces deux otages, Godwin n'existant plus, et pour se faire donner la permission d'aller les retirer des mains du Duc.

Aussitôt l'ordre obtenu, il s'embarque avec une nombreuse suite pour la Normandie; mais le début de son voyage ne fut pas heureux.

Comme il cingloit en mer, il avisa un bateau pêcheur auquel il fit signe de venir à bord. Le maître du bateau s'étant approché, et l'ayant reconnu pour l'avoir vu en Angleterre, retourna promptement à Abbeville avertir le comte de Ponthieu, *Gui* ou *Guyon*, de l'arrivée du prince étranger, et lui dit *que, s'il vouloit lui donner dix écus, il lui feroit avoir un prisonnier qui lui en rendroit plus de mille*. Le comte y consentit, envoya quelques troupes et quelques navires auxquels le pêcheur servit de pilote, et toute l'embarcation anglaise fut saisie dans *la rade du Hourdel*, où le défaut de vent la retenoit. Harold fut amené prisonnier à Abbeville.

Soit que le Duc apprît cette nouvelle par le bruit

1064.

Harold prisonnier à Abbeville.

public, qui sans doute la porta bientôt à Rouen, soit que le seigneur Anglais eût trouvé le moyen de l'informer qu'il étoit envoyé vers lui par le roi Edouard, Guillaume fit sur-le-champ réclamer le prisonnier d'un ton fait pour imposer au comte de Ponthieu. Celui-ci se vit bientôt forcé de le rendre; mais il trouva toujours le secret de tirer parti de sa capture, en se faisant donner *un beau manoir situé sur la rivière d'Yanne ou d'Eaulne, et autres terres des environs, qui appartenoient à Guillaume.* Dès que le prisonnier fut délivré, il se rendit auprès du duc de Normandie, *qui le reçut et le traita honorablement, et le mena en noble état voir le roi de France à Compiègne, où il le fit jouter en un tournois pour acquérir honneur.* Harold resta auprès de lui assez long-temps pour l'accompagner plusieurs fois dans sa guerre contre les Bretons.

Effectivement ce fut alors l'époque de ses violens démêlés avec le duc de Bretagne, Conan II, qui avoit l'extravagance d'afficher des prétentions à la souveraineté normande, comme petit-fils en ligne légitime d'une sœur de feu Richard le Bon, Havoise, que nous avons vu épouser le duc de Bretagne, Alain, tandis que Guillaume lui signifioit d'avoir à ne pas s'écarter de cette certaine suzeraineté, dont l'origine ancienne remontoit au duc Raoul. Mais aussitôt qu'il étoit ressorti de Bretagne, Conan se portoit audacieusement sur la Normandie, et y commettoit des dégâts.

Prise de S.te James. Une fois il s'empara du château de Sainte James, nouvellement construit par Guillaume à dessein de maintenir les Bretons. Une autre fois il s'avança sur les frontières du Maine et de l'Anjou, et pénétra jusqu'à Château Gonthier. Mais enfin la mort de ce duc breton délivra Guillaume, dans le courant de 1066, de ce fâcheux adversaire.

L'histoire Anglaise prétend que, pendant tout ce voyage, qui fut marqué par des égards et des présens réciproques, les deux princes jouèrent au fin l'un vis-à-vis de l'autre. Guillaume, toujours hardi dans ses entreprises, après avoir fait espérer à l'autre la reddition des otages, imagina de lui découvrir son secret et de le mettre dans la confidence du testament, ou du moins volonté mystérieuse d'Edouard. Il ajouta que, connoissant sa grande influence à Londres, il étoit dans l'intention de requérir son assistance quand le moment seroit venu ; qu'en échange il pourroit compter sur une reconnoissance sans bornes, sur la splendeur de sa famille, et sur l'anéantissement de cette vieille haine d'Edouard.

Jamais surprise ne fut plus grande que celle de Harold ; mais, en courtisan rusé, il se garda bien de montrer son étonnement. Il eut recours à la dissimulation, et, sentant qu'il étoit sous la puissance de Guillaume, la crainte d'y rester et de devenir otage lui-même, le saisit. Alors il ne manqua pas de feindre et d'entrer dans ses vues : il promit de seconder les prétentions du Duc, et de se conformer aux volontés d'Edouard. Guillaume, voulant le mettre complétement dans ses intérêts et se l'attacher, lui fit offre de la main de sa fille Adelize, lorsqu'elle seroit nubile, et lui demanda d'appuyer ses promesses par un serment, avant son départ. Harold ne refusa rien, et, suivant la chronique, le Duc se méfiant de sa bonne foi, et soupçonnant que toutes ces paroles données pouvoient être une feinte pour obtenir les deux otages, *Ulnoth* et *Hacun*, imagina un stratagême assez bizarre, et qui prouve la superstition de ces temps reculés. Il fit assembler un grand nombre de barons et de prélats, suivant un auteur, à Bonneville, suivant un autre, à Bayeux, un autre dit à Rouen, enfin un dernier dit à l'abbaye de Jumiéges, et c'est à celui-là que nous ajoutons foi, présumant que le Duc aura choisi de préférence, pour le serment, l'ancien séjour favori d'Edouard. *Il y fit apporter de Rouen plusieurs reliquaires de Notre-Dame et de Saint Ouen, entr'autres les reliques de Saint Candre, qu'il fit mettre en une châsse recouverte d'un drap d'or, et sur ce drap d'or fit apposer un missel, qu'on ouvrit* au chapitre de l'évangile. *Et cela fait en présence dudit Harold, de ses barons et de ses prélats, il récita les articles de l'accord qui avoit été fait entr'eux,* dont les principaux étoient le mariage avec Adelize, et la remise de la couronne après le décès du roi Edouard. Le récit étant terminé, *Harold mit la main dextre sur le missel, et jura sur les saints Evangiles qui sous sa main étoient, qu'il accompliroit sa promesse et contre icelle n'iroit jamais.*

Serment de Harold.

Après le serment, *le Duc fit enlever le drap d'or et découvrir la châsse pour lui montrer sur quoi il avoit juré, et, sitôt que Harold aperçut les reliquaires, il commença à frémir* (1). *Adonc le Duc le rassura, et lui dit qu'il pensât à bien tenir ce qu'il avoit promis, et que de sa part il en feroit son devoir.* Ce fut à la suite de cette cérémonie, et après s'être donné mutuellement des marques d'une haute considération, que Harold prit congé. Le Duc le reconduisit jusqu'à Harfleur, d'où il passa en Angleterre sans aucun accident.

Son retour en Angleterre.

Dès qu'il eut repris les fonctions de sa place auprès du Roi, son ambition lui suggéra bientôt le projet de se débarrasser de ce serment qu'il regarda comme un acte forcé. Il s'occupa sans

---

(1) Il est assez singulier que les reliques fissent plus d'impression au prince anglais que l'évangile.

relâche d'augmenter le nombre de ses partisans, d'inspirer aux Anglais la haine des Normands, et de les accoutumer à l'idée de le voir un jour sur le trône, tandis que sous main il travailloit à détourner le timide Edouard de ses intentions en faveur de Guillaume.

Il saisit avec ardeur l'occasion de se distinguer dans deux expéditions guerrières qui se présentèrent : l'une contre Griffith ou Griffon, roi de Galles, qu'il battit à plate couture ; l'autre dans le Northumberland ; mais à celle-ci il eut la maladresse de se faire un ennemi implacable, dont la vengeance lui causa par la suite bien des entraves, et finit par lui devenir funeste.

Son but, en y portant la guerre, étoit d'aller au secours de son frère, *Toston*, dont les Northumbriens venoient de secouer le joug, sous prétexte de sa jeunesse fougueuse et de la trop grande violence de son caractère. Deux principaux seigneurs du pays, *Morkard* et *Edwin*, tous deux frères, étoient à la tête de l'insurrection. Le premier s'étant fait nommer Duc par les insurgés, à la place de Toston, s'avança contre Harold avec une armée disposée à se bien défendre. Mais, avant qu'on en vînt aux mains, et pendant que les deux armées campoient non loin l'une de l'autre, les chefs entrèrent en pourparlers. On assaillit Harold de plaintes contre son frère, on le noircit à ses yeux ; ensuite on voulut l'engager à obtenir du Roi le pardon des Northumbriens. Il ne se rendoit point ; enfin Morkard lui propose la main de sa sœur, le plus riche parti de l'Angleterre. Harold se laisse séduire, et accepte ce mariage au mépris de la promesse faite au duc de Normandie. Il abandonne son frère en faisant confirmer par le Roi le nouveau duc Morkard dans la possession du Northumberland, et de plus, il fait donner à Edwin le comté de Mercie.

<small>Fureur de Toston.</small> Toston, dans une fureur qui tenoit de la rage, quitte l'Angleterre et va se réfugier chez le comte de Flandre, Beaudoin, son beau-père.

Harold, dans cette circonstance, avoit absolument sacrifié son frère à ses intérêts. Par cette pacification et cette douceur de conduite, il étoit sûr que tous les habitans de Mercie et du Northumberland se rangeroient au nombre de ses partisans ; par son mariage il s'allioit aux deux plus puissans et plus riches seigneurs de l'Angleterre ; *Edgard Atheling* étoit regardé comme imbécille, et ne lui donnoit plus d'ombrage. C'est alors qu'il prétendit ouvertement à la succession. Bien des raisons et des moyens pouvoient étayer ses prétentions : il avoit, à l'aide de sa place, pris un tel ascendant, que tout le gouvernement étoit pour ainsi dire dans sa main.

il dominoit également le militaire et le civil ; le monarque, languissant et valétudinaire, s'en mêloit à peine, et c'étoit lui qui faisoit les fonctions de Roi. Nous verrons par la suite quels furent les effets de la vengeance de Toston.

Peu de temps après le retour triomphant de Harold, et pendant qu'il se montroit avec éclat dans Londres, la santé du Roi s'affoiblit au point que l'on commençoit à craindre pour ses jours. On attribua ce dépérissement à l'austérité de sa vie, qui n'étoit cependant pas très-avancée, puisqu'il n'étoit âgé que de soixante-cinq ans, et cependant il étoit accablé d'infirmités. Voyant qu'il s'affoiblissoit, Harold le faisoit solliciter pour être nommé son successeur, principalement par un évêque qui lui étoit dévoué. Edouard répondoit qu'il avoit résigné sa couronne au duc de Normandie, et que maintenant, quand même il la donneroit au prince anglais, il doutoit qu'il pût la conserver sans être chassé par les Normands.

On rapporte que quelque tumulte s'étant élevé dans le palais en faveur de Harold, Edouard, au lit de la mort, fatigué, excédé, dit enfin, *en se tournant vers la parroy : Fassent les Anglais duc ou roi Harold ou autre, je l'octroie.* Il expira peu de temps après, le 5 janvier 1066, et fut enterré à l'église de Westminster, dont les chroniques le disent fondateur.

Mort d'Edouard.
5 janvier 1066.

Harold avoit si bien préparé les choses, qu'aussitôt après la mort du Roi, il s'assit sur le trône sans éprouver aucun trouble, aucune opposition. Les partisans qu'il avoit su se faire dans le peuple de Londres, et parmi les évêques et la noblesse, le servirent si bien, qu'on ne songea même pas à Edgard Atheling, qui cependant étoit là, et qu'ensuite il nomma comte d'Oxford.

On fit toutefois une assemblée d'états, où ses prôneurs dominèrent; les opposans gardèrent le silence, qui fut interprété, dit l'histoire, comme consentement; et le lendemain de la mort d'Edouard, *il se fit oindre et couronner par l'archevêque d'Yorck, Aldred.*

<small>Harold couronné en Angleterre.</small>

Harold fut quelque temps dans une sécurité parfaite, que rien ne paroissoit devoir troubler. Cependant quelques inquiétudes lui survinrent de l'étranger. *Toston*, ce frère qu'il avoit sacrifié, irrité des succès de celui dont il étoit la victime, ne cessoit de remplir de ses plaintes la cour du comte de Flandre, et d'attiser l'animosité, même dans sa famille. Il avoit déjà, par différentes intrigues, essayé de soulever en Angleterre quelques nobles mécontens, et de plus envoyé des émissaires en Norvège, pour exciter les pirates à faire des descentes dans le royaume et y porter le désordre, pendant que les affaires n'étoient pas encore en stabilité.

Tandis que les choses s'arrangeoient ainsi en Angleterre, *advint que le duc Guillaume étant un jour au parc lès Rouen, en la forêt de Rouvray, et entezant son arc pour chasser en ladite forêt, vint à lui un messager qui lui dit en secret, comme quoi il arrivoit en diligence pour l'advertir de la mort du roi Edouard et du couronnement de Harold.* Ce messager n'étoit autre que Toston lui-même, qui, au premier bruit de cette nouvelle, sue d'abord par Calais et Boulogne, étoit accouru de Flandre, et qui, ne respirant que vengeance contre Harold, ne cessa d'exciter la colère du Duc, en lui proposant sur-le-champ des plans d'attaque et d'invasion.

Toston arrive à Rouen.

Le Duc fut trop vivement affecté dans le premier moment, et resta trop préoccupé pour pouvoir former aucuns projets. Mais nous verrons plus loin quel parti il sut tirer de l'ardeur vindicative de son beau-frère.

A cette nouvelle le duc Guillaume demeura long-temps tout pensif; il bailla son arc qu'il tenoit à l'un de ses gens, et bientôt, passant la rivière de Seine, s'en retourna en son hôtel de Rouen, situé où de présent est la vieille tour.

Etant donc en grande agitation, *il commença à se pourmener rudement par la salle, s'appuyant tantôt sur un banc, tantôt sur l'autre, sans tenir serre en aucune place, et pour cette* contenance, nul de ses gens ne lui osoit mot dire. Ainsi qu'il étoit en ce point, entra en la salle un sien sénéchal qui étoit fort privé de lui, auquel plusieurs gentilshommes demandèrent la cause qui mouvoit le Duc d'ainsi se tourmenter.

Le sénéchal répondit qu'il ne le savoit pas encore, mais espéroit le savoir bientôt. Et s'approchant du Duc, « Sire, dit-il, pourquoi » célez-vous les nouvelles qui affligent votre » esprit? Il est tout commun par la ville que » le roi d'Angleterre est mort, et que Harold, » en faussant sa foi vers vous, s'est ensaisiné » du royaume. » Il est certain, dit le Duc, il me poize fort de la mort du roi Edouard, et des torts de Harold envers moi.

Guillaume Fitz-Osberne, comte et commandant de Breteuil, qui étoit aussi un des favoris, parut au même instant, et parvint à le calmer, en courtisan adroit qui sait flatter son maître, et ne trouve de difficultés à rien de ce qui peut lui plaire.

Remontrance du comte de Breteuil Fitz-Osberne.

« Sire, dit-il à son tour, nul ne se doit cour- » roucer de chose qui peut être amendée, encore » moins de celle qui ne peut être réparée. A la » mort d'Edouard il n'y a remède; mais bien » pouvez amender les torts de Harold, et si ne » tient qu'à vous qui avez pouvoir de le détruire, » et le droit procédé de votre part; il est en tort

» évident. *Vous avez bon nombre de gens bien*
» *aguerriz et prests à vous obéir : il ne vous*
» *reste que bon cœur; chose bien entreprinse*
» *est à demy faicte.* »

Le Duc, qui le devina, ne lui en sut pas mauvais gré, et, lorsque son *courroux fut tout-à-fait appaisé*, il convoqua ses notables de Rouen, et, d'après leur avis, il envoya un ambassadeur en Angleterre sommer Harold de tenir à sa promesse et à son serment.

Quoiqu'il prévît bien la réponse, une vive impatience fut souvent le sentiment qu'il témoigna en attendant le retour de l'envoyé, par lequel il se fit rendre compte en plein conseil. Sa déclaration fut que Harold, après l'avoir reçu avec une grande hauteur, avoit dit fièrement, « *qu'il n'estoit tenu de rien au duc Guil-*
» *laume ; que bien le reconnoissoit pour ami*
» *et allié, pourvu qu'il ne vousist rien deman-*
» *der ni quereller au royaume d'Angleterre;*
» *autrement, se déclaroit son ennemy.* »

Cette réponse entendue, le Duc réunit un certain nombre des principaux seigneurs du duché, parmi lesquels on vit figurer principalement ceux qui lui étoient le plus dévoués, savoir : *l'évêque de Bayeux, Odon, et Robert, comte de Mortain* (ses deux frères); *le comte d'Eu, Roger de Montgommery, le comte de Breteuil Fitz-*

Osberne, le comte de Longueville Guiffart, Roger de Beaumont, et autres.

Bien sûr ici d'être secondé, il développa dans l'assemblée toute la fourberie et la fausseté de son antagoniste ; ensuite il parut mettre la question aux voix et demander leur avis. Tous répondirent d'un commun accord : *Sire, la chose n'est pas à laisser en cet état, et vous la pourchasserez si Dieu plaît; quant est de nous, il n'y en a pas un qui ne soit prêt à vous faire service de corps et de biens, jusqu'à les vendre ou engager, premier que de vous abandonner.*

Les choses prenoient une bonne tournure ; le Duc pouvoit compter sur cette portion de ses meilleurs chefs de guerre ; mais cela ne suffisoit pas. Pour une entreprise comme celle qu'il méditoit, il auroit fallu un trésor bien garni, et malheureusement ses finances avoient été délabrées par toutes les guerres qu'il avoit eu à soutenir, et se trouvoient alors en assez mauvais état. Nous allons voir comment ce Prince, qui ne fut jamais plus grand que dans les momens de crise où la fortune sembloit quelquefois vouloir l'abaisser, sut se tirer de ce pas glissant.

<small>Etats-généraux de Normandie, à Lillebonne.</small> Il se détermine à convoquer les états-généraux de Normandie ; et, prévoyant qu'ils seroient orageux, il fixe leur réunion à Lillebonne plutôt qu'à Rouen. Aussitôt rassemblés, *il leur fit re-*

montrer *comment Harold s'étoit parjuré* pour lui enlever la couronne d'Angleterre, et le mettoit dans la nécessité de poursuivre son droit par la force des armes, *et pour ce, les fit prier de lui donner conseil et aide* avec secours d'argent. Ici le Duc trouva de la résistance. Les opinions furent partagées, et si fortement, qu'il en résulta une grande rumeur dans l'assemblée. *Les uns étoient d'avis qu'on aidât au Duc de navires et de munitions*, d'autres s'y opposoient; *aucuns s'offroient de passer la mer avec lui pour le servir de corps et biens; aucuns disoient n'avoir moyen de contribuer aux frais de cette guerre étrangère; qu'il leur suffisoit bien de garder le duché, sans aller conquêter un pays loingtain.* Des groupes de dix ou douze se formèrent dans la salle avec désordre et un grand tapage; et, malgré les efforts de Guillaume Fitz-Osberne, qui offroit de fournir et d'équiper quarante navires à lui seul, les disputes et la contradiction devinrent si violentes, que, suivant le texte de la chronique, *ils faisoient grande noyse pour les différens qui étoient entr'eux.*

<small>Tumulte des états.</small>

Quand le Duc vit qu'il ne pouvoit réussir vis-à-vis des états assemblés, et qu'il devenoit même dangereux de les solliciter en corps, il changea de manière, et les appela à lui séparément, en commençant par les plus qualifiés et les plus riches, auxquels il donnoit pour exemple le dévouement de ceux que nous avons nommés plus haut. Alors chacun d'eux, flatté de l'accueil du Prince, ainsi que de la faveur d'un entretien particulier avec lui, ne sut plus refuser.

C'est ainsi qu'il les engagea l'un après l'autre à fournir les sommes et les vaisseaux nécessaires. L'évêque de Bayeux promit de fournir quarante navires, celui du Mans trente; et ainsi de suite chacun se fit inscrire à proportion de sa fortune. Mais, comme insensiblement l'émulation s'en mêla, ils finirent par offrir à l'envi l'un de l'autre, et les engagemens ou souscriptions se trouvèrent bien plus considérables qu'on ne l'eût imaginé.

Après que le Duc eut ainsi traité avec ses sujets, il requit aide aux princes ses voisins, les comtes d'Anjou, de Poitou, de Ponthieu, Boulonnois et autres, et à chacun promit terre en Angleterre, s'il la conquéroit. S'étant assuré de la sorte une grande levée de soldats, il s'en alla ensuite à Saint Germain par-devers Philippe, Le Duc demande des secours au roi de France. *roi de France, qui là étoit, et lui remontrant les torts de Harold, lui requit aide.*

Le Roi lui dit que grande folie seroit à lui de faire telle entreprinse. Sire, dit le Duc, vous êtes mon seigneur, et s'il vous plaît m'aider, que Dieu me donne grace d'obtenir mon droit, je tiendrai Angleterre de vous, et vous en ferai hommage. Adonc le jeune monarque assembla son conseil pour avoir avis sur ce. Mais il fut conclu que le Roi ne bailleroit aide au Duc pour passer en Angleterre, vu la grande puissance des Normands, lesquels de tous temps à regret obéissoient au Roi; et que, s'il advenoit que le Duc mît Angleterre en son obéissance, ils obéiroient encore moins. Qu'aussi, plus la demande étoit profitable au Duc, plus elle porteroit de dommage à la couronne, *parce que le Duc étant devenu roi d'Angleterre, feroit descendre les Anglais en France toutes fois qu'il lui plairoit, pour endommager et invader le royaume.*

Refus du conseil d'état.

A la suite de ce conseil, *le roi esconduisit* le Duc, qui s'en alla très-irrité de ce refus, et dit en prenant congé : *Si je viens à mon entente, je serai tenu à ceux qui m'auront aidé.*

Il est éconduit.

Il fit aussi des démarches auprès de Beaudoin, comte de Flandre, qui, en homme intéressé, marchanda; on a même dit qu'il refusa tout-à-fait, mais que le Duc lui ayant envoyé son blanc seing sur un papier, le comte y écrivit une obligation de trois cents marcs d'argent par chaque année, et que ce ne fut qu'à ce prix qu'il fournit au Duc des vaisseaux et des troupes.

La chronique le raconte d'une manière différente, et qui devroit être la véritable : Le comte

Beaudoin étant régent du royaume pendant la minorité, se trouvoit naturellement entraîné à suivre le système politique du conseil d'état, et par conséquent à refuser les secours que demandoit son gendre.

Elle dit donc que le Duc requit aide au comte de Flandre, qui, avant de se décider, voulut savoir, en cas de réussite, quelle portion d'héritage il auroit en Angleterre pour dédommagement; que, sur cette demande peu délicate, Guillaume prit congé, en disant qu'il enverroit sa réponse par une lettre. *Lors, print une peau de parchemin et la fit ployer comme une lettre close, sans aucune escriture,* et sur l'adresse étoient écrits ces mots : « *Beau-père, vous aurez d'Angleterre* » *ce que ici dedans trouverez par écrit.* »

Quand le comte reçut la lettre, et n'y trouva dedans aucune escriture, demeura tout pensif.

Mais ce qui augmenta grandement les espérances du Duc, ce fut le succès d'une ambassade, conduite, dit l'histoire de Normandie, par Gillebert, archidiacre de Lisieux, que, d'après le conseil de ses barons, il envoya vers le pape Alexandre II, *remontrer ses prétentions, et le tort que lui faisoit Harold. Lui suppliant donner licence de pourchasser son droit ; et, en ce faisant, soumettoit à l'obéissance du Saint Siége* apostolique le royaume d'Angleterre, si Dieu lui donnoit grace de le conquérir.

Le Pape et les cardinaux examinèrent la cause du duc Guillaume en conseil, où il fut délibéré que le Saint Père enverroit au Duc une bannière de l'église, avec un anneau d'or, où il y avoit une pierre précieuse enchâssée, avec un des cheveux de Saint Pierre. *Le Pape lui envoie une bannière.*

Les astrologues voulurent aussi prendre part à l'expédition; ils découvrirent *au ciel une comète*, laquelle avoit deux queues tendantes vers le Midi, et fut lors déclaré par eux, que telles comètes apparoissoient quand un royaume devoit avoir un nouveau roi, et que *par les deux queues étoit prédit l'assemblement de deux principautés, Angleterre et Normandie.* D'icelle comète furent ces deux vers composés : *Comète.*

 Anno millesimo sexageno quoque seno,
 Anglorum metæ flammas sensere cometæ.

Le duc Guillaume avoit déjà commencé ses préparatifs. Il faisoit construire et équiper un très-grand nombre de navires; on voyoit arriver dans les ports de la côte de Normandie, de grosses colonnes de volontaires et d'hommes enrôlés, qui venoient se joindre à ses garnisons et à ses vieilles troupes. Le premier rassemblement de la flotte eut lieu dès le commencement de l'été à l'embouchure de la petite rivière de Dive, où *Premier rassemblement de la flotte à Dive.*

les vents contraires la retinrent assez long-temps. Lorsque les habitans du duché virent *les grands apprêts que faisoit leur Duc*, les têtes s'exaltèrent ; ils vinrent en foule s'offrir à lui, et l'ardeur devint telle, que plusieurs mères, dit-on, lui amenèrent leurs fils pour être enrôlés. La renommée de Guillaume s'étoit tellement étendue, qu'un prince d'Allemagne lui fut envoyé par l'empereur *Henry IV*, pour être de l'embarquement.

Alain Fergant, seigneur Breton (cet Alain Fergant étoit fils de Hoël, successeur de Conan II), fut envoyé par son père à la tête de 5,000 Bretons. *Le fils du sire de Dinant, Raoul de Cayel, le seigneur de Thouars et autres barons, tant de Normandie que d'ailleurs, vinrent en grand nombre, et sans être requis, se joindre au duc Guillaume. Aucuns desquels demandoient guiges ou quelque bon appointement, d'autres ne demandoient que leur passage, et, pour récompenses de leurs services, ce qu'ils pourroient acquérir en Angleterre. Les uns demandoient un château, les autres une ville ; d'autres se contentoient qu'on leur donnât quelque noble dame en mariage : à chacun promettoit le Duc ce qu'il demandoit.*

Pendant le séjour de la flotte à Dive, son autorité maintint la bonne discipline parmi les matelots et les soldats; et le grand soin qu'il prit de ne pas les laisser manquer de vivres, prévint toute espèce de désordre. On dit que ce fut pendant ce temps qu'il tint un conseil à Bonneville, près de Touques, où il fit déclarer la duchesse Mathilde régente du duché en son absence.

Le vent s'étant tourné vers la partie du Sud, après un mois d'attente, tous les navires sortirent de Dive et filèrent le long de la côte jusqu'à Saint-Valery, où le duc avoit fixé son point de départ. Le nombre des *grands nefs* ou grands navires qui s'y rassemblèrent des différens ports, se montoit à environ 900, sans compter *les menus vaisseaux*, dont la quantité étoit immense. Il paroît que la totalité de la flotte, en y comprenant les barques, étoit de 3,000 navires; et l'armée, suivant la chronique, de 40,000 hommes, et, selon l'histoire de Normandie, 50,000. D'autres la portent à 60,000 combattans, parmi lesquels on comptoit 25,000 hommes de troupes auxiliaires, non compris les ouvriers de toute espèce, les matelots et les gens de suite.

Réunion de la flotte à S. Valery.

Cependant la perte de quelques vaisseaux pendant ce court passage, et l'opposition des vents qui soufflèrent long-temps du Nord, jetèrent quelque découragement dans l'armée, qui commençoit à se persuader que le ciel étoit déclaré contre elle, et que, malgré la bénédiction du Pape, elle étoit destinée à une perte certaine. Ces braves guerriers, dit l'histoire Anglaise, qui méprisoient les dangers réels, étoient assez sujets à l'effroi des dangers imaginaires, et maints d'entr'eux commençoient à se mutiner, quelques-uns même à déserter leurs drapeaux, *lorsque le Duc qui étoit moult fâché pour l'incommodité du temps qui le retardoit*, rencontra *là un saint homme, lequel voyant comme il se complaignait du vent contraire, lui dit : Sire, requérez monseigneur Saint-Valery de bon cœur, et il vous subviendra au besoin.* Lors, le Duc ordonna que l'on fît une procession avec les reliques du saint, dont il fit *apporter le corps hors de l'abbaye, et le fit exposer à la vue de toute l'armée, sur un drap d'or, et commanda que chacun fît sa prière. Bientôt le corps fut ouvert d'argent, tant y eut d'oblations faites par les princes et seigneurs qui là étoient.*

La nuit suivante, le vent changea, et, comme c'étoit la veille de la fête de Saint Michel, le saint tutélaire de la Normandie, les soldats, persuadés qu'ils voyoient la main du ciel dans cette circonstance, s'embarquèrent avec la plus grande ardeur, *et ayant le temps à souhait, ils appareillèrent de Somme, et tant cinglèrent par mer, qu'ils arrivèrent à Pevensey, dans le comté de Sussex, lieu mal gardé pour lors.*

Le Duc, n'apercevant sur la côte aucuns préparatifs d'opposition, fit rassembler tous ses navires, afin que le vent ne pût les séparer, et qu'ils demeurassent à sec sur la grève, à la marée baissante.

Alors descendirent à terre, tous les premiers, les archers qui étoient courts vêtus et tondus sur les oreilles. Après eux descendirent tous les gendarmes, lesquels se mirent sur le rivage en ordonnance de bataille. Après mit-on dehors le bagage avec les chevaux et munitions. Débarquement.

Dernièrement descendirent les charpentiers, maçons et autres artisans, qui avoient bâti trois châteaux de bois, tout prêts d'asseoir.

Le Duc, que l'impatience avoit fait débarquer dès le commencement avec ses archers, sauta dans la vase, et le pied lui ayant glissé, *il lui fallut mettre les deux mains à terre.* Aussitôt sa présence d'esprit lui fit craindre que ses troupes ne prissent cette chute pour un présage sinistre, et il s'empressa de l'interpréter à son avantage, en disant à haute voix aux chevaliers qui l'entouroient :

Sachez, seigneurs, que c'est la saisine de cette terre que Dieu m'a fait prendre, laquelle je conquerrai, j'espère, avec son aide et celle de vous tous, mes amis. Et qui me le contredira, il aura bataille à moi. Un poète du temps mit ainsi en vers ce trait historique :

> Quand li dus, primes fors issi,
> Sour ses paumes auant chaï,
> Sempre y ont leué grand cri
> Et disoient tuit : Mal signe à chi,
> Et il lour en a haut crié :
> Seignours, par la resplendour dé,
> La terre ay o deux mains saisie,
> Sans chalenge, ni ert, m'es guerpie
> Tout est votre, qu'anque y a.

Un chevalier Normand, saisissant la pensée de son maître, courut à une maison voisine qui étoit couverte en chaume, et en arracha une poignée qu'il lui présenta, en disant : « *Sire, je* » *vous ensaisine de cette terre, et promets qu'a-* » *vant un mois je vous en verrai seigneur.* »

Le Duc fit promptement éclairer les environs par ses troupes armées à la legère, et, voyant qu'aucune attaque ne se présentoit, il ordonna d'asseoir le camp, d'allumer les feux et d'établir les cuisines.

Pendant qu'il dînoit avec ses principaux chefs, il fit demander son astrologue, qui, à St. Valery, lui avoit prédit un heureux passage, et de plus, que Harold ne lui donneroit aucun empêchement. Mais il fut impossible de trouver le pauvre astrologue : le bâtiment sur lequel il étoit embarqué, avoit péri en mer, et même c'étoit le seul qui se fût perdu dans la traversée. « Bien

» fou, dit le Duc, est celui qui prédit la destinée
» d'autrui, et ne prévoit pas la sienne. »

Ensuite il ordonna que tous les navires fussent percés à jour *et coulés bas dans la mer, afin d'ôter à ses gens toute idée de retraite :* d'autres assurent qu'il les fit brûler. Cette opération finie, il choisit trois places où furent *établis et montés les trois châteaux de bois qu'il avoit fait apporter de Normandie; il les fit approvisionner de vivres, et y mit garnison.* Ensuite il fit essayer à ses troupes différentes manœuvres de retraite, pour les exercer à s'y réfugier en cas de nécessité.

L'armée normande prit position entre Pevensey et Hastings sans éprouver aucun trouble; et, ce qui doit paroître inconcevable, c'est qu'elle fut au moins dix jours sans être attaquée, et même sans voir aucune troupe ennemie. Pour peu qu'on ait la plus légère notion sur l'art de la guerre, l'on ne pourra concevoir pourquoi la côte n'étoit pas défendue ; pourquoi il ne s'y trouvoit pas une armée d'observation, qui, si elle n'eût pu empêcher la descente, au moins auroit fait une forte opposition ; pourquoi Harold, qui savoit conduire des troupes, et n'ignoroit pas les préparatifs de cette immense expédition, que la renommée avoit répandue depuis six mois, ne s'étoit pas mieux garanti.

C'est ici sur-tout que se fait remarquer la

[marginal note:] Le duc Guillaume prend position entre Pevensey et Hastings.

prévoyance et le génie du duc Guillaume pour procurer une diversion, et quelle diversion! une fausse attaque qu'il avoit combinée, et qui venoit de se faire à cent lieues dans le Nord de l'Angleterre. *Toston*, ce *Toston* que nous avons vu ne respirer que vengeance, avoit inquiété Harold tout l'été par des descentes et des attaques multipliées. Guillaume (1) lui avoit fourni des troupes de débarquement et soixante navires, avec lesquels il étoit parti de l'embouchure *des Vées Saint Clément*. Repoussé à une première descente, il alla débarquer à l'île de Wighth, qu'il dévasta entièrement. De là il prolongea ses incursions tout le long de la côte de Sussex et de Kent jusqu'à Douvres, et, à chaque débarquement, il brûloit et pilloit un port, ou quelques villages. Harold se trouva forcé de mettre à sa poursuite une flotte qu'il équipoit à Hanton, ce qui paroît être Southampton, à dessein de croiser dans la Manche pour s'opposer au duc de Normandie.

Dès que Toston en eut connoissance, il fit voile pour le Nord; mais, malgré cette manœuvre, il auroit indubitablement succombé sous les coups de la flotte anglaise, qui le poursuivit jusque sur les côtes du Northumberland, s'il n'eût trouvé dans ces parages le roi de Norvège, Halfager, ou Hardraël, qui arrivoit avec 300 vaisseaux

---
(1) Histoire de Normandie.

Fausse attaque de Toston.

Sa jonction avec Halfager.

et une armée imposante, par suite du même plan contre l'Angleterre. Leur jonction faite, le débarquement eut lieu, suivant la chronique, dans la rivière de Tyne, suivant l'histoire Anglaise, dans le Humbre, et, aussitôt après, les deux armées réunies commencèrent à dévaster le pays. En vain *Morkard* et *Edwin* voulurent leur tenir tête avec ce qu'ils purent rassembler de forces; ils risquèrent une bataille, et furent taillés en pièces. Les Norvégiens, enflés par ce succès, s'avancèrent sur la ville d'Yorck, qui, à peine assiégée, se rendit sans résistance. De là ils prirent une belle position à Stafford, leur gauche appuyée à la rivière du Humbre, en anglais *Humber*.

Prise d'York par Toston et Halfager.

Harold, instruit de cette défaite, se hâta de réunir des troupes pour mettre son peuple à l'abri d'une invasion. Il avoit tout lieu de craindre que l'armée des Norvégiens ne se dirigeât insensiblement vers Londres : aussi mit-il le plus grand empressement à se montrer digne de la couronne qu'il venoit d'obtenir; et, quoiqu'il ne prévît peut-être pas tous les dangers dont il étoit menacé, ni la grande combinaison qui étoit dirigée contre lui, il employa tout l'artifice dont il étoit capable, pour faire preuve de zèle et s'acquérir l'affection publique. De toutes parts on vint se ranger sous ses drapeaux.

Il se porta rapidement vers l'ennemi, et, dès

qu'il l'eût atteint, il engagea le combat, malgré l'avantage de la position. L'affaire fut extrêmement sanglante. Harold remporta une victoire complète, mais il y perdit beaucoup de monde. Le roi Halfager et le fougueux Toston furent tués dans la bataille. Les chroniques font mention d'un *vaillant Norvégien qui défendit un pont, en un village nommé Ponfract, lequel à lui seul empêcha long-temps les Anglais de passer, et dont on ne put le débusquer* qu'en en brisant une planche par-dessous et en lui perçant le ventre avec une lance. La flotte tomba aussi entre les mains des Anglais; à peine en échappa-t-il une vingtaine de vaisseaux, qui regagnèrent la Norvège sous la conduite d'*Olaüs*, ou *Magnus*, le fils du roi qui venoit de périr. Cette déroute des Norvégiens eut lieu le 25 septembre 1066, près de la rivière d'Ervente.

{Mort de Halfager et de Toston.}

{Défaite des Norvégiens. 25 septemb. 1066.}

A peine Harold avoit-il eu le temps de se réjouir de sa victoire, qu'on vint l'avertir de la descente des Normands, avec tous les détails de leur nombreuse armée, de leurs neuf cents grands navires, des trois châteaux de bois, et de leur position près Hastings, d'où ils mettoient le pays à contribution. Il fut un moment atterré; mais ayant repris ses sens, il envoya en toute diligence des ordres pour que tous les hommes en état de porter les armes, se trouvassent à Londres sous quatre jours; il se hâta d'y revenir lui-même à marches forcées. Mais la victoire qu'il venoit de remporter, quelqu'éclatante qu'elle fût, devint préjudiciable à ses intérêts. Il avoit perdu dans cette bataille une partie de ses plus braves officiers et de ses meilleurs soldats; ensuite il avoit donné du dégoût aux autres, en refusant de leur distribuer la dépouille des Norvégiens; et, malgré ce qu'il réunit de troupes fraîches dans la capitale, tant de la ville que des environs, son armée se trouva affoiblie par la désertion des vieux soldats anglais, qui étoient mécontens et excédés de fatigues.

Pendant cet intervalle, le duc Guillaume reçut un avis de la part d'un baron du pays, d'origine normande, et dont la mère étoit une dame anglaise, appelée Gymnare. Il lui mandoit, à titre d'ancienne connoissance, que, dans quatre jours, Harold auroit 60,000 hommes à ses ordres, et que, par attachement, il lui conseilloit de se retirer en Normandie. Le Duc lui répondit qu'il n'étoit pas venu en Angleterre pour craindre son ennemi, et que, n'eût-il que 10,000 hommes, il le combattroit.

L'histoire de Normandie raconte qu'étant allé faire une reconnoissance, escorté seulement de vingt-cinq gendarmes et du comte de Breteuil Fitz-Osberne, celui-ci éprouvant un moment d'indisposition subite, se plaignit de sa cotte d'armes, dont le poids l'incommodoit tellement qu'il ne pouvoit plus la supporter. Le Duc la lui fit ôter, et s'en revêtit lui-même par-dessus la sienne. Il arriva ainsi au camp avec deux cottes d'armes l'une sur l'autre, et n'en parut que plus leste aux yeux de ses soldats. Cette petite aventure fit bientôt l'histoire de toute l'armée, qui ne vit pas sans intérêt la force et la vigueur de son chef.

Ayant appris le retour de Harold à Londres, il lui dépêcha un religieux de l'abbaye de Fécamp, *nommé dom Hue Mairgot*, ou Maigrot. (Il étoit assez d'usage dans ces anciens temps, que les ministres de l'église, dont l'habit et le costume leur servoient souvent de sauve-garde, sur-tout alors en Angleterre depuis le règne du dévot Edouard, remplissent les fonctions de ministres de paix entre les princes et les têtes couronnées).

<small>Députation du Duc.</small> « *Sire*, dit le député, *je suis envoyé du duc Guil-*
» *laume mon maître, par-devers vous, pour*
» *qu'il vous souvienne du serment que lui avez*
» *fait en Normandie, sur l'évangile et les saints*
» *reliquaires; si vous avez été à l'encontre,*
» *réparez l'offense en cédant à mon seigneur et*
» *maître le royaume que le roi Edouard, en*
» *sa santé et bon propos, lui donna. Ne détrui-*
» *sez la chrétienté par feu et glaive, et ne*

» *faites pas que l'innocent meure pour le pé-*
» *cheur. Si ainsi faire ne voulez, il vous*
» *mande par moi qu'il poursuivra son bon*
» *droit à la pointe de l'épée.* »

A ces mots Harold commença à rougir, et, enflammé de colère, il voulut frapper le moine d'une arme qu'il tenoit à la main, et *dont il l'eût occis sans son frère Biorn, le comte d'Yorck, qui l'en empêcha, et dit au père de se retirer au plutôt.*

Après le départ du moine, Harold, à son tour, envoya *par-devers* le duc Guillaume un messager parlementaire sachant le français, et chargé de lui dire : « *Sire, ne poursuivez plus mon maître*
» *pour serment qu'il vous ait fait ; serment de*
» *captif et fait par contrainte n'est point à*
» *tenir. Retirez-vous en votre pays de Norman-*
» *die, et, pour ce faire, il vous promet faire*
» *réparer vos navires ; et, à votre refus, Harold*
» *mon maître vous livrera bataille, si tant êtes*
» *assez hardi que de l'attendre.* »

Députation de Harold.

A quoi répondit le Duc : « *Je l'attendrai en*
» *la campagne, si je n'ai empêchement, et lui*
» *montrerai telles enseignes, qu'il me pourra*
» *bien cognoistre* ; et avant de le renvoyer, il lui fit donner *un beau coursier, une robe d'une riche étoffe et quarante florins d'or.* L'histoire d'Angleterre ajoute que l'envoyé de Harold, pour

obtenir le départ de l'armée normande, offrit de grosses sommes d'argent, que le Duc rejeta avec dédain.

Pendant ces pourparlers (1), nombre de milices se rassembloient à Londres : *les gens de Salsbery, Glocester, Winchester, de Galles et de Lancastre;* mais toutes ces troupes ne faisoient pas des soldats aguerris. Aussi Biorn, que l'histoire Anglaise nomme Gurth, conçut-il bientôt quelques appréhensions sur l'événement qui se préparoit, et dit à son frère qu'il seroit plus politique de prolonger la guerre, et de ne pas compromettre sa personne dans l'action. Il lui observa que la position désespérée dans laquelle s'étoit mis le duc de Normandie, en ôtant à son armée tous moyens de retraite, lui feroit certainement désirer une prompte décision, et risquer sa fortune dans une seule bataille; que les troupes normandes, exaltées d'un côté par les plus brillantes espérances, et n'ayant de l'autre aucune ressource en cas de défaite, combattroient jusqu'à la dernière extrémité; qu'étant composées de la fleur des guerriers du continent, rien n'étoit plus formidable qu'elles. Il ajouta que si, en évitant le combat, on faisoit languir leur premier feu; qu'en les harassant par des escarmouches, on les fît manquer de vivres, on gagneroit la mauvaise

<small>Remontrance de Biorn.</small>

---

(1) History of England.

saison, qui n'étoit pas éloignée; qu'alors, fatiguées par les rigueurs de l'hiver et par le mauvais état des chemins, il seroit plus facile de les vaincre; d'ailleurs, que le combat étant retardé, la nation sentiroit bien mieux le danger, en se voyant piller de toutes parts par ces rapaces étrangers, et qu'elle viendroit en foule de tous les coins de l'Angleterre lui prêter secours, et qu'alors il auroit une armée invincible... Mais qu'au moins, s'il vouloit hasarder une bataille, il le supplioit de ne pas y paroître en personne, et de ne se montrer qu'en cas d'un désastre qui exposeroit l'indépendance et la liberté du royaume; qu'enfin, ayant fait un serment, et juré, sur les saintes reliques, de soutenir les prétentions du duc de Normandie, il valoit mieux confier le commandement de l'armée à un autre qui ne fût pas engagé par ces liens sacrés, dont la connoissance ne pouvoit que diminuer l'assurance et la témérité de ses soldats.

Harold fut sourd à toutes ces remontrances, qui l'irritoient. Comptant sur sa prospérité précédente, stimulé par son courage naturel, il résolut de livrer bataille en personne; et, ayant fait ses préparatifs en six jours, il marcha toute la nuit vers les Normands, et prit une position à quelque distance du duc Guillaume. L'histoire de Normandie dit à sept milles, ce qui nous

Campement de Harold.

paroît plus vraisemblable que cinq lieues, suivant le dire de la chronique. Là il établit son camp; et, comme il avoit le projet d'y attendre l'ennemi, il fit creuser tout autour de larges fossés, dont la terre lui servit à élever des remparts. Il ne laissa que trois entrées, et fit planter son étendard. Cela fait, il dit à Biorn, *qu'il verroit volontiers l'ordonnance des ennemis. Adonc montèrent sur deux coursiers, et partant de leur camp par un matin, allèrent poser en un lieu d'où ils pouvoient aisément recognoistre l'armée des Nordmans, laquelle ils contemplèrent attentivement,* couvrant une grande étendue de pays. Et, comme ils eurent distingué *les tentes et pavillons du duc Guillaume*, Biorn dit à son frère : *Voilà grand peuple en belle ordonnance.* La chronique ajoute que Harold fut un moment découragé en voyant la position du Duc; que même il se troubla et voulut changer de projet, disant : « *Péril sera de les attendre ici ; mieux » seroit de nous retirer à Londres et y rassem- » bler plus grand nombre de gens.* » Qu'alors Biorn entra dans la plus violente colère, et dit qu'il auroit fallu suivre son avis dans le premier moment ; que maintenant il étoit trop tard, puisque le camp étoit placé, et que retourner à Londres auroit l'air d'une fuite qui jetteroit le découragement dans l'armée.

[marginalia: Reconnoissance de Harold. Colère de Biorn.]

L'altercation devint très-forte, et elle ne cessa que quand leur escorte les eut rejoints. Rentré dans son camp, *Harold ordonna à trois espions qui parloient français*, d'aller rôder autour de celui des Normands, et de savoir au juste quel étoit leur nombre.

Mais aussitôt aperçus, ils furent arrêtés et menés devant le Duc. Ces malheureux croyoient qu'on alloit *les faire mourir*; mais au contraire, il leur fit donner à manger, les fit promener par-tout *où bon leur sembla*, et puis les laissa aller sans leur faire aucun mal. Retournés au camp des Anglais, ils firent de longs récits sur ce qu'ils avoient vu, et racontèrent *qu'il y avoit plus de prêtres au camp du duc Guillaume qu'il n'y avoit de soldats dans celui de Harold*; ce qui causa un très-grand étonnement et parut incompréhensible (1). *Ces espions avoient pris les archers et les arbalétriers du Duc pour des prêtres, parce qu'ils étoient tondus en rond sur les oreilles.*

Espions de Harold arrêtés.

Après leur départ, *le Duc envoya derechef un religieux sage et bien emparlé*, au camp de Harold, chargé de lui dire en présence des seigneurs d'Angleterre : « *Sire, le Duc mon maître vous* » *mande par moi que de trois choses fissiez* » *l'une*; 1.º *ou que vous lui remettiez le royaume* » *d'Angleterre, ou bien,* 2.º, *que du discord mu*

Deuxième députation du Duc.

_____
(1) Chronique.

» *entre vous, le pape Alexandre soit l'arbitre;*
» *3.° autrement que vous deux vous combattrez*
» *l'un l'autre, sans que pour votre querelle le*
» *sang de tant de gens soit répandu : toutefois,*
» *parce que celui qui obtiendra victoire aura le*
» *royaume et mettra à mort son ennemi, s'il ne*
» *se rend vaincu et ne crie mercy.* »

Harold refusa toutes les propositions, et, ce qui devoit étonner sur-tout dans le cas embarrassant où il se trouvoit, c'étoit le refus de la dernière, qui, tenant au point d'honneur, pouvoit sembler d'un mauvais présage à son armée et montrer de la crainte à ses yeux. Suivant la chronique, son courage, jusqu'alors inaltérable, parut l'abandonner, non pas dans la crainte d'une affaire générale, on verra qu'il sut y affronter la mort, mais dans celle de se mesurer corps à corps avec le duc de Normandie, qui passoit pour n'avoir point d'égal dans ce que l'on appeloit alors le combat à outrance ; combat qui tenoit à cet esprit de chevalerie si exalté au onzième siècle, et que, plus d'une fois, dans l'histoire ancienne, l'on voit avoir eu lieu à la tête des armées, soit entre les deux chefs, soit entre des guerriers qui se dévouoient pour le salut des leurs. Le duc Guillaume devoit être effectivement très-redoutable dans ce genre d'escrime, pour lequel les champions étoient à cheval, couverts de fer, et se servoient de la lance. Il étoit d'une adresse et d'une force prodigieuses; il avoit de plus l'avantage d'une taille énorme (1).

Aussitôt la réponse, le Duc assembla ses barons, et leur dit : « J'ai sommé Harold, par lettres et » par messages, et n'ai pu en tirer bonne raison, » je veux essayer par moi-même, et suis décidé » d'aller lui parler en personne, *lui remontrer* » *comme il est parjure, s'il ne veut exécuter sa* » *promesse. Mais s'il vouloit venir à raison, je* » *lui laisserois toute la terre de Northumber-* » *land qui s'étend vers Ecosse.* »

Les barons trouvèrent l'avis bon, toutefois le prièrent d'exécuter promptement et de fuir prolixité de propos, attendu qu'ils avoient affection de combattre avant que l'armée de Harold fût plus nombreuse, sachant que d'heure à autre gens frais lui arrivoient. Par ma foi, dit le Duc, si aujourd'hui ne sommes d'accord, demain nous aurons la bataille. Et incontinent monta à cheval, accompagné de vingt chevaliers qui piquèrent jusque près le camp des Anglais. Bientôt après

Reconnoissance et pourparler du Duc.

---

(1) On voit encore dans une salle, dite *Horse Armory*, à la Tour de Londres, son armure équestre (dans le genre de celles qu'on nous a fait voir au Musée, sous les noms de François Ier, Rodolphe de Hasbourg, et autres), qui annonce être celle d'un homme dont la taille approchoit de six pieds.

montèrent aussi à cheval cent chevaliers Nordmans suivis de mille hommes d'armes, et ne le perdirent pas de vue.

Quand il fut à portée, il envoya, pour la troisième fois, dire à Harold *qu'il désiroit lui parler en plein champ, et qu'il amenât avec lui tels seigneurs qu'il lui plairoit*, sans aucune méfiance, son intention étant d'essayer encore s'il pourroit parvenir à quelqu'accommodement. Ce fut Biorn qui reçut le parlementaire, et qui le renvoya brusquement dire au Duc que son frère n'iroit point parler en plein champ; que, si l'on avoit encore des propositions à faire, on les fît par lettres ou par message, et que le roi sauroit y répondre. L'envoyé retourna donc vers le Duc, et revint bientôt en rapportant son *ultimatum*, que Harold reçut au milieu de ses barons assemblés, et dont les clauses étoient, *que, s'il vouloit tenir à sa promesse de rendre le royaume d'Angleterre, le Duc lui abandonneroit le pays de Northumberland et tout le territoire borné par la rivière du Humbre;* (ce qui comprenoit, en outre le Northumberland, la majeure partie du comté d'Yorck), et qu'à Biorn il laisseroit toutes les terres et seigneuries que tenoit jadis Godwin, son père; *et, en cas de refus, déclaroit Harold parjure et menteur.*

Dernière proposition du Duc.

Biorn fit écarter l'envoyé et prit la parole : « Je

» crois, seigneurs, dit-il, que nous avons l'air
» de craindre une bataille ; et quelle en seroit la
» cause ? Est-ce que nous ne connoissons pas
» suffisamment les forces du duc Guillaume?
» Mais apprenez que de vos terres, dont il n'a
» rien encore, il fait déjà le partage, *et que ses*
» *barons et chevaliers, auxquels il les a dépar-*
» *ties, lui en ont fait hommage*. Quand il nous
» auroit rejetés de l'autre côté du Humbre, ayant
» le reste du pays en son obéissance, il nous
» dépouilleroit de tout quand bon lui sembleroit.
» Soyez certains qu'il veut nous priver de notre
» territoire, de la succession de nos pères, et,
» *lorsque les Nordmans nous tiendront en*
» *subjection tellement que nous ne pourrons*
» *gronder, malgré nous ils prendront nos fem-*
» *mes, nos filles et tous nos biens.* »

Harold se lève et dit : « Mes amis, vous avez
» entendu la proposition de Biorn, qui tend à
» ce que nous défendions nos familles et nos
» personnes, voilà ce que nous devons faire ; et
» s'il est en notre pouvoir de détruire nos enne-
» mis, nous acquerrons un honneur immortel, et
» vous recevrez de moi des biens en abondance. »

Aussitôt tous les barons anglais, enflammés par
son discours, s'écrièrent que jamais ils ne feroient
aucun accord, et qu'ils se défendroient jusqu'à la
mort, ou bien extermineroient Guillaume et

toute la nation Normande. La réponse de Harold fut donc que le dieu des batailles en seroit bientôt l'arbitre.

Sur ce, le Duc retourna vers ses gens, et leur donna l'ordre de se tenir prêts pour le lendemain.

Les Anglais passèrent toute la nuit à chanter, crier, boire et s'enivrer. *Les Normands, au contraire, ordonnèrent de leur conscience, en faisant des prières et des oraisons. Les gens d'église ne cessèrent de dire des lytanies et le pseautier, ouïrent des confessions, et administrèrent ceux qui se présentèrent au plus matin.* La chronique assure même que l'évêque de Bayeux, Odon, dit une messe et prêcha devant toute l'armée, pour l'engager à faire *le vœu de ne jamais manger de chair à pareil jour, qui étoit le samedi 14 octobre.*

Le Duc fit prendre les armes et se plaça sur une éminence, d'où il fit une courte, mais énergique harangue, dont le principal objet, après avoir remercié l'armée de son dévouement, fut que ce n'étoit pas seulement pour *le royaume acquérir* qu'elle avoit passé la mer, mais aussi *pour punir les meurtres et méchans cas commis par les Anglais*, qui, non-seulement avoient assassiné le frère du feu roi Edouard, mais antérieurement avoient massacré, par trahison, tous les Danois, d'un bout à l'autre de l'Angleterre, la plupart en les invitant à des festins; que, pour en tirer vengeance, *il falloit tout passer par le fil de l'épée*; qu'après la victoire, les Normands pouvoient compter sur de grandes richesses et sur un butin immense; mais que, s'ils étoient vaincus, n'ayant plus de vaisseaux, rien ne pourroit les garantir de la mort; qu'enfin ils pouvoient être surs de la protection du ciel, et qu'il leur recommandoit d'y avoir confiance.

Il divisa ensuite son armée en trois corps, et, comme il prenoit ses armes, ses écuyers, par trop d'empressement, lui passèrent son haubergeon à l'envers. Ne voulant pas que cela pût être pris pour un mauvais augure, il annonça que c'étoit un pronostic de ce que son titre de Duc alloit être échangé contre une couronne.

Ensuite il fit déployer la fameuse bannière envoyée par le Pape, et la fit présenter à Raoul de Tony, comte de Conches, grand gonfalonier héréditaire du duché, en lui disant : « *Il vous » appartient de porter cette bannière au droit » de votre héritage, et ne veux vous en faire » tort tant que je vivrai.* » Tony la refusa et dit, en s'excusant auprès du Duc : « *Monseigneur, » je vous remercie de ce que vous m'offrez mon » droit; toutefois, je ne porterai la présente » bannière, dans la crainte d'être empêché de » vous faire plus grand service, espérant aujour-*

» d'hui tellement endommager vos ennemis,
» qu'il en sera mémoire à toujours. »

Le Duc voulut la donner à Gautier Guiffard, comte de Longueville, *qui pareillement la refusa.*

Alors il fit appeler *un vaillant chevalier, nommé Toustain le Blanc, seigneur du Bec Crespin, auquel il donna la bannière à porter.*

Ce fut un beau moment que celui où l'armée, qui se rangeoit en ordre, fit éclater toute sa joie en voyant son chef monter à cheval; on vit alors que ce beau duc Guillaume *moult étoit agréable à ses gens, lesquels il réconfortoit et admonestoit de bien faire.*

Son cheval lui avoit été donné par le roi d'Espagne, et c'étoit Guiffard qui l'avoit ramené à son retour d'un pèlerinage à Saint Jacques en Galice.

Il donna le commandement de sa première colonne à *Roger de Montgommery et au comte de Breteuil Fitz-Osberne, lesquels avoient sous leur charge Angevins, Bretons, Manseaux, Percherons, accompagnés de deux vaillans capitaines, Aymeri et Fergant.*

La seconde étoit conduite par un autre de ses généraux, dont le nom n'est pas conservé dans l'histoire, et par *le prince d'Allemagne, Hugues.* Elle étoit composée des *Poitevins, Boulonnois* et *Allemans.*

Le Duc se mit à la tête de la troisième, dans laquelle étoient tous les Normands et sa cavalerie, auxquels il donna *la charge de se tenir prêts pour aider aux deux autres, si le cas le requéroit*; manière qui paroît se rapprocher du genre actuel, et de ce que nous appelons le corps de réserve. *Les archers faisoient la pointe des trois corps*, c'est-à-dire, le service des troupes connues aujourd'hui sous le nom de voltigeurs. L'armée se mit en marche.

De son côté, Harold fit deux divisions de ses troupes : la première, destinée à garder ses retranchemens, qui étoient sur une hauteur dans une position avantageuse; la seconde en arrière, composée des gens de Londres attachés à la garde de l'étendard. Et, comme il avoit résolu de rester sur la défensive et d'attendre l'ennemi, d'éviter aussi toute affaire avec la cavalerie, arme dans laquelle il se sentoit inférieur, il envoya les gens de Kent (dont c'étoit le droit, ainsi que de porter les premiers coups quand le Roi étoit à l'armée); il les envoya, dis-je, escarmoucher en avant-poste; mais l'avant-garde ennemie, qui s'approchoit, les força de se replier d'une grande vîtesse.

La première attaque des Normands fut faite avec la fureur des lions; mais elle fut reçue avec une telle vigueur de la part des Anglais, qu'après un combat terrible, accablés de toutes parts, et rebutés par la difficulté du terrain, ils furent obligés

Bataille de Hastings. 14 octobre 1066.

de lâcher prise pour le moment. On a déjà vu que la position étoit défendue par une longue ligne de tranchée, ou large fossé, qui régnoit en dehors. Autant qu'on peut le débrouiller dans les vieux historiens, Harold avoit imaginé un singulier moyen de se garantir de l'effet des flèches. Il avoit fait élever, un peu en arrière de cette immense longueur de parapet, une muraille de longueur pareille, faite de claies d'osier liées l'une à l'autre avec des cordes, soutenue par des piliers, et dont le dessous étoit à jour à hauteur d'homme, de manière que les Anglais pouvoient passer librement sous cette muraille d'osier, et se porter à volonté sur le parapet, qui les garantissoit de la tête aux pieds. La chronique dit que *les traits des Normands ne pouvoient beaucoup les endommager, à raison des grandes targes et pavoisines faites de claies et d'esselin, dont le camp étoit environné.*

Aussi, dès que les Normands, qui étoient obligés de descendre dans le fossé et de remonter à l'escalade, paroissoient au haut du parapet, dans l'instant les Anglais, qui étoient armés de haches, sortoient de leur hourdis (c'est le terme de la chronique), et les tailloient en pièces, ou plutôt les hachoient. En vain les archers usèrent de toute leur adresse pour abattre le hourdis à coups de flèches; l'effet en étoit paralysé par les claies d'osier.

Cette première attaque ayant été désastreuse pour les Normands, on envoya vîte avertir le Duc, qui fit avancer sur-le-champ la seconde ligne, et donna ordre que les archers tirassent *en amont*, c'est-à-dire, en l'air, et de manière que les flèches pussent passer par dessus les claies, et retomber sur les Anglais dans le hourdis.

Aussitôt la seconde ligne arrivée, une autre attaque commença, et fut aussi violente que la première, mais sur un plus grand front. Elle ne réussit pas mieux. Les Normands firent des efforts incroyables pour pénétrer dans cet inabordable hourdis. Ils voulurent emporter d'assaut une des principales entrées, ce qui donna lieu à un combat effroyable, pendant lequel les Anglais, taillant à coups de haches, crioient à tue-tête : *Holy cross, god almigthi*. Malgré toute l'habileté des archers, leurs flèches, tirées en amont, n'eurent pas un grand effet, quoique cependant ce fût par l'une d'elles que Harold eut un œil crevé. Malgré cette blessure, il ne cessa point d'être toujours placé à la tête de son infanterie, à laquelle il recommandoit de se tenir serrée, et de couper les lances des assaillans.

L'assaut de la porte, ou espèce de poterne, n'ayant point réussi, et les Normands n'ayant pas laissé que d'y perdre du monde, il leur fallut encore éprouver, de la part de l'ennemi, une sortie audacieuse, dans laquelle ils furent culbutés et poursuivis jusqu'au bas de la côte, avec un rude carnage. Mais, dès qu'ils se trouvèrent en plaine, et qu'ils eurent la possibilité de se rallier, ils tombèrent à leur tour sur les Anglais et les *rembarrèrent* vigoureusement dans leur hourdis, mais toujours sans pouvoir y pénétrer, les haches jouant de nouveau tout leur jeu.

Il étoit midi, et l'on se battoit depuis sept heures du matin; les Normands commençoient à se rebuter; le bruit de la mort du Duc, qui courut un instant, jeta une grande inquiétude. Aussitôt qu'il s'en aperçut, il parcourut promptement les rangs au galop, en levant sa visière, tandis qu'Odon les parcouroit de son côté. Mais l'alarme s'étoit déjà répandue sur les derrières, et sur-tout parmi le nombreux clergé que le Duc avoit amené à sa suite; *alarme dont les prêtres, clercs et varlets, qui gardoient le chomage, furent si épouvantés, qu'ils s'en vouloient fuir.* Pendant ce temps-là, une partie de ce même clergé s'étoit retirée, avec l'évêque de Coutances, sur une *montagne, d'où ils combattoient às prières*, et ne purent être rassurés que par l'évêque Odon, auquel, ainsi qu'on le voit, le métier des armes n'étoit point étranger, et qui accourut pour leur rendre le calme (1).

---

(1) L'évêque de Bayeux, dit l'histoire de Normandie, bien

Le Duc, voyant qu'il étoit impossible d'entamer le retranchement, usa d'un stratagème, qui, quoiqu'anciennement connu, prouve la grande justesse de son coup-d'œil. Il ordonna à son infanterie de renouveler l'attaque sur toute la ligne, et, au plus fort de l'action, de faire semblant de lâcher pied, et ensuite battre en retraite. Les Anglais donnèrent complétement dans le piége : croyant être surs de la victoire, ils sortirent en foule du hourdis, et se mirent à la poursuite des Normands, leur hache à la main, et dans le plus grand désordre. C'étoit précisément ce que le Duc désiroit, étant sûr de ses troupes, qui, habiles aux manœuvres de guerre, dans cette retraite, toute vive qu'elle étoit, prirent soin de ne pas perdre leur ordre ; il attira ainsi l'ennemi bien avant dans la plaine, et, quand il jugea le moment favorable pour déployer ses escadrons, il commanda à tous ses fantassins de faire volte-face, et de fondre à leur tour sur la ligne anglaise. Il s'établit alors un combat des plus sanglans. L'ennemi voulut résister ; mais en même temps que la cavalerie tomboit sur ses ailes, les archers, qui se trouvoient à même de jouer tout leur jeu, firent pleuvoir une grêle de flèches.

---

monté et armé sous son rochet, couroit par les files, encourageoit les soldats, et leur faisoit tourner tête où la nécessité le demandoit.

Inutilement les Anglais se défendirent avec une grande vaillance ; leurs haches ne pouvoient atteindre assez loin, et les lances de l'ennemi les transperçoient par milliers. A leur tour, ils prirent la fuite ; mais ils furent si vivement poursuivis, que les Normands entrèrent pêle-mêle avec eux dans ce fameux retranchement, qui fut emporté de haute lutte et mis en pièces.

Le texte dit, qu'enfin le Duc et ses gens entrèrent de force dans le hourdis des Anglais, et commencèrent à abattre et couper huis, fenêtres et cordes dont il étoit lié.

Lors les Normans se prirent à ébaudir, criant à haute voix : *Notre-Dame ! Dieu aide !*

C'étoit déjà un grand avantage ; mais tout n'étoit pas fini, quoiqu'il y eût déjà huit heures que cette terrible affaire fût commencée. Il restoit encore un point difficile à emporter : c'étoit la réserve de Harold, composée des gens de Londres, de ses troupes d'élite, et de tous les fuyards qui s'y étoient ralliés. Elle étoit rangée en bataille sur la hauteur, l'étendard placé au centre.

L'armée du Duc, maîtresse du hourdis, ne tarda pas à pénétrer jusque là, et alors commença une seconde bataille, aussi complète que la première. Toutefois, Harold n'étoit plus couvert par aucun retranchement ; mais toujours il dominoit par l'effet du terrain, qui lui étoit si avantageux, que, malgré les traits bien dirigés des archers, et les longues lances de l'infanterie, il étoit inébranlable, et maintenoit le poste avec un courage héroïque, exterminant tout ce qui approchoit.

La victoire ne pouvoit encore se décider, lorsqu'enfin un groupe de chevaliers Normands, conduits par *Toustain du Bec Crespin, Roger de Montgommery, et Guillaume Mallet,* comte de Montfort, enfoncèrent les éperons à leurs chevaux, et forcèrent la ligne de Harold. Bientôt ils furent secondés par le Duc, qui, en tête de toute sa cavalerie, fit une si terrible charge, que les Anglais furent *espartis, tués et abattus par monceaux.*

Cependant Guillaume eut son cheval tué sous lui, ainsi que le comte de Montfort, *et longuement furent-ils obligés de combattre à pied,* jusqu'à ce que le sire de Vieux-Pont leur eût fait amener *des chevaux frais;* mais il en coûta la vie au baron de l'Aigle.

Au milieu de tout ce carnage, Toustain, portant la bannière, pénétra jusqu'à l'étendard de Harold, où étoit le fort du combat, *et là fut occis Biorn par un chevalier Normand, nommé Robert, fils de Henry, qui lui fit passer de l'escousse de son cheval, son épée au travers le corps.*

Harold ralliait encore *ses gens et les encourageoit ; mais bien peu lui servit,* car la gendarmerie des Normands faisoit un tel fracas avec ses lances et ses chevaux, qu'ayant renversé toute la garde de l'étendard, elle parvint à l'arracher, et à mettre à sa place la bannière que portoit Toustain. Les vainqueurs acharnés poursuivirent le combat avec fureur ; les Anglais, dont l'étendard étoit le point de ralliement, étoient pétrifiés en voyant cette bannière qu'ils ne connoissoient plus ; les uns prenoient la fuite, les autres combattoient en désespérés, d'autres se laissoient tuer. Enfin, acharnés dans leur triomphe, les Normands ne cessèrent de massacrer et de poursuivre l'ennemi, jusqu'à ce que le déclin du jour et enfin l'obscurité de la nuit missent un terme à cette mémorable journée.

L'on ne put découvrir comment avoit péri Harold ; il ne fut retrouvé qu'après la bataille, loin de son étendard : il étoit étendu mort, ayant une flèche passée au travers de la tête. Le duc Guillaume, voyant un soldat le percer de son épée, *cassa le soldat, estimant être,* dit la chronique, *aussi déshonnête frapper son ennemi après sa mort, comme de lui tourner le dos en la bataille.*

C'est ainsi que le héros de la Normandie remporta cette grande, cette étonnante victoire de

Hastings, qui décida du sort de l'Angleterre. Il coucha cette nuit même sur le champ de bataille, où il fit apporter ses tentes. Le lendemain, au point du jour, Odon, évêque de Bayeux, chanta une messe pour les morts. Le Duc fit rendre les corps de Biorn et de Harold à leur mère Thirra, qui les fit inhumer dans l'abbaye de *Walthean*, à six lieues de Londres. Il voulut ensuite savoir le compte des hommes tués dans la bataille. *Lors fit venir un secrétaire qui les avoit enregistrés à Saint-Valery sur Somme, et commanda qu'on les appelât par noms et surnoms, et fut trouvé défaillir du nombre des Nordmans, six mille treize hommes occis en la bataille; et de la part des Anglais, en fut trouvé, de compte fait, morts en la place, soixante-sept mille et plus, comme il est prouvé par les registres de Wesmoutier* (Westminster). D'autres ont fait monter la perte des Normands à douze ou quinze mille, ce qui paroît se rapprocher davantage de la vérité; quant à celle des Anglais, si l'auteur de la chronique, M. Nagerel, n'assuroit pas l'avoir relevée sur les registres de Westminster, nous aurions cru que, dans ce nombre de soixante-sept mille, étoient compris les prisonniers et les blessés. Toujours est-il certain que l'armée anglaise fut anéantie dans la bataille de Hastings; qu'elle ne se remontra plus, et que le Duc se prépara bientôt à porter ses succès au plus haut degré.

La nouvelle se répandit rapidement dans toute l'Angleterre, et la consternation fut à son comble à Londres, où l'on s'attendoit à voir bientôt arriver le duc de Normandie en conquérant; mais Guillaume étoit trop habile homme de guerre, pour ne pas s'assurer d'abord de ses derrières, et d'une communication avec la France. Au lieu de se porter tout de suite à Londres, il marcha sur Douvres. En passant à Romney, il punit sévèrement les habitans, pour avoir égorgé quelques-uns de ses matelots, que la tempête avoit jetés dans ce petit port; et, dès qu'il parut devant Douvres, la garnison, quoique nombreuse et bien approvisionnée, eut un tel effroi des vainqueurs de Hastings, qu'elle capitula sur-le-champ.

Prise de Douvres.

Au milieu du tumulte inséparable de l'arrivée d'une grande armée dans une petite ville, le feu prit à quelques maisons; mais le Duc dédommagea magnifiquement ceux à qui elles appartenoient, et montra par là aux habitans qu'il vouloit les traiter en sujets, et non en ennemis. Pendant qu'il faisoit rétablir les fortifications, la dyssenterie qui se déclara dans l'armée, lui enleva quelques soldats, et l'obligea de laisser une assez grande quantité de malades avec la forte garnison qu'il mit dans la place. Ce ne fut qu'après avoir passé une semaine entière à Douvres, et l'avoir mis en état de défense, qu'il marcha vers Londres.

Le premier moment d'alarme de la capitale, qui s'étoit dissipé, avoit donné jour à quelques intrigues pour mettre Edgard Atheling sur le trône, quoiqu'il ne fût nullement capable de gouverner. Les comtes Edwin et Morkard étoient accourus du Northumberland, avec des prétentions particulières. Le primat Stigand avoit été gagné, et, aux approches du Duc, quelques mauvaises troupes se portèrent à sa rencontre; mais elles furent si rudement chargées par un corps de cinq cents cavaliers Normands qui ouvroient la marche, que la terreur s'empara de nouveau des habitans de Londres. Les comtes Edwin et Morkard regagnèrent en toute hâte leurs états, et plusieurs évêques, d'origine normande, anciennes créatures du feu roi Edouard, usèrent de leur influence sur le peuple, pour lui prêcher de se soumettre au duc Guillaume, et d'imiter en cela l'exemple du comté de Kent.

L'incendie du faubourg de Southwark, en punition de la pitoyable tentative des habitans de la capitale, étoit bien fait pour les déterminer; et, aussitôt que le Duc eut passé la Tamise à Walingford, arriva une députation de la ville de Londres, à son camp de *Berkamstead*. Cette députation, composée des principaux, tant du clergé que de la noblesse, avoit en tête le primat Stigand, et

Passage de la Tamise. Députation de Londres. Camp de Berkamstead.

Edgard Atheling lui-même. Elle le supplia de monter sur le trône, qu'elle regardoit comme vacant, et déclara qu'elle ne connoissoit personne plus digne que lui de tenir les rênes du gouvernement. Le Duc répondit qu'il avoit plutôt le désir de voir la paix dans tout le royaume que la couronne sur sa tête, et qu'il seroit bien aise que sa femme, la duchesse Mathilde fût couronnée en même temps que lui. Mais, sur les représentations des seigneurs normands, et notamment d'Aymeri de Thouars, qui dit hautement que tout délai, dans une circonstance pareille, entraîneroit de grands mouvemens, il accepta le titre de Roi, et donna ses ordres pour que la cérémonie du sacre eût lieu aux fêtes de Noël, c'est-à-dire, environ deux mois plus tard. Aussitôt sa prudence et sa prévoyance ordinaires le décidèrent à faire élever promptement différentes forteresses pour contenir ce nouveau peuple, auquel il ne pouvoit encore accorder une entière confiance (1).

Couronnement de Guillaume le Conquérant.

Enfin le jour fixé pour le couronnement arriva; l'archevêque d'Yorck, Aldred, fut choisi par le nouveau monarque pour l'auguste et magnifique cérémonie, qui se fit dans l'abbaye de Westminster, le 6 décembre 1066. Le cortége étoit composé des principaux seigneurs de l'Angleterre et

---

(1) Il est probable que ce fut dès ce moment qu'il bâtit la Tour de Londres, quoique les historiens n'en parlent que plus tard.

de l'armée normande. L'archevêque, après un discours analogue à ce célèbre événement, demanda aux Anglais s'ils acceptoient Guillaume pour leur souverain, tandis que l'évêque de Coutances faisoit la même question aux Normands.

Le consentement étant unanime et accompagné d'acclamations générales, Aldred reçut de Guillaume le Conquérant le serment usité anciennement par les rois Saxons, de protéger l'église, d'administrer la justice et de réprimer la violence ; et, au moment où le prélat lui plaça la couronne sur la tête, la joie se répandit sur tous les visages.

Cependant la garde normande, qui faisoit la police dans l'église, conçut sans doute quelque inquiétude pour son Prince, puisqu'elle tomba à bras raccourci sur la populace, et mit le feu, dit-on, à quelques maisons voisines ; mais ce tumulte fut bientôt appaisé par les ordres de Guillaume.

Après la cérémonie, il quitta Londres pour retourner à Berckein, dans le comté d'Essex, où il reçut le serment de foi et hommage de la part des seigneurs qui n'avoient pu assister au sacre. On y remarqua même les deux comtes de Mercie et de Northumberland, Edwin et Morkard, dont le changement de conduite étoit le plus frappant.

Tout offroit déjà l'image de la paix et de la tranquillité, Guillaume n'avoit plus à s'occuper que de récompenser les Normands qui l'avoient si bien secondé pour monter sur le trône, et de rendre heureux les Anglais, dont la soumission avoit été si prompte. Un des premiers actes de sa souveraineté fut de se faire remettre le trésor de Harold, qui étoit très-considérable, et dont la possession le mit à même de distribuer à ses troupes de grandes sommes. Il fit aussi des présens aux monastères et aux églises. Il envoya au Pape l'étendard de Harold, qui étoit d'un or très-pur, et portoit l'image d'un homme armé.

Une fondation remarquable, et qui peint la grandeur de ses idées, fut celle d'une abbaye près de Hastings. Elle fut desservie par des moines qu'il fit venir exprès de Saint-Martin de Tours, avec obligation de faire également des prières pour les guerriers des deux nations, morts dans cette bataille : aussi prit-elle le nom de *Battle Abbey*, en français, *Abbaye de la Bataille*, ainsi qu'on le voit par ces vers latins (1).

Battle Abbey.
Abbaye de la Bataille.

Il introduisit en Angleterre cette sévérité de police, cette stricte observation de la justice, qui avoient rendu si célèbre sa manière d'administrer

---

(1) Dicitur à bello, Bellum locus hic, quia bello
Angligenæ victi, sunt hic in morte relicti ;
Martyris in Christi festo cecidere Catstsi.
Sexagenus erat sextus millesimus annus,
Cùm pereunt Angli, stellâ monstrante Cometâ.

la Normandie, et dont le bon effet se fit ressentir, même pendant la révolution causée par la conquête ; car, à peine y eut-il un désordre ou une vexation qui ne fussent punis. Quoiqu'il accordât une protection particulière à son armée, elle n'en fut pas moins soumise à une discipline extrêmement sévère, et ses nouveaux sujets étoient traités avec tant de ménagement, qu'à peine pouvoient-ils s'apercevoir du joug d'un conquérant, qui cherchoit à éteindre jusqu'à la jalousie des vaincus, et se laissoit souvent approcher d'eux, avec des manières amicales et pleines d'affabilité. Il parut sur-tout s'attacher à unir les deux nations par des mariages entre ses chevaliers Normands avec des dames Anglaises. Un des premiers qui eut lieu, fut celui de Roger de Montgommery avec la duchesse veuve de Glocester.

La présence d'Edgard Atheling, l'héritier de l'ancienne famille royale, ne parut point lui donner d'ombrage ; au contraire, il le confirma dans son duché d'Oxford, qui lui avoit été conféré par Harold, et le traita toujours avec la considération due au petit-neveu d'Edouard le Confesseur.

Il confirma les libertés et immunités de la ville de Londres et des autres principales villes du royaume. Entouré sans cesse d'une cour splendide et majestueuse, il frappoit les regards de ce peuple, auquel sa réputation militaire en imposoit, et qui se trouvoit heureux de pouvoir admirer la clémence et la justice de son nouveau souverain.

Mais, au milieu de toutes les marques de confiance qu'il accordoit à la nation Anglaise, il avoit soin de mettre les principales places entre les mains des Normands, et sur-tout celles qui tenoient au militaire. Les points importans, tels que Winchester, Hereford, et autres villes, reçurent des garnisons normandes, et des fonds particuliers furent affectés à leur solde. Tout ce qui tenoit à l'administration civile ne fut pas moins soigné que la partie militaire.

Mars 1067. Ayant ainsi assuré son gouvernement par la douceur et la fermeté, il s'empressa de faire un voyage dans sa chère Normandie, dont il étoit absent depuis cinq mois. Il étoit doux sans doute de céder à l'impatience de revoir la duchesse Mathilde, de se montrer triomphant aux yeux de ses anciens sujets, et, si l'on peut le dire, d'aller recevoir les félicitations de ses compatriotes après une si belle campagne.

En mémoire de son immortel débarquement à Pevensey, il voulut repartir du même lieu, et, après avoir abordé à Fécamp, il y passa les fêtes de Pâques. L'administration du royaume resta entre les mains de l'évêque de Bayeux, son frère, et du comte de Breteuil, Fitz-Osberne, auquel il avoit donné la place de grand sénéchal d'Angleterre. Pour qu'ils ne pussent être troublés pendant son absence, il usa d'une politique adroite, et qui démontre son habileté dans toute espèce de circonstance : il eut la précaution d'emmener à sa suite, et pour embellir son cortége, les seigneurs les plus importans de son nouveau royaume, dont la présence auroit pu y causer du mouvement pendant son voyage. Ces seigneurs étoient le prince Edgard, le primat Stigand, les comtes Edwin et Morkard, Valthéof et autres Anglais de la première qualité, qui déployèrent un grand luxe à la cour du Conquérant et dans les différentes courses qu'ils firent avec lui dans le duché de Normandie.

<small>Retour de Guillaume en Normandie.</small>

Etonné sûrement de l'empressement du roi de France, Philippe I.er, qui lui envoya une ambassade conduite par Raoul, ou Rodolphe, son oncle ou son beau-père, pour le complimenter, il la reçut avec une magnificence extraordinaire, et fit ensuite une entrée triomphale à Rouen, où ses anciens sujets le revirent avec un enthousiasme qui tenoit de l'ivresse, et dans laquelle les princes Anglais furent à même de juger de l'attachement des Normands pour leur prince. Il fut reçu dans cette capitale du duché par Mathilde et Roger de Beaumont, dit le Barbu, qui la secondoit dans les affaires de la régence. L'archevêché

<small>Son entrée à Rouen, où il est reçu par Mathilde.</small>

de Rouen, vacant alors par la mort de Maurille, fut donné, d'après le refus de Lanfranc, à Jean, évêque d'Avranches.

Mais, pendant que Guillaume jouissoit de la douce satisfaction de se retrouver au milieu des Normands, les affaires prirent une mauvaise tournure en Angleterre. Il avoit quitté bien vîte ses nouveaux sujets, et, malgré le zèle d'Odon et du comte de Breteuil, ils n'avoient pas le même nerf que lui pour gouverner ces insulaires. Les Anglais, subjugués, si l'on peut le dire, par un coup de foudre, cherchoient à se relever de l'état de stupeur où le premier moment les avoit plongés. Différentes rébellions partielles avoient déjà éclaté, et peut-être les Normands eux-mêmes y avoient-ils donné lieu par quelques vexations.

Mouvemens en Angleterre. Les habitans du comté de Kent, qui avoient été les premiers à se soumettre, furent aussi des premiers à vouloir secouer le joug : à la vérité ce fut à l'instigation du comte de Boulogne, Eustache, qui, profitant de la facilité du trajet, avoit jeté un petit débarquement sur leur côte. En même temps un certain Edric le Forestier, dont les terres étoient sur les bords de la Sévern, ayant soulevé la province de Herefort, massacroit tous les Normands qui lui tomboient entre les mains, et faisoit une alliance avec deux princes

Welshs, Bléthyn et Rowallan, à dessein d'organiser une conjuration secrète et générale pour mettre à mort en un seul jour tous les Normands qui étoient dans le royaume. Un comte Anglais, nommé Cox, qui avoit refusé d'y prendre part, avoit été assassiné par ses vassaux.

Il étoit donc bien nécessaire que Guillaume reparût au milieu de sa conquête, et revînt pour barrer les grandes conspirations qui se tramoient. Quant à la trahison du comte de Boulogne, la garnison de Douvres en fit une prompte justice. Avec ce qu'il avoit pu réunir de Kentiens à ses Boulonnois, il avoit essayé d'enlever la place; mais une sortie des Normands le foudroya, et le jeta du haut des rochers de Douvres, avec ses troupes, dans la mer. Il fut trop heureux de trouver une barque et d'abandonner les siens à la merci des vainqueurs.

Guillaume, duc et roi, instruit de tout ce désordre, se vit forcé de recourir promptement à Londres. Avant son départ, il continua de laisser la régence entre les mains de Mathilde, et lui donna pour adjoint son fils aîné, Robert, celui qui, depuis, fut surnommé Courte-Heuze. S'étant embarqué à Dieppe, il arriva à Wincenèse le 10 décembre 1067.

<small>Son retour à Londres. 6 décembre 1067.</small>

Sa présence fit une grande impression, et le calme fut rétabli dans le premier moment. Il mit beaucoup d'apparat dans sa manière de traiter avec une égale bonté tous ses sujets, soit Anglais, soit Normands. Il alla même jusqu'à faire restituer quelques propriétés que ceux-ci s'étoient permis d'envahir. Mais, sentant la nécessité d'une police extrêmement sévère, il introduisit en Angleterre cette célèbre loi du couvre-feu, qui s'observoit en Normandie depuis le concile de Caen ; laquelle, dit l'histoire, et nous le répétons avec elle, *obligeoit, à sept heures du soir, au son d'une cloche, tous les bourgeois et paysans à éteindre leur feu et chandelle*, et à ne plus sortir de chez eux, *sous peine de la vie, et ce, pour couper chemin aux assassinats et séditions.* Les Anglais eurent de la peine à s'habituer à cette loi sévère ; mais une autre, qui leur déplut véritablement, fut le rétablissement du Dannegelt, ancienne taxe ou tribut danois, aboli par Edouard le Confesseur. Toutefois, suivant l'histoire, les actes de son autorité ne s'exécutoient encore que dans le Midi, et non dans le Nord de l'Angleterre.

Le couvre-feu établi en Angleterre.

Rétablissement du Dannegelt.

Il donna toute son attention à composer ce que nous appelons un Code civil. Il se fit représenter, dit l'histoire de Normandie, le West-Saxenlage, c'étoient les lois saxonnes ; le Denelage, qui contenoit les lois danoises, et le Merchenlage, contenant celles des Merciens, selon lesquelles les trente-six comtés de l'Angleterre étoient régis. Il en réforma quelques-unes et les entremêla de lois transmarines de la Normandie, dont il adopta aussi les juridictions et l'*échiquier*. Il ordonna que tous les plaidoyers, actes et lois seroient écrits en français; ordonnance, dit la même histoire, qui fut observée jusqu'en 1361, où, sous le règne d'Edouard III, le parlement tenu à Westminster ordonna que les juges, avocats, procureurs et commissaires se serviroient désormais du latin ou de l'anglais.

C'est au moment où Guillaume s'occupoit le plus sérieusement d'établir le bon ordre, que l'on vit éclater un soulèvement fomenté depuis long-temps par l'ex-reine Githe, en anglais Githa, veuve de Harold. De concert avec ses trois fils réfugiés en Irlande, elle avoit étendu ses menées sourdes dans le Devonshire et le Cornwal, et ce fut dans la ville d'Excester que s'en développèrent les premiers symptômes, par le refus que firent les habitans de recevoir la garnison normande. Aussitôt le Roi marcha en personne vers cette ville, fit recevoir la garnison et prit des otages. Mais il ne fut pas plutôt parti, qu'une nouvelle mutinerie se fit sentir; à peine étoit-il à deux lieues, lorsqu'on vint l'en avertir. Forcé alors de revenir sur ses pas, il usa d'un traitement rigoureux envers un des otages, en le privant de la vue. Cet exemple eut un effet si prompt sur les

Rébellion d'Excester.

révoltés, qu'ils vinrent se jeter à ses pieds, ayant leur clergé en tête, pendant que l'ex-reine Githa, emportant ses trésors, s'enfuit par mer en Flandre. Le Roi leur pardonna, et après les avoir garantis du pillage que leur conduite leur donnoit lieu de craindre, il retourna à Winchester. Mais il fit élever à Excester une citadelle, dont il créa gouverneur Beaudoin de Meules, fils de Gillebert, comte de Brionne.

Quoique tout cédât à l'autorité de Guillaume, ces différentes contradictions irritèrent son ame naturellement impérieuse, et, pendant plusieurs années, on le vit renoncer à la clémence dont il avoit usé d'abord, pour gouverner l'Angleterre avec une extrême sévérité.

Les historiens Anglais vont jusqu'à en faire le reproche à sa mémoire; mais ils ne nous disent pas que dix ans de rébellions commencées dans les différens coins de ce pays, vers 1067, exigeoient une main ferme et un caractère aussi énergique que le sien, pour pouvoir contenir et gouverner, et que, lorsque tous ces troubles furent appaisés, il revint à sa première clémence.

Arrivée de Mathilde à Londres. L'arrivée de Mathilde étoit bien propre à répandre une teinte de douceur entre le Monarque et ses sujets; et si quelque chose pouvoit y parvenir, c'étoit sans doute les grâces et les vertus de cette princesse. Mais le moment n'étoit pas venu : des esprits inquiets, des frénétiques, vouloient encore s'insurger, et attirer sur eux le courroux du Monarque, auquel ce genre de guerre donna certainement plutôt de l'humeur qu'il ne lui inspira l'amour de la gloire, comme les campagnes de sa jeunesse.

Mathilde fut couronnée, par l'archevêque Aldred, en 1068; et ce fut en Angleterre et peu de temps après cette cérémonie, qu'elle donna le jour à un quatrième fils, qui fut nommé Henry. Les trois autres, Robert, Williams et Richard, étoient restés en Normandie.

Son couronnement. 1068.

Naissance de Henry.

Guillaume étoit heureux dans son intérieur, mais il n'en étoit pas de même au dehors. Les troupes, disséminées dans le royaume, étoient toujours en querelles avec les habitans, qui, n'osant agir à force ouverte, usoient de toutes les trahisons possibles pour se défaire des Normands; et ceux-ci, dès qu'ils s'écartoient seuls, ou en petit nombre, étoient surs d'être assassinés. Les punitions les plus rigoureuses n'arrêtoient point ces excès, qui ne firent qu'augmenter, lorsqu'une grande insurrection se déclara dans le Nord, et menaça d'avoir les plus funestes conséquences, sur-tout quand on vit les comtes Edwin et Morkard à la tête, ayant mis dans leurs intérêts leur neveu Blethyn, prince de Galles, Malcom, roi d'Ecosse, et Sweyn, roi de Danemarck.

Le prétexte de cette crise étoit, disent les historiens, que Guillaume avoit promis la main d'une de ses filles au comte Edwin, et qu'ensuite il avoit changé d'avis. Le comte, outragé, avoit ameuté tout le Nord de l'Angleterre contre le nouveau Monarque, qui, sentant de quelle importance étoit la célérité dans cette dangereuse circonstance, s'avança dans le Nord à grandes journées. En passant à Warwich, il en fit rétablir le château, et y laissa pour gouverneur Henry de Beaumont, le fils du vieux Roger. Il confia celui de Nottingham à Guillaume Pénerell ou Pénerau, autre capitaine normand, et arriva dans la ville d'Yorck avant que les rebelles fussent encore rassemblés. Sur la route, il enleva un de leurs postes, qui s'étoit retranché dans un îlot nommé Dunlin, environné de marais, d'où ils faisoient des excursions en attendant les Danois. C'est de là qu'ils furent assez osés que de présenter une bataille rangée ; mais aussitôt rompus, le plus grand nombre s'enfuit dans des barques qui les attendoient sur le fleuve du Humbre. Cette troupe étoit le renfort arrivé du pays de Galles.

Les deux comtes, ainsi surpris et n'ayant aucune ressource, furent obligés de recourir à la clémence du vainqueur, qui en usa avec modération, tant à leur égard qu'à celui d'un puissant seigneur du pays, nommé Archil. Mais, quant à leurs vassaux, il y mit une grande différence, en les dépouillant de leurs propriétés et les partageant à ses Normands, de manière qu'Edwin et Morkard se trouvant entourés de ces nouveaux propriétaires qui avoient en main le pouvoir militaire, ne paroissoient plus soutenus d'aucuns moyens de rébellion, et auroient dû naturellement y renoncer, si toutefois ils en eussent eu la bonne volonté.

Cette expédition entraîna la paix avec le roi d'Ecosse, Malcom, qui rendit hommage pour le comté de Cumberland, voisin de ses états; mais elle détermina Guillaume à devenir plus sévère que jamais. Irrité par la résistance, il dépouilla, toutes les fois que l'occasion s'en présenta, les Anglais des charges, des dignités et même des grands fiefs, pour en revêtir les Normands. Maints d'entr'eux, effarouchés par cette mesure, abandonnèrent l'île pour aller courir le monde à peu près en vagabonds; et ce fut à cette époque qu'Edgard Atheling, effrayé d'on ne sait quelles idées, s'enfuit en Ecosse, emmenant avec lui ses deux sœurs, Christine et Marguerite. Le mariage de cette dernière avec le roi Malcom, attira en Ecosse une grande foule de réfugiés, auxquels ce souverain accordoit un asile.

Guillaume confisqua cette même année les biens qu'il avoit donnés à plusieurs Normands, entr'autres Hugues de Grentemenil et Humphrey du Tilleul, en punition de leur départ pour la Normandie, qu'il regarda comme une désertion. L'Angleterre étoit encore trop orageuse, pour qu'il pût laisser aller ainsi aucuns de ses guerriers revoir leur famille avant que le calme fût entièrement établi ; il falloit un exemple pour retenir, et cette sévérité, qui put alors paroître excessive, étoit devenue nécessaire.

On peut juger, par ce qui suit, du besoin qu'il avoit encore de ses principaux chefs. Les trois fils de Harold, Godwin, Edmont et Magnus, qui s'étoient sauvés en Irlande après la bataille de Hastings, avoient formé un parti avec Dermot et autres princes de ce pays. Débarqués, à main armée, dans le Devonshire, ils commençoient à s'emparer de cette province, lorsque le nouveau gouverneur, nommé Briant, fils d'un comte de Bretagne, à la tête de ses troupes, les battit dans plusieurs occasions, et les renvoya de nouveau en Irlande.

Violente crise dans le Nord. Mais une scène bien plus violente vint rembrunir l'horizon dans le Nord. Un parti considérable de Northumbriens attaque à l'improviste la citadelle de Durham. Surpris par sa négligence, le gouverneur, Cumin, est massacré avec sept cents Normands qui formoient la garnison. Cet horrible succès éveille les habitans d'Yorck, qui trouvent le secret d'avoir des armes. Ils forcent leur garnison de se retirer dans le château, où commandoit le comte de Montfort, Guillaume Mallet, et en font le siège. Au même moment, trois cents vaisseaux danois viennent longer la côte, et mettent à terre une armée, à la tête de laquelle étoit Osborn, le frère du roi Sweyn, dont les deux fils, Harold et Canute, étoient employés dans l'expédition.

Pour compléter la crise, Edgard Atheling quitte son asile et vient se joindre aux Northumbriens avec un corps d'Ecossais, ayant à ses ordres Cospatrie, Walthéof, Siward, Béarn, Merleswain, Adelin, et autres guerriers. Toutes ces forces réunies attaquent le comte de Montfort dans la citadelle d'Yorck. Prêt à succomber, il imagina un expédient pour écarter les assiégeans : ce fut de mettre le feu aux maisons voisines. Cette ruse le garantit au premier abord ; car l'incendie, non-seulement consuma ces premières maisons, mais il gagna dans la ville, qui fut totalement réduite en cendres. Alors les habitans, outrés de rage, se firent aider par les Danois, et donnèrent de tels assauts à la forteresse, qu'ils finirent par y pénétrer, et passèrent au fil de l'épée le chef et toute la garnison, composée de trois mille Normands.

1069.

Cette boucherie devint un signal de révolte dans plusieurs quartiers de l'Angleterre. Hereward, seigneur renommé de l'East Anglia, forma un

Elle se communique dans presque

<small>toute l'Angleterre.</small> parti, et s'établit dans l'île d'Ely, d'où il fit des incursions dans le voisinage.

Les provinces de Dorset et Sommerset attaquèrent de leur côté, tandis que les habitans de Dévon et de Cornouailles investirent Excester, qui resta fidèle au Roi. Edric le Forestier s'unit aux Gallois, mit le siége devant Shewsbury, et fit tête aux comtes Briant et Fitz-Osberne. Enfin par-tout les Anglais, comme s'ils eussent été honteux de leur premier abattement, parurent déterminés à tenter les plus grands efforts pour secouer leurs chaînes.

L'orage étoit terrible, et eût déconcerté tout autre monarque que Guillaume ; mais nous avons déjà pu remarquer que c'étoit dans de telles circonstances qu'il se montroit supérieur, et que, ferme et tranquille au milieu des bourasques et des crises les plus violentes, il déployoit ces belles qualités qui constituent le grand homme.

<small>Mathilde repasse en Normandie.</small> Son premier soin fut de mettre sa famille à l'abri du péril, en faisant repasser la mer à ses enfans et à la reine Mathilde, dont en même temps la prudence lui étoit utile en Normandie. La rapidité de ses mesures pour le gouvernement et de ses préparatifs pour la guerre, le mit, en moins de quinze jours, en état de marcher contre les révoltés du Nord, qu'il regardoit comme les plus formidables, et dont il pensoit que la défaite effraieroit les autres. Cette campagne, peut-être

la plus savante qu'il eût jamais faite, fut d'autant plus remarquable, qu'elle appaisa toutes les hostilités sans le secours de la guerre. Elle démontra que, s'il étoit habile dans la science des marches, des campemens et des batailles, il ne l'étoit pas moins dans celle des négociations.

Négociation de Guillaume.

Ayant calculé qu'il étoit essentiel de détacher d'abord les Danois de cette redoutable coalition, à dessein de l'affoiblir, il sut tirer parti des anciens rapports d'origine qu'ils avoient avec les Normands, et se faciliter des pourparlers, pendant lesquels Osborn se laissa gagner par ses riches présens, se contenta du pillage des côtes du Northumberland, et ensuite se retira en Danemarck.

Alors Cospatric, désespéré, prit le parti de se désister et de se soumettre; mais il ne rentra en faveur qu'après qu'il eut payé une grosse somme d'argent en expiation de sa révolte. Walthéof, qui avoit défendu Yorck long-temps, se rendit à la clémence de Guillaume, qui, par la distinction avec laquelle il le traita, fit voir, en lui confiant un commandement, qu'il estimoit la valeur, même dans son ennemi. Edric, pressé par la nécessité, demanda grace. Le vainqueur, après lui avoir pardonné, ne tarda pas à lui donner des marques de confiance et d'affection. Le roi d'Ecosse, arrivé trop tard, fut contraint de se retirer. Bientôt la renommée répandit ces faits dans le royaume, et par-tout où

Il dissout la coalition.

22

il existoit des rebelles, ils se dispersèrent, et laissèrent le pouvoir absolu dans les mains des Normands, excepté Hereward, qui persista dans sa désobéissance. Pour Edgard Atheling, il se réfugia de nouveau en Ecosse.

Si l'on vouloit en croire l'historien Anglais, Hume, le Northumberland auroit été dévasté et entièrement ravagé sur une étendue de soixante milles, et cela sur l'ordre positif du Roi, qui, d'après les déclamations de l'auteur, n'auroit eu pour but que le plaisir de détruire. Comment pouvoir ajouter foi à de pareilles assertions? La politique de Guillaume lui dicta sans doute plus d'une fois des punitions, des actes de sévérité, mais jamais elle n'a pu lui dicter de ravager une de ses plus belles provinces, et de détruire ainsi une des propriétés de sa couronne. Cela manque de vraisemblance. Si le Northumberland fut pillé, ce ne put être que les différentes rébellions des comtes Edwin et Morkard qui en furent la cause, en y attirant des armées alliées pour soutenir leurs révoltes, et, par contre-coup, les troupes normandes qui accouroient pour les dissiper. Il est clair que le séjour répété de leurs alliés et de leurs ennemis devoit alternativement dévorer le pays. Ce n'est pas la dernière fois que nous aurons à relever cet historien (1).

_____

(1) Par exemple, comment M. Hume a-t-il pu se permettre de

Nous croyons bien que Guillaume chercha le plus possible à mettre en place des hommes à lui, et par conséquent beaucoup de Normands; mais nous sommes loin d'ajouter foi aux déprédations et dépossessions dont il l'accuse. Il est constant que le Monarque concentra dans sa main toute l'autorité militaire, à laquelle il devoit la conquête du royaume, et, sans aucun doute, c'étoit le plus sûr moyen de le conserver.

Il introduisit en Angleterre le régime féodal, qu'il avoit trouvé en vigueur en France et en Normandie, et qui, dans ces temps, étoit le fondement des gouvernemens monarchiques de l'Europe.

Il divisa toutes les terres du royaume, excepté le domaine de la couronne, en baronnies, qu'il conféra aux principaux des siens, avec la réserve de services militaires et de redevances en argent. Ces grands barons, qui tenoient immédiatement de la couronne, aliénèrent des portions de leur territoire à des sous-ordres, qu'on appela chevaliers et vassaux. Ceux-ci s'engageoient, vis-à-vis de leur seigneur, à lui rendre, soit en paix, soit en guerre, des services et une obéissance semblables

---

traduire le nom d'Arleitte, qu'il a puisé indubitablement dans la chronique, imprimée près de deux siècles avant lui, par celui de Harlotta, terme aussi outrageant qu'il est indécent dans la langue anglaise?

à ceux qu'il devoit lui-même à son souverain. Tout le royaume contenoit environ sept cents principaux tenanciers ou vassaux de la couronne, et soixante mille deux cent quinze knigts-fées, c'est-à-dire, chevaliers tenanciers ou vassaux des grands barons. Comme aucuns Anglais n'étoient admis dans la première classe de ces tenanciers, ils furent trop heureux d'être reçus dans la seconde, de se ranger sous la protection de quelques seigneurs de Normandie, et de contribuer par là à affermir la domination normande sur une base inébranlable.

Pour mieux unir les différentes parties du gouvernement et le lier à un seul système, Guillaume réduisit le revenu ecclésiastique sous la même loi féodale. Le clergé ne manqua pas de regarder cela comme un esclavage insupportable; les évêques et les abbés trouvèrent tout-à-fait indécent qu'on les obligeât de fournir au Roi, à toutes réquisitions, un certain nombre de militaires proportionné à l'étendue de leurs propriétés, et que, dans le cas où ils y auroient manqué, on les condamnât aux mêmes peines que les laïcs.

Les ecclésiastiques, soutenus du Pape, s'élevèrent avec hauteur contre cet assujétissement, qu'ils appelèrent une tyrannie; mais l'autorité du Roi étoit si bien établie sur l'armée, que la superstition, même dans ce siècle où elle avoit le plus d'empire, fut contrainte de plier sous sa volonté suprême. Un de ceux de cet ordre, qui parut le plus redoutable au souverain, fut le primat Stigand, archevêque de Cantorbery.

Guillaume usa de patience jusqu'à l'arrivée d'un légat du Pape Alexandre, qui, aussitôt qu'il l'avoit su affermi sur son trône, lui avoit dépêché *Ermenfroy, évêque de Sion* : c'étoit le premier légat qu'on eût jamais vu en Angleterre. Quoique Guillaume fût bien déterminé à donner des marques de soumission à la cour de Rome, il résolut pourtant de tourner cette circonstance à son avantage. Un concile fut assemblé à Winchester, où, sur différentes accusations, Stigand fut dégradé par le légat, et le Roi nomma alors à l'évêché de Cantorbéry Lanfranc, abbé de Saint Etienne de Caen. Plusieurs autres évêques, d'origine anglaise, dont l'esprit remuant inquiétoit le Roi, furent destitués par ce même concile, qui établit une tranquillité d'autant plus assurée, que les prélats restaus étoient des créatures d'Edouard le Confesseur, et d'origine normande.

<small>Lanfranc archevêque de Cantorbery.</small>

Ce fut à la suite de ce concile que commença l'empire de Rome sur l'Angleterre, empire qui devint excessif sous les successeurs de Guillaume; mais tant qu'il vécut, il sut retenir (1) le clergé dans un assujétissement aussi complet que ses

---

(1) History of England.

autres sujets, et ne permit à aucun d'eux de résister à sa volonté royale; il leur défendit à tous de reconnoître pour souverain pontife quiconque n'auroit pas auparavant été reconnu par lui-même. Il exigea que tous les canons ecclésiastiques des conciles fussent d'abord soumis à son examen, et n'eussent de force qu'après sa ratification.

Les bulles mêmes et les lettres de Rome ne pouvoient être produites sans avoir précédemment reçu la sanction de son autorité. Par ces réglemens, dignes d'un grand Monarque (1), il réunissoit dans sa main la puissance ecclésiastique et la puissance civile, et en même temps tendoit directement à les séparer.

Guillaume avoit conçu le projet difficile d'abolir la langue anglaise; et, pour y réussir, il ordonna que dans toutes les écoles du royaume on montrât le français à la jeunesse, méthode dont l'habitude fut si bien prise, qu'elle se perpétua jusqu'après le règne d'Édouard III, ainsi que nous l'avons déjà dit.

On plaida en français dans les cours supérieures; souvent on dressa les actes dans cette langue, et on y rédigea jusqu'à des lois. On n'en parla point d'autre à la cour, et les Anglais affectèrent d'exceller dans cet idiôme étranger. De cette institution de Guillaume, résulta ce mélange de français qui se

---

(1) History of England.

trouve encore aujourd'hui dans la langue anglaise.

Voulant donner à son peuple une marque d'intérêt, ainsi que de sa satisfaction, il remit en vigueur plusieurs des anciennes lois d'Edouard. Ce rétablissement, qui marquoit une sorte de complaisance de sa part, répandit une allégresse générale parmi ses sujets.

L'année 1071 nous porte à jeter encore un dernier regard sur les comtes Edwin et Morkard. Le premier s'étoit retiré dans ses terres du côté du Nord, avec le projet de fomenter une rébellion ; le second, qui s'étoit réfugié dans l'île d'Ely, avec l'indomptable Hereward, secondé par la situation inaccessible de la place, s'y défendoit sans relâche contre les Normands.

1071.

Guillaume se vit forcé de tout mettre en usage pour subjuguer cette île. Après l'avoir fait investir avec des bateaux plats, il fit construire une chaussée longue de deux milles, dans les marais d'alentour, et, par ce moyen, obligea les rebelles de se rendre à discrétion. Hereward seul s'ouvrit courageusement un passage, l'épée à la main, à travers l'ennemi, et continua ses hostilités par mer, jusqu'à ce que Guillaume lui eût pardonné ; après avoir obtenu sa grace, il fut rétabli dans ses biens.

Le comte Morkard et l'évêque de Durham, qui s'étoient joints à ces rebelles, furent pris et envoyés en prison à Rouen. Edwin, ayant tenté de se sauver en Ecosse, fut trahi par quelques-uns des siens et massacré par un parti de Normands. Les Anglais le regrettèrent, et Guillaume lui donna quelques larmes.

Le roi d'Ecosse, espérant profiter de ces nouveaux mouvemens qui avoient lieu en Angleterre, étoit tombé sur les provinces du Nord ; mais, à l'approche du Roi, il se retira précipitamment, et, lorsqu'à son tour Guillaume entra en Ecosse, Malcom fut trop heureux de faire la paix, et de lui rendre l'hommage anciennement usité.

Pour comble de prospérité, Edgard Atheling, ennuyé de vivre dans les montagnes d'Ecosse, revint trouver Guillaume, qui lui pardonna, en lui faisant le meilleur accueil, et lui assignant une pension considérable.

Le Monarque ne se crut pas plutôt en pleine paix qu'il se relâcha de sa grande sévérité envers la nation conquise, et qu'il s'occupa de confondre et d'identifier les deux peuples par des alliances et par une égale distribution des emplois et des dignités.

Mais ici les vainqueurs se laissèrent aller aux inconvéniens de l'abondance et de l'oisiveté. L'incontinence de Hugues d'Avranches, le luxe d'Odon, évêque de Bayeux, les rapines et les vexations de quelques autres, renouvelèrent les murmures et les séditions. Guillaume pallia le mal en punissant quelques Normands, ministres subalternes de ces vexations.

Sur ces entrefaites, les messagers de la reine Mathilde lui apprennent que le roi de France, Philippe I.er, prend ombrage de ses succès; que les Manseaux veulent remuer; que *le Réchin*, nouveau comte d'Anjou, paroît d'intelligence avec la France et avec les Bretons, pour enlever le Maine à la Normandie. Guillaume, après avoir laissé le gouvernement d'Angleterre à un conseil composé de Normands, et présidé par l'évêque de Bayeux, repasse la mer pour aller châtier cette atteinte portée à son autorité; mais, ne voulant pas tirer de son royaume les troupes normandes qu'il y entretenoit, il emmena avec lui une armée considérable, presque toute composée d'Anglais, auxquels il joignit, en Normandie, quelques corps nouvellement levés, et entra dans la province révoltée. Les Anglais parurent jaloux de se distinguer dans cette occasion, et de se montrer dignes de leur vaillant Monarque. Les opérations de Guillaume, secondé par une réunion d'aussi braves troupes, firent aisément rentrer le Maine sous sa domination. Les habitans se soumirent, et le comte d'Anjou fut obligé de renoncer à ses prétentions.

Guillaume n'eut plus qu'à régler les affaires de

Messagers de Mathilde.

Le conquérant repasse en Normandie.

son duché de Normandie; mais, à peine avoit-il commencé à s'en occuper, qu'il reçut, par un messager de l'Evêque de Bayeux, l'avis d'une nouvelle conspiration formée dans son nouveau royaume. Ce n'étoient plus les Anglais qui conjuroient contre lui, c'étoit Raoul de Gaël, breton, qu'il avoit fait comte de Suffolck, et les Normands, Henry de Beaumont, comte de Warwick, et Roger de Breteuil, comte d'Hereford. Ces seigneurs étoient irrités de la résolution du Roi, qui, pour cimenter les deux peuples par certains mariages, contrebarroit les arrangemens de leurs familles, et les empêchoit de disposer de leurs filles à leur gré. Quoique ce fût sans doute le cas où Guillaume devoit se contenter d'employer la voie de persuasion, et non celle de l'autorité, rien ne pouvoit justifier la célérité audacieuse avec laquelle ces seigneurs commencèrent par préférer la force des armes au droit de représentation.

Il retourne en Angleterre.

A ce bruit, le conquérant revole en Angleterre, profite des sages mesures déjà prises par l'Evêque de Bayeux, son frère, déconcerte et dissipe les conjurés, en fait pendre quelques-uns, et, pour effrayer par un grand exemple, il fait décapiter publiquement, en 1075, l'anglais Walthéof, qu'il avoit précédemment revêtu des comtés de Northampton et de Huntington, mais auquel il ne

1075.

pardonna point de s'être laissé entraîner dans ce complot. Breteuil fut renfermé dans une prison, que son inflexible humeur et ses imprécations prolongèrent; Beaumont obtint sa grace, mais Gaël fut condamné au bannissement perpétuel par le même parlement général qui avoit jugé ses complices. Son épouse fut prise dans Norwick, qu'elle avoit défendu courageusement, et le Roi la traita avec bonté.

A la suite de cette guerre (1), il en eut une d'un genre bien différent contre Grégoire VII : c'est celle que Hume nomme la dispute sur les inves- titures. Ce Pape avoit étendu ses prétentions et l'empire de l'église, jusqu'à ranger sous son autorité toutes les puissances de l'Europe; il n'y avoit presque pas un Monarque qu'il n'eût excommunié ou menacé de l'être, par suite de leurs discussions avec le Saint Siége. Nous avons déjà vu comment il avoit maltraité d'abord *le duc de la Pouille, Robert Guiscard*, et comment celui-ci, après leur raccommodement, étoit venu le défendre, en l'enlevant du Château Saint Ange, où il étoit assiégé par l'empereur Henry IV. Au milieu des progrès de la domination de ce Pontife, Guillaume le Conquérant, le plus puissant, le plus fier et le plus intrépide prince de l'Europe, ne fut pas à l'abri des attaques de ce Pape entreprenant.

<small>Investitures</small>

(1) History of England.

Grégoire lui écrivit pour le sommer de remplir sa promesse, en faisant hommage de sa couronne d'Angleterre au siége de Rome, et en lui envoyant le même tribut que les Rois ses prédécesseurs. Par ce tribut le Pape vouloit parler du denier de Saint Pierre, que la pieuse charité des princes Saxons avoit autrefois accordé, mais que la cour de Rome interprétoit, selon son usage de tirer parti de tout, comme une marque de vasselage de ce royaume.

Guillaume répondit que l'argent seroit donné comme à l'ordinaire, mais qu'il n'avoit jamais entendu faire hommage de sa couronne, ni imposer une pareille servitude sur ses états. Pour mieux montrer ensuite son indépendance, il refusa aux évêques Anglais, malgré les plaintes fréquentes du Saint Père, la permission de se rendre au concile général que ce Pontife avoit assemblé pour condamner ses ennemis. Enfin Guillaume, plus heureux ou plus habile que l'empereur d'Allemagne, trouva le secret de jouir, pendant tout son règne, du droit d'investiture.

Raoul de Gaël, ce prince breton que nous avons vu dépossédé du comté de Suffolck, s'étant enfui d'abord en Danemarck, étoit revenu chercher un asile dans la Bretagne, sa patrie. C'est de là qu'il négocioit tantôt avec Robert, le fils aîné de Guillaume, tantôt avec les seigneurs de Bretagne, qui s'étoient ligués contre leur duc Hoël. Alors Guillaume revint de nouveau en Normandie, et, dans l'intention de rétablir Hoël qui le secondoit, et de punir Gaël qui le bravoit, il porta la guerre en Bretagne et mit le siége devant Dol.

<small>Retour en Normandie.</small>

<small>Siége de Dol.</small>

Le croiroit-on? Guillaume y reçut un échec, le premier de sa vie. Gaël se défendit en désespéré, et tous les assiégés de même, en attendant un puissant renfort que le roi de France envoya à leur secours. Ce renfort étoit si considérable, que Guillaume fut obligé de lever le siége, et de rentrer précipitamment en Normandie. Dans cette retraite, il perdit son bagage, que quelques historiens ont évalué à 80,000 livres sterling, et d'autres seulement à 15,000.

Guillaume n'étoit pas accoutumé à des mortifications de ce genre, et l'on peut juger quel fut l'excès de ressentiment qu'il conserva contre Philippe I.er; mais ce n'étoit encore là que le prélude d'un chagrin bien plus amer et bien plus sensible, que ce Monarque lui préparoit.

Il ignoroit encore l'intelligence qui subsistoit et les rapports qui s'étoient formés entre lui et son fils Robert. Quelle peine ne dut-il pas éprouver, lorsqu'il s'aperçut qu'il étoit nécessaire de prolonger son séjour en Normandie pour pacifier des troubles élevés du sein de sa propre famille, et menaçant la plus chérie de ses possessions. Ce

Robert, surnommé Courte-Heuse, sembloit avoir hérité de toute la bravoure de ses ancêtres; mais il n'étoit pas doué de cette politique adroite, de ce liant, qui avoient rendu son père si supérieur, et qui n'avoient pas moins contribué à ses succès que sa valeur et son habileté militaire. Avide de gloire, mais impatient à la moindre contradiction, il aimoit sans réserve et haïssoit de même. Ce jeune prince, ne pouvant soutenir aucune sorte de contrainte, pas même de la part d'un père aussi impérieux que le sien, aspiroit ouvertement à cette indépendance à laquelle son caractère et les circonstances de sa position l'invitoient.

Lorsque Guillaume avoit reçu les soumissions de la province du Maine, il avoit promis aux habitans que Robert les gouverneroit. A la prière de la cour de France, il l'avoit même déclaré son successeur en Normandie, dès avant d'entreprendre son expédition d'Angleterre, et lui avoit fait prêter serment de fidélité par les barons de ce duché, comme à leur futur souverain.

A la faveur de ces artifices, il étoit venu à bout d'appaiser la jalousie de ses voisins, en paroissant déterminé à séparer, un jour, de ses états conquis, les possessions qu'il avoit sur le continent. Mais lorsque Robert, encore à l'instigation de la cour de France, demanda indiscrètement l'exécution de ces engagemens, la réponse du Roi son père

…t qu'*ordinairement on n'ôtoit pas ses habits* *vant de se coucher.* Réponse à Robert.

Robert fit alors éclater un mécontentement rès-indécent, et fut soupçonné d'avoir engagé e roi de France à protéger la ville de Dol.

Des trois autres fils du Conquérant, Richard voit été tué par un cerf à la chasse; Guillaume e Roux et Henry, les deux qui restoient, s'étoient mparés de toute l'affection de leur père, et obert en prit un tel ombrage, que, quoiqu'ils ussent souvent ensemble, ils vivoient avec peu 'intelligence. Guillaume étoit trop occupé de ouverner, de négocier, de voyager et de combattre, pour donner les soins nécessaires à leur 'ducation morale, et Mathilde avoit peut-être à e reprocher de les avoir gâtés et d'avoir eu trop 'indulgence pour leurs défauts. Jalousie entre ses enfans.

Un événement bien singulier, en même emps bien pitoyable, puisqu'il fut l'image d'une uerelle de cabaret, fit éclater la plus violente upture, la plus affligeante et la plus déplorable ntre le père et le fils. Quelle fatalité pour Guillaume!

Il habitoit depuis quelques jours le château de l'Aigle en Normandie, où les trois princes paroissoient vivre assez familièrement, lorsque, par plaisanterie, les deux plus jeunes imaginèrent de jeter quelques gouttes d'eau sur la tête de l'aîné, Aventure du château de l'Aigle.

dans le moment où il traversoit la cour pou[r] rentrer dans son appartement.

L'impétueux Robert, excité par le fils d[e] Hugues de Grentemenil, que Guillaume avoi[t] dépossédé précédemment de ses biens d'Angle[-] terre, et déjà indisposé contre ses frères, mont[e] l'escalier, et met l'épée à la main dans l'intentio[n] de s'en servir. Les deux autres princes en firen[t] autant de leur côté, et dans l'instant tout l[e] château fut dans une rumeur épouvantable. [Le] Roi lui-même sortit au bruit, et fut obligé d'[in-] terposer son autorité pour faire cesser ce tumulte qu'il n'appaisa qu'avec peine. Mais Robert ne p[ut] cacher son ressentiment, et, se plaignant de l[a] partialité de son père, il quitta la cour dès le soi[r] même, très-mécontent, et se rendit à Rouen avec le projet de s'emparer de la citadelle. L[a] vigilance et les précautions de Roger d'Ivry, qu[i] en étoit gouverneur, l'ayant déconcerté, il s[e] réfugia auprès de Hugues de Neuchâtel, rich[e] baron normand, qui lui donna asile dans se[s] châteaux, d'où ce prince déclara ouvertement l[a] guerre au Roi, son père.

<small>Coalition des jeunes seigneurs.</small> On conçoit aisément que toute la jeune noblesse se rangea sous les drapeaux de Robert. Les rapport[s] d'âge et de mœurs, les liaisons formées dans de[s] parties de plaisir, où ce prince excelloit par so[n] goût pour la chasse, le vin, le jeu et les belles,

lui attirèrent une foule de jeunes partisans qui vinrent du Maine, de l'Anjou, même de la Normandie. L'ardeur guerrière, l'esprit de chevalerie, qui régnoient alors, animèrent toutes ces jeunes têtes, qui se faisoient une véritable joie de combattre ce vieux Guillaume encore redoutable, comme s'ils eussent eu à lutter contre un lion terrible; et, ce dont on ne revient pas, c'est que ces secours donnés à un fils contre son père, étoient stimulés sourdement par une puissance, ainsi que nous allons le voir.

Ici nous ne pouvons nous empêcher de relever encore l'historien Hume, qui, ne pouvant calomnier Guillaume, calomnie Mathilde, en disant qu'elle favorisoit sous main son fils chéri, lui faisoit passer de l'argent et protégeoit ses partisans.

Quelle indécence de vouloir imaginer que Mathilde, devenue reine à l'ombre des lauriers de son mari, régente de la Normandie depuis quatorze ans, par l'effet de sa confiance, accordât protection à la révolte coupable de Robert!

Cependant les provinces appartenant à Guillaume étoient agitées par cette guerre depuis un espace de plusieurs mois, et ce Monarque, voyant que le parti de Robert grossissoit tous les jours, se détermina à faire venir d'Angleterre des troupes nationales, commandées par d'anciens capitaines Normands.

Robert et ses adhérens furent bientôt chassés de leur retraite, et obligés d'aller s'établir dans le château de *Gerberoy* en Beauvoisis, que le roi de France leur donna pour asile. (C'est alors que fut ouvertement connue cette puissance secrète qui fomentoit la rébellion.)

Attaque du château de Gerberoy. Ils ne tardèrent pas à y être assiégés et serrés de près par le vieux guerrier. Mais la nombreuse garnison fit une vigoureuse défense. Pendant les hostilités, il se passa sous les murs de cette place plusieurs rencontres qui ressembloient plutôt à des combats de chevalerie, qu'à des actions entre deux armées. On en vit une sur-tout, remarquable par ses circonstances et par l'événement fatal qu'elle produisit.

Robert, à la tête d'une sortie, se trouva aux prises avec un chevalier dont l'armure, suivant l'usage de ces temps, cachoit tout le visage. Tous deux, d'une valeur égale, combattirent avec intrépidité, jusqu'à ce que le jeune Prince, ayant blessé son adversaire au bras, le renversa de cheval, d'autres disent qu'il tua son cheval sous lui. A la voix forte de Guillaume, qui poussa un cri en tombant, le jeune prince reconnut son père. Frappé de l'horreur de son crime, il se précipite à ses genoux, et implore sa clémence; mais Guillaume, furieux d'avoir été vaincu, encore plus que des torts de son fils, dans le premier moment

de colère malheureusement lui donna sa malé- *Malédiction de Robert.*
diction, et refusa d'écouter le repentir de Robert,
qui l'aida à se relever, lui prêta son cheval et
fit cesser le combat avant de rentrer dans la place,
d'où il s'échappa immédiatement après, et disparut. Ce ne fut qu'au bout de quelque temps
que Guillaume se rendit aux sollicitations de
la reine Mathilde et se réconcilia avec son fils,
qui vint se mettre à sa discrétion, et auquel il
pardonna. *Son pardon.*

Mais la malédiction paternelle étoit prononcée,
et nous verrons par la suite que la fin malheureuse
de Robert pourroit être regardée, par certaines
personnes, comme une preuve que le pardon
ne l'avoit pas effacée.

Guillaume parut si sincèrement appaisé, qu'il
l'emmena avec lui en Angleterre, où il lui *Guillaume l'emmène en Angleterre.*
confia le commandement d'une armée, avec
ordre d'aller repousser une invasion du roi
d'Ecosse, Malcom, et de s'en venger, par représailles, en entrant dans son pays.

Robert remplit parfaitement la mission de son
père : non-seulement il battit l'ennemi, mais il
le força de demander la paix. Il se distingua de *Robert bat les Ecossais et les Gallois.*
même dans la guerre contre les Gallois, qui,
soulevés par Magnus, se montrèrent en état de
rébellion. Cet ingrat Magnus, déjà compliqué
dans la plupart des séditions émues en Angleterre,

et auquel Guillaume avoit toujours pardonné, ainsi qu'à ses frères et à leur mère Jitha, même encore une dernière fois qu'on le lui avoit amené prisonnier et qu'il l'avoit renvoyé en Flandre auprès d'elle; cet ingrat, dis-je, étoit allé se réunir aux Gallois, qui, hors d'état de résister à la puissance de Guillaume, furent obligés de cimenter leur défaite par l'hommage du pays de Galles.

Enfin la tranquillité fut entièrement rétablie dans l'île.

Cette situation calme des affaires donna le loisir à Guillaume de finir une entreprise qu'il avoit déjà commencée, et qui prouve le génie vaste de ce Monaque, autant qu'elle fait honneur à sa mémoire.

Ce fut un état de toutes les terres du royaume, de leur étendue dans chaque district, de leurs propriétaires, de leurs redevances, de leur valeur, de la quantité de prairies, de pâturages, de bois et terres labourables qu'elles contenoient.

Il nomma des commissaires à ce sujet, qui entrèrent dans tous les détails, les inscrivirent sur des registres, en conséquence du rapport des jurés; et, après un travail qui dura environ six ans, portèrent au Roi un état exact de toutes les propriétés terriennes de son royaume, à l'exception de trois provinces du Nord, *le Westmorland, le Cumberland et le Northum-*

berland, qui ne furent pas comprises sur ce registre, sans doute à cause de leur état de non culture.

Ce monument, auquel notre cadastre paroît ressembler, fut appelé, dit l'histoire d'Angleterre, *Domes day-book*, regardé comme le morceau d'antiquité le plus précieux qu'aucunes nations puissent posséder ; il est encore dans l'Echiquier, et sert à nous éclaircir, dit la même histoire, plusieurs particularités sur l'ancien état de l'Angleterre.

<small>Domesday-book.</small>

Le grand Alfred avoit fait un terrier de son royaume, tel qu'il étoit de son temps. On l'avoit gardé à Winchester, et ce fut probablement le modèle que Guillaume suivit pour le sien.

Quoiqu'aucun prince n'eût jamais paru si libéral envers ses officiers et les personnes de sa maison, par principe il aimoit l'ordre et l'économie. Il réserva un revenu considérable à la couronne, en y attachant la propriété de treize cent vingt-deux fiefs qui lui payoient des rentes en argent ou en nature. Un ancien historien a calculé que son revenu annuel, sans compter les accessoires, se montoit environ à quatre cent mille livres sterling (environ dix millions de notre monnoie), ce qui le fit regarder alors comme le plus riche Monarque de l'Europe.

L'amusement que Guillaume, comme tous les

Normands et les anciens Saxons, aimoit passionnément, étoit celui de la chasse. Pour se le procurer plus commodément, il fit planter une nouvelle forêt (1) près de Winchester, lieu de sa résidence. Elle occupoit environ trente mille du pays de Hampshire, ce qui faisoit environ dix lieues de France. Ici nous nous permettrons de ne pas ajouter foi complétement à l'historien Hume, qui nous assure que le Monarque déposséda tous les propriétaires de ces dix lieues de pays, sans dédommagement, et qu'il faisoit crever les yeux à tous les paysans qui se permettoient de chasser dans sa forêt neuve. Quant à nous, nous croyons aisément qu'il tenoit la main au braconnage, et c'étoit bien fait; mais en même temps nous sommes convaincus que Guillaume étoit un prince trop magnanime et trop juste, pour ne pas payer les propriétés qu'il avoit cru nécessaires d'ajouter à ses plaisirs.

La Forêt Neuve.

Ce fut à peu près dans le même temps qu'il fit bâtir cette fameuse forteresse (2) nommée la Tour de Londres, et qu'il fonda, dans le Northumberland, la ville de Newcastle, sur la rivière de Tyne. On lui attribue aussi le Pont de Londres.

Guillaume bâtit la Tour de Londres.

Ce qui se passa dans le reste de son règne, peut être considéré plutôt comme affaires

---

(1) Cette forêt neuve paroît être à présent la forêt de Vindsor.
(2) History of England.

domestiques que comme événemens nationaux. Les démêlés qu'il eut avec son frère Odon sont assez bizarres pour mériter d'être racontés. Ce prélat, auquel il avoit toujours confié une grande partie de l'autorité royale, s'étoit excessivement enrichi, et fut même soupçonné de peu de délicatesse sur les moyens de se procurer de grosses sommes. Jaloux de la confiance que Guillaume accordoit à l'archevêque Lanfranc, il se livra aux ambitieux projets dont il s'étoit souvent bercé.

Sa chimère étoit de devenir pape, et de se persuader, qu'à force d'argent, il réussiroit à obtenir la thiare, quoique Grégoire, le pontife régnant alors, ne fût pas très-vieux. Odon se fioit si fort aux prédictions d'un astrologue, qu'il comptoit sur la mort prochaine de Grégoire et sur la possibilité d'acquérir le Saint-Siége, l'objet de tous ses vœux, à force d'intrigues et de cadeaux. Il résolut donc de transporter toutes ses richesses en Italie, et engagea plusieurs barons, entr'autres Hugues, comte de Chester, à faire le même voyage, en leur donnant l'espoir que, lorsqu'il seroit monté sur le trône pontifical, il leur procureroit des établissemens considérables dans ce pays.

Le Roi, à qui soigneusement il avoit caché ce bizarre et singulier projet, qui, d'ailleurs, avoit lieu d'être mécontent de son frère sur la partie des finances, donna l'ordre de l'arrêter, dès qu'il en fut instruit. Ses officiers, embarrassés par les prérogatives auxquelles prétendoient les ecclésiastiques, se firent tant de scrupule d'exécuter cet ordre, qu'il fut obligé d'aller en personne se saisir de lui dans l'île de Wigth, où il le joignit. Le prélat voulut insister sur ce qu'il ne devoit être soumis à aucune puissance temporelle; mais le roi lui répondit qu'il l'arrêtoit, non pas comme évêque de Bayeux, mais comme comte de Kent, et l'envoya à Rouen, où il fut quelque temps en prison. Mais, à son premier voyage en Normandie l'année suivante, il le fit venir en sa présence, et après lui avoir adressé les reproches les plus vifs, il lui pardonna et lui rendit la liberté, ainsi qu'au comte Morkard, ce seigneur Anglais dont nous avons parlé précédemment.

Arrestation d'Odon.

L'année 1084 devint une année douloureuse pour ce grand prince : la reine Mathilde fut prise d'une fièvre maligne qui la mit en peu de jours au tombeau ; et ce fut un malheur véritable pour lui que de perdre cette aimable princesse qui l'avoit si bien secondé dans les opérations du gouvernement, et qui n'eut d'autres défauts que ceux d'une prédilection trop marquée pour son fils aîné, et une jalousie trop inquiète envers son mari.

Mort de Mathilde.

Mathilde, après trente-trois ans d'un hymen irréprochable, laissa une grande réputation, et l'on est tenté d'injurier la mémoire des anciens écrivains qui ont osé l'accuser d'une intrigue galante avec Roger de Beaumont, pendant la première absence de son mari. Qu'on juge comme c'est croyable. (Ce Roger de Beaumont, vieux général de confiance du Duc, trop âgé pour prendre part à l'expédition, avoit été laissé par lui auprès de la Duchesse, pour l'aider dans les soins et les affaires de la régence.) Ils disent, pour surcroît de mensonge, que ce fut par son conseil que Mathilde demanda à son mari, repartant pour l'Angleterre, le tribut des bâtards, sans dire ce que c'étoit que ce tribut, et que le Duc, outré de colère, l'attacha à la queue de son cheval, et la traîna depuis le faubourg Saint-Gisle jusqu'au Bourg l'Abbé.

Ils ajoutent encore que c'est en expiation de cet acte de barbarie, qu'il fit bâtir les deux monastères de Caen, l'un à l'endroit d'où il étoit parti, et l'autre à celui où il s'étoit arrêté (1).

Et ces vieux auteurs citent à peine ce mer-

---

(1) Récit tellement révoltant, qu'un moine ou chanoine a fait un gros livre pour réfuter cette assertion scandaleuse. Nous tenons ce dernier fait de M. Moizan, bibliothécaire impérial à Caen ; et nous avons appris de M. l'abbé de La Rue, membre de l'académie de la même ville, que ce moine s'appeloit Mathieu de la Dangie.

Tapisserie.

veilleux ouvrage, connu sous le nom de tapisserie de la reine Mathilde, fruit d'un travail de dix ans, auquel non-seulement elle employa beaucoup de mains, mais auquel elle travailloit elle-même. On sait que cette tapisserie représente les différens événemens de la conquête d'Angleterre. Malheureusement les arts étoient alors trop peu éclairés pour que le dessin, quoiqu'il fût sans doute de la main de la princesse, soit correct. Elle ne pouvoit, comme nous, appeler à son aide des *Le Jeune* et des *Vernet* ; mais on ne peut se dispenser d'y reconnoître le génie d'une femme digne d'un pareil époux, puisqu'elle nous a laissé ainsi l'image de vingt-cinq ou trente faits militaires de son étonnante campagne, et que, n'ayant pas d'autres moyens pour la faire passer à la postérité, elle avoit imaginé ce genre de tableau, fait pour illustrer la mémoire de Mathilde, comme la conquête illustra celle de Guillaume. Sans doute la femme qui retrace les trophées de son époux doit avoir une place dans l'histoire.

Nous profitons de cette circonstance pour dire que maintenant le dessin de cette tapisserie ne sera jamais perdu. Un Anglais, le docteur *Du Quarrel*, dans un fort bel ouvrage sur la Normandie, qui se voit à la bibliothèque de Caen, en a fait graver tout le trait. Ainsi nous sommes sûrs

Le Docteur Du Quarrel.

qu'avec cette base, et des talens en peinture comme ceux que je viens de citer, nous pourrions avoir un jour la galerie du duc Guillaume, aussi digne pour le moins d'un habile pinceau que celle de Marie de Médicis.

Projet d'une galerie du duc Guillaume.

Tous les prélats et abbés de la Normandie se réunirent pour les obsèques de la Duchesse-Reine, dont la pompe funèbre fit répandre une infinité de larmes ; son corps, suivi d'un nombreux cortége, fut déposé dans le chœur de cette abbaye de Caen, qu'elle avoit fait bâtir, et qu'on nommoit l'Abbaye aux Dames. Sur son tombeau, d'une grande magnificence, fut ciselé son portrait de grandeur naturelle, et en outre beaucoup d'ornemens en or et en pierreries ; on y lisoit l'épitaphe suivante, gravée en lettres d'or :

>Egregiè pulchri tegit hæc structura sepulchri,
>Moribus insignem, germen regale, Mathildem ;
>Dux Flandrita pater, hinc existit Adala mater ;
>Francorum gentis Roberti filia regis,
>Et soror Henrici, regali sede politi ;
>Regi magnifico Guillelmo juncta marito.
>Præsentem sedem recenter fecit, et ædem
>Tam multis terris, quàm multis rebus honestis
>A se dilatam, se procurante dicatam.
>Hæc consolatrix inopum, pietatis amatrix,
>Gasis dispersis, pauper sibi, dives egenis,
>Hic infinitæ petiit consortia vitæ,
>In prima mensis, post primam, luce novembris.

Voici la traduction faite par M. de Bráz,

en 1588. Nous la donnons comme une pièce antique, ainsi que l'intitulé :

L'Epitaphe tournée par moi en vers français:

> Ce somptueux tombeau couvre Mathilde reine,
> Fille au comte de Flandre et d'Alizon de France ;
> Fille au bon roi Robert, jointe par alliance
> Au roi Guillaume, duc des Normands et du Maine ;
> Du roi Henry fut sœur ; puis print soigneuse peine
> A bâtir ce beau temple, y donnant grande finance,
> Fiefs, jardins et manoir, terre en abondance.
> Tous ces biens elle fit de dévotion pleine ;
> Les pauvres consoloit, aimoit religion,
> Distribuoit ses biens avec dévotion ;
> Aux nécessiteux riche, et pauvre quant à elle ;
> Ainsi usa sa vie en dame de vertu ;
> Le second de novembre, ayant tant combattu,
> Qu'à Dieu rend son esprit, en triomphe éternelle.

L'histoire de Normandie rapporte que, peu de temps avant de mourir, elle avoit fait un pélerinage à l'abbaye de Saint Evroult.

Après les funérailles de Mathilde, dit la même histoire, il sembloit qu'on eût enterré tout le bonheur du conquérant. Sa vie, qui occupa encore un espace d'environ trois ans, ne fut plus qu'un tissu de contrariétés et même d'infortunes.

Avant de repartir pour l'Angleterre, il donna pourtant encore un exemple de son jugement ordinaire. Les prédications des croisades commençoient à se faire entendre, et Pierre l'Hermite exaltoit les souverains et les peuples. Guillaume eut la sagesse de se préserver de ce fanatisme contagieux qui ne tendoit à rien moins qu'à transporter la population de l'Europe dans l'Asie. Cependant, comme il sentoit que l'effervescence de son fils Robert avoit besoin d'être occupée et alimentée, il lui permit d'aller chercher la gloire et les dangers dans ces expéditions bizarres et lointaines.

Toutefois l'histoire ne nous dit point que Robert ait fait le voyage de la Palestine pendant la vie de son père ; mais elle lui fait jouer un beau rôle, environ douze ans après, dans la croisade de Godefroy de Bouillon (1). Ce qu'elle nous assure, c'est le pélerinage d'Edgard Atheling, qui obtint de Guillaume la permission de faire un voyage à Jérusalem, avec deux cents chevaliers, à la tête desquels il se distingua, et ne revint en Angleterre qu'au bout de deux ans.

Ce fut à peu près lors de ce départ d'Edgard pour la Palestine, que Guillaume repassa en Angleterre pour s'opposer aux desseins de Canute, le fils du roi de Danemarck, Sweyn, qu'il obligea de se désister de ses entreprises.

De retour en Normandie, le Monarque eut

(1) Nous avons déjà parlé de l'expédition de Robert Courte-Heuse, à la fin de l'histoire des Normands illustres ; on la trouvera plus détaillée à la fin de cet ouvrage, à l'article *Quatrième siège de Falaise*.

d'assez violentes chicanes à soutenir de la part du comte de Nevers, qui s'étoit associé avec son gendre, Herbert, et avoit osé faire des incursions dans le Maine, où ils s'étoient emparés ensemble des châteaux de Beaumont, Frenay et Sainte Suzanne.

Guillaume s'y porta, escorté de plusieurs détachemens; et, afin de barrer les courses de ces ennemis, il fit bâtir un fort en la vallée de Beugy. Plusieurs mois se passèrent en escarmouches assez coûteuses de part et d'autres. Enfin cette guerre se termina par la soumission des princes vaincus, et Guillaume, satisfait, leur accorda la paix. Ce fut pendant cette guerre qu'il décora son jeune fils, Henry, de l'ordre de chevalerie.

Mais bientôt après une autre guerre plus sérieuse se déclara entre lui et ce puissant antagoniste qui ne s'étoit jamais mis à découvert. C'étoit le roi Philippe qui, depuis long-temps, par des menées sourdes et des manœuvres secrètes, travailloit sans cesse à entraver les succès du conquérant, dont il étoit jaloux. Guillaume, de son côté, conservoit depuis long-temps une ancienne rancune, et guettoit l'occasion de se venger, lorsqu'un accident bien étrange et bien imprévu fit éclater la guerre entre les deux Monarques. Qui le croiroit? une partie d'échecs.

La cour de France étoit établie depuis quelques

mois au château de Conflans, et les deux princes, Robert et Henry, y étoient allés, suivis d'un brillant cortége, dont leur père les avoit fait accompagner. Louis Thibaut, le fils du roi, et, par conséquent, dauphin de France, fit une partie d'échecs avec le prince Henry, qui étoit à peu près de son âge. Ce jeu étoit alors fort en vogue à la cour. Henry gagna la partie, et, au moment où il faisoit mat le dauphin Louis, celui-ci, furieux et mauvais joueur, l'appela fils de bâtard, et lui jeta les échecs au visage. Henry s'empara de l'échiquier et en frappa le Dauphin d'une si rude force, qu'il le fit saigner, et *l'eust occis, si Robert, son frère, qui survint, ne l'eust empêché.* Mais on accourut au bruit, et on les vit aux prises.

Aventure du château de Conflans.

Partie d'échecs.

Les deux princes, prévoyant bien qu'il n'y auroit plus de sûreté pour eux dans le château, montèrent à cheval avec ce qu'ils purent rassembler de leur suite. Robert avoit déjà eu la précaution d'envoyer à Pontoise, dire qu'on vînt à leur secours.

Effectivement ils ne furent pas plutôt partis, que le roi Philippe, jugeant son honneur compromis dans la querelle de son fils, envoya bientôt après eux une troupe de cavalerie pour les faire arrêter; mais Beaudoin de Harcourt et Fouques de Beaumont, qui commandoient dans Pontoise pour Guillaume le Conquérant, accoururent à la tête d'une troupe nombreuse, dégagèrent les princes, et tombèrent sur le détachement royal, qu'ils reconduisirent ventre à terre jusqu'à Conflans, où ils mirent le feu à quelques maisons.

Pour cette fois Philippe, vivement irrité, se met à la tête d'une grosse armée, entre dans le Vexin Normand, et s'empare de la ville de Vernon; mais il ne put prendre le château, parce que Beaumont venoit de s'y jeter avec une forte garnison. Guillaume s'avança aussitôt pour combattre, après avoir fait prendre Beauvais par un de ses généraux. L'histoire de Normandie rapporte que des conciliateurs s'établirent entre les deux Souverains, et que cette guerre, qui débutoit avec tant de violence, fut bientôt terminée par une trêve dont Guillaume ne fut pas fâché, parce qu'il se sentoit tourmenté par les approches d'une maladie grave; mais le ressentiment de Philippe, pour l'injure faite à son fils, ne fut pas entièrement éteint.

Guillaume, de retour à Rouen, fut effectivement obligé de garder le lit pendant quelque temps; et, comme il étoit devenu fort gros, Philippe, qui sut son incommodité, se permit une raillerie amère, en disant devant ses courtisans, *que le roi d'Angleterre étoit bien plus long-temps en couches que les femmes de son pays, et que sans doute ce seroit une belle fête que le jour de ses relevailles.*

Guillaume, à qui elle fut rapportée, en fut vivement piqué, et dit, au milieu de sa cour, *qu'il feroit ses relevailles à Notre-Dame ; mais qu'elles ne réjouiroient guère le roi de France, car il y auroit plus de dix mille lances en guise de cierges.*

Effectivement, aussitôt après sa guérison, il réclama la totalité et l'entière possession du Vexin français, comme ancienne donation faite par le roi Henry au duc Robert le Libéral, son père, en reconnoissance du service qu'il lui avoit rendu en le remettant sur son trône.

Philippe rejeta cette demande fort sèchement, et la trêve fut rompue. Guillaume se mit alors à la tête de son armée, et marcha sur le Vexin français, où il exerça au moins autant de ravages que Philippe en avoit commis dans le Vexin normand. Ascelin Gaël, conducteur de son avant-garde, avoit déjà pillé les environs de Mantes, lorsqu'il y arriva le lendemain ; et, après avoir battu quelques détachemens de l'armée royale, il assiégea cette même ville de Mantes, dont une partie fut incendiée. Pendant qu'il faisoit donner l'assaut, s'étant approché trop près d'une maison enflammée, il en ressentit dans le moment une très-grande incommodité ; ensuite, en traversant la ville, son cheval mit le pied dans une fosse, ou malière, et, en se relevant, lui donna une si

Prise de Mantes.

violente secousse, que le pommeau de la selle le blessa dangereusement au bas-ventre. Sa santé n'étant pas parfaitement rétablie, et son âge commençant à être avancé, il craignit les suites de cet accident, et se fit porter à Rouen dans une litière, après avoir donné des marques de compassion aux malheureux habitans de Mantes.

A peine y fut-il arrivé, que, se trouvant incommodé par le bruit de cette capitale, il se fit porter, suivant les uns, dans une terre nommée Hermentrude, suivant les autres, au monastère de Saint Gervais.

Dans cette retraite, les affaires de ses deux états partagèrent l'attention qu'il donna religieusement à celle de son salut.

Guillaume (1), au milieu des agitations de son règne, s'occupoit fréquemment de l'attente de l'autre vie. Ces grandes pensées le pénétrèrent encore davantage, lorsqu'il se vit près de quitter celle-ci. Sentant sa maladie augmenter, il prononça de son lit un discours dans lequel il rappela ses travaux, ses dangers, et les grandes choses qu'il avoit accomplies depuis sa tendre jeunesse. Il entra dans beaucoup de détails tant sur le caractère des peuples qu'il avoit combattus, que sur celui de ceux qu'il avoit gouvernés. Il parla de ses fautes et de ses bonnes actions avec la même

---

(1) Essai sur la Normandie.

franchise, et conjura les prélats d'adresser leurs prières au ciel, pour lui obtenir le pardon des premières. Il recommanda au grand nombre de barons qui étoient présens, de rendre à tous la justice, et de respecter également les droits du prince et ceux de la nation.

En outre de grandes donations aux pauvres, il fit porter une somme considérable à la ville de Mantes, pour l'indemniser du désastre qu'elle venoit d'éprouver.

Il disposa de l'Angleterre en faveur de son second fils, Guillaume le Roux, en anglais, William Rufus, et fit écrire à l'archevêque Lanfranc pour l'en prévenir; il donna la Normandie à Robert, l'aîné, et à Henry une somme de cinq mille livres sterling, faisant alors environ huit mille marcs d'argent, à prendre sur ses frères, comme étant le bien d'Arleitte, sa mère.

Si l'on en croit les anciens historiens, il sembla présager une grande fortune à Henry, son troisième fils, et lui prédire qu'il surpasseroit ses frères. D'après la chronique, les raisons pour lesquelles il ne donna point la couronne à Robert, tinrent à l'inquiétude que lui causoit son caractère inconséquent et léger; d'ailleurs, qu'ayant porté les armes contre son père, il craignoit que cela ne fût mal vu par ses nouveaux sujets, et que Robert ne finît par perdre cette belle conquête, fruit de tant de peines et d'actions glorieuses.

Enfin, après avoir mis tout l'ordre possible aux objets temporels et spirituels, Guillaume le Conquérant expira le 6 de septembre 1087, à l'âge de soixante et un an, dont il avoit régné vingt et un sur l'Angleterre, cinquante-deux sur la Normandie, et vingt-sept au Maine.

(1) Peu de princes furent aussi favorisés de la fortune que ce Monarque, et eurent autant de droit que lui à la grandeur et à la prospérité par la supériorité d'ame et de courage qu'il déploya dans toutes les actions de sa vie. Son esprit étoit entreprenant et hardi, mais toujours guidé par la prudence ; son ambition, toute grande qu'elle étoit, fut toujours soumise aux règles de la raison et de la politique. Né dans un siècle où les esprits étoient intraitables et peu accoutumés à l'obéissance, il eut l'art de les diriger selon ses projets ; et, soit par l'effet de son caractère supérieur, soit par sa profonde connoissance des hommes, il réussit à se procurer une autorité sans bornes. Sa puissance fut transmise à sa postérité, et le trône d'Angleterre est encore rempli par ses descendans. Rien ne prouve mieux que les fondemens qu'il avoit jetés, étoient fermes et solides, et que, tandis qu'il paroissoit quelquefois ne suivre que sa passion ambitieuse, il portoit ses vues sur

---

(1) History of England.

l'avenir. On voit dans l'historien Hume, que pendant long-temps tous les barons et les militaires de l'Angleterre se sont conservés et se donnoient à eux-mêmes le nom et le titre de Normands.

Il paroît qu'au moment de sa mort aucun de ses enfans n'étoit avec lui. William-Rufus étoit en Angleterre, Henry en Flandre, et Robert à la cour de France. A l'instant une sorte de terreur se répandit dans la ville de Rouen; tous les seigneurs et barons montèrent à cheval et s'en allèrent au plus vîte dans leurs châteaux, présumant que cette mort alloit être suivie des plus grands troubles, de manière que le corps resta abandonné presque toute une matinée, pendant laquelle les domestiques pillèrent l'argenterie. Enfin arriva Herluin de Conteville, qui prit soin de la pompe funèbre (1).

L'archevêque de Rouen conduisit le corps jusqu'à la ville de Caen, où le Conquérant avoit marqué sa sépulture dans l'abbaye de S. Etienne; et là, se trouvèrent rassemblés tous les prélats de Normandie. En outre l'archevêque de Rouen, les évêques, Odon, de Bayeux; Gilbert, d'Evreux; Maninot, de Lisieux; Michel, d'Avranches; Geoffroy, de Coutances; Girard, de Séez; et les abbés Anselme, du Bec; Guillaume de Ros, de Fécamp; Gerbert, de S. Vandrille; Guittard,

---

(1) Cet Herlouin avoit épousé Arleitte, mère de Guillaume.

de Jumiège ; Mainier, de Saint Evroult; Fouques, de Dive ; Durand, de Trouars; Robert, de Séez ; Osberne, de Bernay; Roger, du Mont S. Michel; Nicolas, de Saint Ouen ; Gautier, du Mont de la Trinité, et plusieurs autres.

L'histoire fait mention de deux événemens qui eurent lieu pendant les funérailles du Prince. Elle dit, qu'au moment où le convoi funèbre approchoit de Caen, un incendie se manifesta dans la ville ; qu'une partie de la foule qui s'étoit portée au-devant, revint promptement pour éteindre le feu ; et que, pendant l'oraison funèbre prononcée dans l'église par Gilbert, évêque d'Evreux, qui retraça les actions héroïques et autres belles qualités du Conquérant, sa valeur, ses conquêtes, sa justice, la paix qu'il avoit maintenue dans ses Etats après l'avoir acquise, un maréchal nommé Ascelin, fils d'un soldat qui avoit nom Arthur, encouragé sans doute par les dernières paroles du discours remarquable du prélat, qui étoient ainsi conçues : *Mais nul homme n'est exempt de fautes, c'est un malheur attaché à l'humanité. S'il en est un seul ici que Guillaume ait offensé, je le conjure de pardonner à ce grand Monarque, et de prier Dieu pour son ame*; ce maréchal, dis-je, aux termes de la coutume de Normandie, cria *Haro* sur le convoi, en disant qu'il réclamoit comme sa propriété une portion de terre sur laquelle l'abbaye avoit été bâtie, et qui ne lui avoit pas été payée.

Au milieu du scandale causé par cette réclamation, le prince Henry, qui venoit d'arriver pour rendre les derniers devoirs à son père, vérifia la plainte et traita avec le réclamant, suivant l'histoire de Normandie, moyennant cent livres d'argent comptant, et, suivant la chronique, moyennant soixante sous de rente annuelle; ensuite on procéda à l'inhumation.

Quelque temps après, dit encore l'histoire de Normandie, Guillaume le Roux, roi d'Angleterre, pour honorer la mémoire de son père, et lui dresser un magnifique sépulcre, fit donner à l'orfèvre Othon grand nombre d'or, d'argent et de pierreries.

Le tombeau fut fait avec tout l'art possible alors, et apposé sur les cendres du Monarque, où il demeura long-temps et jusqu'en l'an 1562, que les Huguenots mirent en pièces ce mausolée, ainsi que celui de Mathilde, avec les effigies qui étoient en relief et de grandeur naturelle.

Tous les poètes de ce temps, dit encore la même histoire, exercèrent la pointe de leur esprit pour dresser des épitaphes; mais celle-ci, faite par Thomas, archevêque d'Yorck, étant tenue pour la meilleure, fut gravée sur une lame d'or :

Qui rexit rigidos Normannos, atque Britannos,
   Audacter vicit, fortiter obtinuit,

Et cœnomenses virtute coercuit enses,
  Imperiique sui legibus applicuit,
Rex magnus parvâ jacet hac Guillelmus in urnâ ;
  Sufficit et magno parva domus domino.
Ter septem gradibus se volverat atque duobus
  Virginis in gremio Phœbus, et hic obiit.

Monsieur de Brâz en donne ainsi la traduction.

Ladite Epitaphe par moi tournée en français, vers pour vers :

Ce Roi qui brusquement rangea les fiers Normands ;
Les Anglais et Manceaux sous les lois de justice,
Ayant donné la loi aux vaincus et au vice,
Les tint sous son empire, en la vertu vivant,
Son corps gist sous ce marbre, et son ame est à Dieu ;
Après la mort suffit à grand Roi petit lieu.
Par vingt et trois degrez le soleil fist son cours
Au giron de la Vierge, et il finit ses jours.

Autre Epitaphe donnée par la chronique.

Je Guillaume très-magnanime,
Duc de Neustrie, pareil à Charlemaigne,
Passay la mer par un doux vent de sust,
Pour conquester toute la Grand Bretaigne,
Puis déployer fits mainte noble enseigne ;
Et dresser tentes et pavillons de guerre,
Et fondrier fis comme fil d'araigne
Neuf cents grands nefs, sitost qu'eux pied à terre :
Et puis en armes de là partis grand erre
Pour coups récens au doubté roi Hérault,
Dont, comme preux, j'eus toute la déferre ;
Non pas sans dur et marveilleux assault ;
Pour jouster le déloyal ribault,
Je mis à mort et soixante et sept mille

Sept cent dix-huit, et par ainsi d'un sault
Fuz roi d'Anglais, tenant toute leur isle :
Or n'est-il nul, tant soit fort et habile,
Qui, quand c'est fait, après ne se repose.
Mort m'a deffaict, que suis-j'il ? cendre vile :
De toute chose on jouit une pose.

En outre ses trois fils, qui lui survécurent, Guillaume le Conquérant eut cinq filles ; savoir : Cécile, qui fut abbesse de Caen, où elle mourut en 1117 ; Constance, mariée au comte de Bretagne, Alain Fergan ; Alix ou Adelise, qui avoit été promise à Harold ; Adelaïde, qui épousa le comte de Blois, Etienne ; et Agathe, fiancée au roi de Galice, mais qui mourut avant de l'épouser.

Nous tenons de M. l'abbé de La Rue les vers suivans, extraits du Manuscrit de Benoît de Sainte More, poète de Henry II.

Agamenon ni li Grezeis,
Ne bien plus de cinquante Reis
Ne povent Troie en dix ans prendre,
Unques n'i sorent tant entendre.
E icis Dux, o ses Normanz,
E od ses autres buens aidanz,
Conquist un Réaume plenier
E un grant pople fort é fier,
Qui fu merveille estrange é grant
Sol entre prime é la nuitant.

QUATRIEME SIÉGE DE FALAISE,

PAR HENRY I.ᵉʳ, DIT BEAUCLERC,

EN 1105.

Nous avons déjà vu comment les états de Guillaume le Conquérant furent distribués après sa mort, et comment ce grand Prince avoit fait lui-même les partages de sa succession entre ses trois fils, en laissant le duché de Normandie et le comté du Maine à l'aîné, Robert Courte-Heuse; la couronne d'Angleterre à William-Rufus, en français, Guillaume le Roux, et à Henry, son troisième fils, qui depuis fut surnommé Beauclerc, parce qu'il s'occupoit des lettres, le bien de sa mère consistant en une pension de cinq mille livres sterling à prendre sur ses frères.

Mais ces trois Princes furent loin de vivre en bonne intelligence, et de donner l'exemple de l'union qui doit régner dans les familles. On peut dire qu'ils renouvelèrent plutôt l'antique histoire des frères ennemis, et que leurs divisions particulières firent le tourment et la désolation de leurs sujets.

On en cite, comme une des premières preuves historiques, le siége du Mont Saint Michel, où Henry fut bloqué par les deux autres. Prêt à mourir de soif, il eut recours à Robert, qui eut la générosité de lui envoyer un tonneau de vin. L'histoire a conservé pour anecdote de ce siége, que, dans une sortie, William eut son cheval tué sous lui. Ce cheval lui avoit coûté quinze marcs d'argent, et, comme un soldat s'avançoit pour le tuer aussi, il s'écria : *Ne me tue pas, je suis le roi d'Angleterre.* A ces mots le soldat, ayant retenu son coup, l'aida très-respectueusement à se relever ; William le récompensa, et le prit à son service.

Henry finit par se rendre à discrétion, et Robert lui laissa sa liberté. Ce fut en 1092.

En 1094, pendant que Robert étoit allé secourir Guillaume le Roux, ou William-Rufus, contre les Ecossais, et leur roi Malcom, Henry s'empara de Domfront, du pays de Passays, d'une partie du Cotentin, et donna la garde du château de Sainte James à Hugues, comte d'Excester. Tous les efforts du duc de Normandie, à son retour, échouèrent devant Domfront. Le grand motif de ces querelles venoit de ce que Henry n'étoit pas payé, sur-tout par Robert, qui n'avoit point ce qu'on appèle de l'ordre, oublioit ses dettes, et par momens, avoit le défaut d'être trop prodigue.

Peu de temps après, d'autres dissensions, et ce n'étoit pas les premières, s'élevèrent entre Robert et William; celui-ci débarque suivi d'une armée, et, sans vouloir écouter la médiation proposée par vingt-quatre seigneurs Bretons, il commence les hostilités et s'empare du château de Bures. Robert invoque la protection du roi de France, Philippe, et, avec le secours qu'il en obtient, s'empare d'Argentan, où fut taillée en pièces une garnison de huit cents hommes, que commandoit Roger de Poitiers pour le compte du prince Anglais; ensuite il surprit le château d'Hyêmes. Mais, malgré ces avantages, il auroit couru risque de perdre son duché, si le roi d'Angleterre, qui avoit eu l'adresse d'acheter la retraite des Français, n'eût été rappelé par des révoltes survenues dans son propre royaume.

Vers ce temps, 1096, le duc Robert, exalté par les prédicateurs des croisades et par son héroïsme romanesque, voyant aussi que ses états, décousus et morcelés par ses frères, dont l'un retenoit Domfront avec partie du Cotentin, et l'autre, qui possédoit en Normandie plus de vingt places et châteaux, ne cessoit d'intriguer pour en avoir davantage, crut s'assurer la conservation de son duché, et l'expiation de ses fautes, en faisant le voyage de la Palestine.

Pour subvenir aux dépenses de cette campagne

pénitente, il fit proposer à son frère, le roi William-Rufus, de lui engager la souveraineté et jouissance du Maine et de la Normandie, pendant l'espace de cinq années, moyennant la somme de treize mille six cents marcs, dont dix mille pour la Normandie, le reste pour le Maine.

La proposition fut acceptée avec empressement, et le roi d'Angleterre se mit bientôt en état de fournir la somme, en la prélevant sur son clergé.

Après une guerre contre le roi de France, en 1097, une autre contre le Maine et la ville du Mans, en 1099, William-Rufus, ou Guillaume le Roux, périt d'un accident bien extraordinaire, un jour qu'il étoit à la chasse. Cet amusement étoit la seule et même la principale occupation des princes dans ces temps grossiers, où la société étoit aussi peu civilisée que cultivée, et où les arts fournissoient à peine des objets dignes d'attention. Poursuivant un cerf dans la Forêt Neuve, Gautier Tyrrel, chevalier français, renommé par son adresse à tirer de l'arc, décoche une flèche à l'animal; la flèche touche un arbre qui lui fait faire le ricochet, et va frapper le roi, qui tombe mort à l'instant. Tyrrel, sans parler à personne, pique au grand galop vers le bord de la mer, s'embarque pour la France, et, afin d'expier son crime involontaire, va rejoindre la croisade à Jérusalem.

Le prince Henry, qui étoit de cette partie de

chasse, n'eut pas plutôt appris l'événement, qu'il vole à Winchester, et s'empare du trésor royal. A peine en est-il maître, que William de Breteuil, qui en étoit le gardien, arrive aussi de la même chasse, et veut s'opposer à ses prétentions, en lui représentant que le trésor et la couronne d'Angleterre appartiennent à son frère aîné, le duc Robert, pour lors à la conquête de Jérusalem.

Mais Henry tire son épée, et le menace de le percer à l'instant, s'il ose lui désobéir. Au même moment parurent quelques seigneurs de la suite du feu Roi, qui se rangèrent de son parti, et Breteuil fut contraint de céder.

Henry, sans perdre un moment, court à Londres, rassemble à la hâte quelques-uns des grands et des prélats, parvient à se les attacher, et se fait couronner par l'évêque Maurice, le troisième jour après la mort de son frère. Ce fut le cinq août de l'an 1100.

Pendant que ces choses se passoient à Londres, Robert Courte-Heuse venoit de se couvrir de gloire dans la Palestine, où il avoit emmené la fleur de la jeunesse et de la noblesse Normande, à la tête de laquelle il avoit contribué à remporter plusieurs victoires, et soutenu avec le plus grand éclat sa haute réputation de valeur, à la prise de Nicée en Bitinie, à la conquête de la Syrie, au siége et à la bataille d'Antioche, en 1098.

Il s'étoit trouvé encore à la prise de Jérusalem, emportée d'assaut le quinze juillet 1099, avec massacre de plus de quarante mille Sarrazins. Il avoit tellement captivé l'estime et l'affection de l'armée, qu'elle voulut l'élire Roi des pays conquis; mais l'espérance de monter sur le trône d'Angleterre, et la certitude de rentrer dans son duché de Normandie, l'empêchèrent d'accepter la couronne de Jérusalem. A son refus, elle fut donnée à Godefroy de Bouillon, héros qui l'égaloit en magnanimité, et le surpassoit en sagesse.

Après cette élection, Robert se mit en route pour revenir dans ses Etats. Passant par la Pouille, dont les Normands étoient souverains depuis les exploits des Tancrède, il épousa Sybille, fille de Godefroy, comte de Conversanne et seigneur de Brindes. La dot, que fournit son beau-père, étoit plus que suffisante pour rendre à Guillaume le Roux le prix de l'engagement de la Normandie; mais la nouvelle de sa mort et celle de l'installation de Henry sur le trône Anglais, lui firent retarder sa marche, et, soit insouciance, soit excès de confiance, soit qu'il fût retenu par les charmes de sa nouvelle épouse, il séjourna près d'une année chez le comte de Conversanne, et ce fut pour lui une grande faute politique.

Enfin, en 1101, muni des sommes que son beau-père lui avoit données pour soutenir ses droits et ses prétentions, il part, et arrive en Normandie, où il est reconnu sans obstacle. Remettant à un autre temps la punition d'Elie de la Flèche, qui s'étoit emparé du Maine, il ne s'occupe que de ses droits au trône d'Angleterre, et y débarque avec des troupes et un nombre considérable de barons Normands. Une portion de la flotte et de l'armée de son frère, subjuguée par l'éclat de sa réputation, se donne à lui ; mais les manœuvres du primat Anselme conservèrent à Henry, effrayé, plusieurs barons Anglo-Normands et des troupes, avec lesquelles il se porta contre le duc Robert, qui l'attendoit de pied ferme à Portsmouth.

Les deux frères, prêts d'en venir aux mains, eurent quelques remords du sang qu'ils alloient faire répandre. Les barons Normands, des deux côtés, se revirent plutôt en compatriotes qu'en ennemis, et parvinrent à faire conclure une paix, dans laquelle on convint, 1.° que Robert renonceroit à ses prétentions sur l'Angleterre, et recevroit en dédommagement une pension de trois mille marcs, avec le Cotentin et tout ce que son frère possédoit en Normandie, excepté la seule place de Domfront ; 2.° que, si l'un des deux princes mouroit sans postérité, l'autre hériteroit de ses Etats ; 3.° qu'il y auroit entière amnistie, de la part de chacun d'eux, pour les adhérans du parti contraire.

Henry, qui gagnoit le plus à ce traité, n'en fut pas moins le premier à le violer. Sous différens prétextes, il persécuta tous les seigneurs de son royaume qui s'étoient déclarés partisans de son frère, au point que celui-ci, désolé de leur sort hasarda de retourner en Angleterre, escorté seulement par douze barons, et reprocha, avec franchise, à Henry son défaut de parole et de bonne foi. Le Roi, beaucoup moins franc que le Duc, abusa de sa confiance, au point de le faire craindre pour sa liberté, en lui faisant pressentir, par le canal du comte de Meulan, qu'il alloit être arrêté, s'il ne renonçoit à sa pension de trois mille marcs, en sorte que Robert, moitié par force, moitié pour piquer Henry d'honneur, se trouva trop heureux, pour sortir d'Angleterre, de faire cadeau de sa pension à la Reine, sa belle-sœur, qui étoit aussi sa filleule.

Ce voyage indiscret, pendant lequel le duc Robert fut complétement joué, et de plus appauvri pour enrichir encore son frère à ses dépens, acheva de le perdre dans l'esprit des Normands. Quoique plein de courage et de loyauté, il étoit peu capable de gouverner un Etat. Se livrant quelquefois à des pratiques superstitieuses, négligeant ses affaires, ne payant pas ses dettes, se laissant voler par ses domestiques, mettant des impôts à tort et à travers quand il étoit obéré, ne sachant ni protéger ni contenir ses barons, il rendoit la Normandie malheureuse, malgré son naturel bienfaisant.

Henry, de son côté, ne négligea rien pour souffler l'esprit de révolte et de mécontentement parmi les Normands, qui commençoient à regretter que leur prince légitime ne sût rien imiter du gouvernement régulier que son frère établissoit dans son royaume.

Ces menées artificieuses, ces sourdes manœuvres de Henry, trop secondées par l'inconduite de Robert, durèrent plus d'une année, pendant laquelle il fit en Normandie un voyage où la politique et l'ambition, pour ne pas dire la perfidie, prirent le masque de la plus tendre amitié. Enfin, en 1105, après avoir tiré des Anglais de grosses sommes et une armée, il se présente en force en Normandie, et débarque à Barfleur, le vendredi Saint, le lendemain vient prendre position à Carentan, ayant appelé à lui le nouveau comte du Maine, Elie de la Flèche, et met le siége devant Bayeux.

Ce siége est remarquable par le trait suivant: Un Anglais ou Allemand, nommé Bruin, s'avançoit souvent à cheval à la tête du camp, et demandoit insolemment s'il ne se trouveroit pas dans la ville un Normand capable de rompre une lance avec lui. Enfin un chevalier, nommé Robert d'Argouges, ou d'Argence, sortit pour le combattre, et du premier coup le perça d'une telle force, que le fer de la lance traversa l'arçon de la selle, de manière que Bruin resta cloué sans pouvoir tomber, et mourut dans les bras des soldats Anglais qui vinrent le détacher. Le chevalier vainqueur, redoutant la vengeance de Henry, quitta le pays et alla rejoindre les Normands établis dans la Pouille. Bayeux fut emporté d'assaut, et entièrement brûlé.

Robert étoit alors à Caen, et se préparoit à s'y défendre ; mais, instruit que le Roi, son frère, avoit déjà des intelligences dans la ville, et un grand nombre de partisans, il résolut d'en sortir, et alla se jeter dans Falaise, qui étoit alors une place de guerre importante et son meilleur point de défense. (1) A sa sortie de Caen, une partie de ses équipages fut pillée. Cette ville ouvrit effectivement ses portes à Henry, qui, sans perdre de temps, envoya le comte du Maine assiéger Falaise.

Aux approches, le comte de Glocester fut frappé d'une flèche, et mourut de sa blessure. Robert de Thorigny reçut un coup si violent à la tête, qu'il perdit l'usage de la raison, et, malgré tous les efforts des Anglais, la ville tint bon et le siége se prolongea jusqu'à l'hiver, si bien que, rebutés par la résistance qu'ils éprouvèrent et par la rigueur de la saison, repoussés dans tous les assauts, ils furent obligés de l'abandonner. Dans

---

(1) Chronique.

la retraite, ils furent poursuivis par la nombreuse garnison, qui sortit de Falaise, et les gendarmes qui se répandirent dans la campagne, à dessein d'engager une bataille rangée avec le roi d'Angleterre. Renault de Varenne et Robert d'Etouteville, à la tête de 140 cavaliers, eurent la témérité de se porter jusqu'à Dives, où étoit, à ce qu'il paroît, le rendez-vous d'embarquement, et furent victimes de leur audace.

Henry, dont ils avoient voulu couper la retraite, les y trouva arrivés avant lui, et déjà maîtres du château. Il y fit sur-le-champ mettre le feu, et les fit prisonniers avant de se rembarquer.

L'année suivante, 1106, il revint avec de nouvelles forces en Normandie, et commença la campagne par le siége de Tinchebray. Robert ne douta plus que son frère n'eut pour but l'invasion de tout le duché; secondé par le comte de Mortagne et Robert de Bellême, il lève une armée considérable, et s'approche du camp ennemi dans l'intention de terminer cette guerre par une bataille décisive. Se confiant dans sa valeur, et accoutumé à exceller dans le métier des armes, son exemple anima tellement les troupes Normandes, qu'elles firent d'abord plier l'armée Anglaise.

Mais le corps du comte de Bellême ayant été mis en déroute par le comte du Maine, cet événement changea la face du combat. Les prodiges de valeur du duc de Normandie n'empêchèrent point la victoire de se déclarer pour Henry, qui, après un massacre effroyable, fit près de dix mille prisonniers, parmi lesquels se trouva l'infortuné duc Robert lui-même, et quatre cents des principaux chevaliers et barons Normands.

Cette victoire, qui eut lieu le vingt-sept septembre 1106, fut suivie de la réduction totale de la Normandie. Falaise, après quelques négociations, ouvrit ses portes, et, par cette acquisition, dit l'histoire d'Angleterre, non-seulement Henry se rendit maître d'une forteresse importante, mais il s'empara de la personne de Guillaume Cliton (1), le seul fils du duc Robert. L'enfant n'avoit encore que six ans, et, pendant le couronnement de Henry, à Rouen, Hélie de Saint Saën, auquel il avoit été confié, trouva le secret de le faire évader (2). Par une bizarrerie d'événemens assez singuliers, Edgard Atheling, qui n'avoit pas quitté le duc Robert depuis la conquête de Jérusalem, se trouva au nombre des prisonniers faits à la bataille de Tinchebray. Henry lui donna la liberté et une petite pension, avec laquelle il se retira de la cour et vécut dans un coin de l'Angleterre, jusqu'à une grande vieillesse, mais oublié et négligé de tout le monde. Robert Courte-Heuse fut emmené comme prisonnier de guerre, enfermé

────────────

(1) Ce Guillaume Cliton fut depuis Comte de Flandre.
(2) Cet Hélie de Saint Saën avoit épousé une fille naturelle de Robert.

au château de Cardiff, en Angleterre, dans le comté de Klamorgan (1), privé de la vue, et languit dans cette prison jusqu'au dernier moment de sa vie, qui fut encore de vingt-huit ans; s'il est vrai, comme on l'a écrit, qu'il méritât une punition céleste pour avoir osé, dans sa jeunesse, se révolter et combattre contre son père, qui cependant lui avoit pardonné, étoit-ce à son frère de la lui infliger?

Robert, au milieu des défauts qu'on lui a reprochés, avoit sans doute des qualités attachantes, car la duchesse fut tellement affectée de ces événemens, qu'elle en mourut de douleur. On raconte de cette aimable princesse, que nous nous rappellons qu'il avoit épousé en Italie, un trait d'amour conjugal qui mérite d'être cité. Le duc Robert avoit été blessé au bras droit d'une flèche empoisonnée, pendant le siége de Jérusalem. Les Médecins de ce temps décidèrent le mal incurable, à moins que quelqu'un n'y appliquât la bouche pour sucer la plaie, en courant risque de la vie. Robert, qui ne vouloit exposer celle de personne pour la sienne, gardoit son mal sans y remédier. Mais la duchesse aimoit tant son mari, qu'elle saisissoit les momens de son sommeil pour sucer la plaie, *et par tant de fois que ledit Seigneur en fut guéri, et n'en print aucun mal à ladite dame.*

---

(1) En Anglais, Klamorgan Shire.

PREMIER SIÈGE DE FALAISE,

PAR ROBERT, COMTE D'HYÊMES,

EN 1026.

Dans la liste des siéges de la ville de Falaise, que l'histoire nous présente au nombre de dix, nous avons cru devoir commencer par le quatrième, qui, d'après ses détails accessoires, fait suite à la vie de Guillaume le Conquérant.

Nous allons maintenant, avant de passer au cinquième, parler des trois premiers, que nous ne mettons en ligne de compte que comme une récapitulation, attendu que nous en avons donné le détail à leurs époques, sous le duc Guillaume, sous son père et sous son oncle.

Nous avons déjà vu comment Robert, qui fut surnommé le Libéral, mécontent de ce que Richard le Bon, son père, ne lui avoit laissé pour apanage que le comté d'Hyêmes et la vicomté d'Argentan, tandis que Richard III, son frère, avoit hérité du duché de Normandie, vint, en 1026, assiéger la ville de Falaise, et comment, par le moyen de quelques partisans dans la garnison, il s'en rendit facilement le maître.

Ce fut l'époque de ses amours avec Arleitte.

DEUXIÈME SIÈGE DE FALAISE,

PAR LE DUC DE NORMANDIE, RICHARD III,

EN 1027.

Le duc de Normandie, Richard III, vint, l'année suivante, 1027, assiéger son frère, le comte d'Hyêmes, dans Falaise. Robert se défendit jusqu'à la dernière extrémité ; mais, voyant la brêche faite, et, craignant être emporté d'assaut, il capitula, et fut renvoyé dans son comté d'Hyêmes par le duc Richard III.

TROISIEME SIEGE DE FALAISE,

PAR LE DUC GUILLAUME,

EN 1040.

En 1040, le conseil de régence, établi à Rouen, fut effrayé des entreprises faites sur la Normandie par le roi de France, Henry I.er, qui, s'étant fait céder Tillière, par le jeune Duc, avoit pénétré à main armée dans le comté d'Hyêmes, et brûlé Argentan, et de ce que Toustain Légois, ou Tursten Goz, en langage Danois, avoit quitté son comté d'Hyêmes, pour se réfugier dans Falaise, où il se tenoit sur la défensive, avec une forte garnison.

Inquiété de plus par les bruits qui se répandirent d'un échange, par lequel le comte d'Hyêmes devoit rentrer dans son apanage, moyennant qu'il livreroit au Roi la place de Falaise, importante pour le Monarque, parce qu'elle se trouvoit située au milieu de la Normandie. Le connétable, Raoul de Vassy, ou de Gacé, dérangea tous ces plans par une entreprise hardie. Il partit de Rouen avec l'élite des troupes Normandes, prit avec lui le jeune duc Guillaume, qui n'avoit encore que quatorze ans, et vint, à marche forcée, planter le siége devant Falaise, pendant que les troupes du Roi étoient maîtresses d'Hyêmes et d'Argentan.

La présence du jeune Duc, que ce hasard amenoit faire ses premières armes devant cette ville, qui avoit été son berceau, étoit bien faite pour conquérir tous les cœurs, et seconda singulièrement les efforts du connétable qui battit en brèche d'une manière violente, et abattit un grand pan de la muraille du château.

Toustain, ou Tursten Goz, se voyant au moment d'éprouver l'assaut, se rendit à discrétion. Le jeune Duc lui laissa la vie sauve, mais il le dépouilla de tous ses biens, et, se portant ensuite avec le connétable sur Argentan, il en délogea l'armée royale, ainsi que d'Hyêmes.

Ce ne fut qu'au bout de quelques années que Toustain rentra en grace en récompense des services de son fils Richard; mais le jeune Duc ne lui rendit qu'une partie de ses biens, et disposa du reste en faveur du mariage d'Arleitte, sa mère, avec Herlouin, comte de Conteville.

CINQUIEME SIEGE DE FALAISE,

PAR GEOFFROY PLANTAGENEST,
COMTE D'ANJOU,

EN 1139.

P<small>LANTAGENEST</small> (1), retourné par l'avis de Robert de Courcy, revient dès le mois de septembre, et plante le siége devant Falaise où commandoit Richard de Lucey : là, dix-huit jours se passèrent en assauts et stratagêmes, mais sans aucun effet. Les Angevins, durant ce temps, pillèrent les églises et les maisons des villages voisins ; mais une terreur panique se répandit quelques nuits dans leur camp, et les contraignit à laisser leurs tentes, bagages, armes et charriots chargés de vin et de pain, et de se retirer au grand contentement des assiégés, qui s'enrichirent de leurs dépouilles et se munirent de tant de vivres.

Dix jours après l'Angevin revient à Falaise, fait une cavalcade aux environs, puis, comme un furieux torrent, parcourt le pays d'Auge, dépouille

---

(1) Histoire de Normandie.

les Angerons de leurs biens et brûle leurs maisons. De là il tire à Touque, y trouve de grandes richesses, et dès le lendemain se promet de faire déloger la garnison du palais et château de Bonneville. Pendant que leurs troupes, logées dans Touque, étoient en repos et durant les ténèbres de la nuit, le gouverneur de Bonneville envoya mettre le feu dans le bourg de Touque, ce qui fut fait assez secrètement. Les Angevins, éveillés aux cris de leurs sentinelles et à la lumière d'un si grand feu, prennent l'épouvante, se sauvent en désordre, laissent armes, chevaux et butin, et se retirent dans les cimetières pour attendre le jour, et de là en la ville d'Argentan.

Peu de temps après, l'impératrice Mahault, suivie de son frère Robert de Caen et de Robert de Sablœil, passe en Angleterre, est reçue dans Arondel et autres places de son parti. Rotrou, comte de Mortaigne, gagné par Plantagenest, entre par composition dans le pont d'Echeufray, qui, bien muni, eut pu soutenir un long siége, et y laisse pour gouverneur Roger de Plasnes.

Cependant l'Angevin (qui toujours avoit le cœur à Falaise, et ne pouvoit l'enlever ni par force ni par ruse, d'autant que Robert Marmion, seigneur de Fontenay, y commandoit et la gardoit soigneusement), tourne ses forces contre le château de Fontenay, que la nature du lieu et l'artifice avoient rendu très-fort, le bat avec ses machines, le force et le détruit entièrement.

De là il porte ses armes vers Lisieux, que l'évêque, nommé Jean, lui rend et le reconnoît pour son Souverain. Ce fut là le commencement de la grandeur de Plantagenest. Alors, comme les choses changent et les grands se font à l'air de la fortune, Waleran, comte de Meulan, qui ne cédoit pas à un des Normands en richesses, parens et places fortes, fît paix avec le comte d'Anjou. On lui donna le château de Montfort sur Risle, qu'il avoit tenu toujours depuis le décès du roi Henry. Toute la noblesse du Roumois suivit sa reconnoissance, et Robert Marmion avec les Falaisiens, qui lui résistoient naguères si généreusement, lui apportèrent les clefs de la ville et du château, et offrirent les vœux du peuple.

Ce fut en 1140.

Nota. Cette Mahault ou Mathilde, en anglais Mahent, étoit fille et unique héritière de Henry I.er, roi d'Angleterre; elle avoit épousé, en premières noces, l'empereur d'Allemagne, Henry V, en 1109. Ce fut de ce second mariage, en 1129, avec le comte d'Anjou, que sortit Henry II; elle porta toujours le nom d'Impératrice, n'aimant pas celui de Comtesse.

SIXIEME SIEGE
DE FALAISE,
PAR PHILIPPE AUGUSTE,
EN 1203.

Après la mort de Richard Cœur de Lion, qui fut tué, vers 1199, d'une flèche qu'il reçut au siége de Chalus en Limousin, son frère, Jean Sansterre, hérita de ses Etats, comprenant encore la succession de Guillaume le Conquérant; savoir: le royaume d'Angleterre, le duché de Normandie et le comté du Maine.

Mais il se vit contraint de s'enfuir en Angleterre, et d'abandonner le duché lorsque Philippe Auguste s'y présenta en maître. La plus grande partie en étoit déjà soumise, et le Roi, dit l'histoire de Normandie, qui prenoit autant de villes qu'il en assiégeoit, ou plutôt à qui la fortune les apportoit toutes prises dans un filet, vint déployer ses étendards devant Falaise, y dressa ses machines de siége, et fit les approches. On avoit déjà employé sept jours à ce travail, quand les capitaines et bourgeois rendirent la place par composition, et reçurent les Français.

Le poète de Philippe Auguste en fit la description dans les vers suivans :

> Vicus erat Scabus, circumdatus, undique rupe;
> Ipsius asperitate loci, Falesa vocatus :
> Normanniæ in medio regionis, cujus in alta
> Turres rupe sedent, et mœnia, sicut ad illam
> Jactus nemo putet aliquos contingere posse.
> Hunc rex innumeris circumdedit undique signis,
> Perque dies septem varia instrumenta parabat
> Mœnibus, ut fractis villa potiatur, et arce :
> Verùm burgenses, et præcipue Lupicarus
> Cui patriæ curam dederat Rex Anglicus omnem,
> Elegere magis illesum reddere castrum,
> Omni re salvâ cum libertatis honore,
> Quàm belli tentare vices, et denique vinci.

Falaise et Donfront étant venues en la puissance d'Auguste, ce victorieux Monarque porta ses armes devant la ville de Caen, qui lui ouvrit ses portes. Le même poète en donne ainsi la description :

> Villa potens opulenta, situ speciosa, decora,
> Fluminibus, pratis, et agrorum fertilitate,
> Merciferasque rates portu capiente marino :
> Seque tot ecclesiis, domibus, et civibus ornans,
> Ut se Parisio, vix annuat esse minorem,
> Quam Kajus Dapifer Arturi condidit olim
> Unde domus Kaij pulchrè appellatur ab illo.

Les prises de Bayeux, Séez, Coutance et Lisieux sont aussi mentionnées dans ces cinq vers :

> Exemplumque ejus urbs Bajocena secuta
> Regi subjicitur, et tota diœcesis illa
> Cumque diœcesibus tribus, illi tres sine bello.
> Sese sponte suâ præclari nominis urbes
> Subjiciunt, Sagium, Constantia, Lexovium que.

En même temps, le mont Saint Michel fut pris pour le compte du Roi, par Gui de Thouars, duc de Bretagne, lequel, suivi de quatre cents hommes à cheval, et de grand nombre de piétons, vint, au décours de la lune, et pendant la basse mer, en former le siége. Les troupes Anglaises qui le gardoient, se barricadèrent; mais les Bretons n'en forcèrent pas moins la porte, et mirent le feu aux maisons.

L'incendie gagna d'habitation en habitation le haut du rocher, et parvint ainsi jusqu'au temple, qui fut entièrement brûlé; Philippe apprit cette nouvelle à Caen, et en fut très-peiné.

Les quatre vers latins suivans, qui donnent la description de ce rocher, sont encore du même poète, qui se nommoit *Guillelmus Armoricus*, Guillaume le Breton :

> Sommo rupis in vertice scemate miro,
> Condidit ecclesiam devotio christicolarum,
> Angelico monitu sibi quam sacravit honore,
> Perpetuo Michaël Archangelus.

On raconte que le duc de Normandie, Jean Sansterre, étoit encore à Rouen, où il se tenoit dans un engourdissement stupide, n'étant occupé que de donner des fêtes à sa jeune épouse, et qu'il disoit, en parlant de Philippe Auguste, *laissez le faire, j'en reprendrai plus en un jour, qu'il n'en pourra conquérir dans un an*. Plusieurs barons anglais, ne pouvant plus supporter son indolence et ses fanfaronnades, l'abandonnèrent pour repasser dans leur île, et enfin lui-même délogea au plus vite, au lieu de risquer le sort d'une bataille, dès qu'il sut que Philippe approchoit.

A peine étoit-il arrivé à Londres, qu'il reçut une députation qui venoit lui annoncer, de la part des Rouennais, que leur ville étoit sommée de se rendre, par les troupes du roi de France, et qu'ayant obtenu un délai de trente jours, elle venoit prendre ses ordres.

Jean faisoit alors une partie d'échecs, et répondit de mauvaise humeur; sa partie perdue, il reprocha aux députés d'être venus le troubler, et les renvoya en disant : « Je n'ai point de secours à vous donner, faites comme vous pourrez ».

La Normandie, réunie à la couronne par la conquête de Philippe Auguste, resta, pendant cent trois ans, sans Duc.

NOTA. L'histoire de Normandie nous donne pour anecdote que, vers 1202, Artur, duc de Bretagne, fut enfermé dans le château de Falaise. Ce Prince infortuné avoit été fait prisonnier auprès d'Angers, dans une bataille contre son oncle Jean Santerre, qui, après l'avoir laissé quelques mois dans la grande Tour et fortement gardé, le fit venir, suivant les uns, à Rouen, suivant les autres, à Cherbourg, où il fut noyé.

SEPTIEME SIÉGE DE FALAISE,

PAR HENRY V, EN 1417.

Le 17 août 1417, Henry V, roi d'Angleterre, à la tête d'une armée nombreuse, débarque à Touques, *à l'endroit du château, vers Honnefleu, et prend ce château par composition;* de là, il alla à Caen dont il fit le siége, *à donc dit la chronique, fit très-fort battre la ville de grosses bombardes, dont les murs furent moult dommagés :* la ville fut prise d'assaut, et le château capitula peu de temps après. Bayeux ouvrit ses portes.

Après ces choses, se partit le roi d'Angleterre de Caen, et s'en vint tout droit à Argentan, le vingt-sept d'octobre, et là n'arrêta guères, car la ville et le château lui furent bientôt rendus; d'Argentan, il alla devant Alençon, et là, mit le siége qui dura huit jours. La ville prise et les forteresses des environs, *il s'en retourna à Caen, où il séjourna tandis que ses gens couroient par le pays, et mit frontière contre Falaise pour ce qu'il y avoit très-forte garnison dedans.* Le duc de Glocester alla battre le pays du côté de Rouen, et le sire Talbot en Cotentin, avec cinq ou six cents hommes.

Tantôt après retourna le roi d'Angleterre devant Falaise, et mit le siége entour le château et la ville, et ce fut le quatrième jour de novembre; le maréchal de la Fayette en étoit gouverneur.

Le duc de Glocester fut logé au côté de Guibray, et de l'autre partie étoit le roi d'Angleterre auprès du château. Là fit asseoir bombardes, si que la ville et le château furent tant battus, que, par force et défaut de vivres, convint que ceux de la ville se rendissent par composition, le 15.me jour de janvier 1418.

Mais ceux du château ne se rendirent pas sitôt, car ils tinrent un mois après. Pendant ce temps, le château fut tant battu et miné, que par force lui convint de se rendre, et furent obligés, ceux qui l'avoient tenu, de faire réparer les malfaçons (1) *qui durant le siége y avoient été faites. Le commandant étoit Olivier de Mauni.*

On voit par ce détail de la chronique, que Henry V, roi d'Angleterre, fut trois mois et onze jours à prendre le château de Falaise.

---

(1) Il y a lieu de croire que c'est de la réparation de ces *Malfaçons* que date la reconstruction de cette remarquable Tour de Falaise; les paiemens de la bâtisse en ayant été faits devant Roussel Tabellion en 1420, 1421 et 1422, suivant l'extrait de Manuscrit joint à la fin de cet ouvrage : cependant elle paroît être plus ancienne.

HUITIEME SIEGE DE FALAISE,

PAR CHARLES VII, EN 1450.

Après la prise de Rouen, Charles VII y fit une entrée majestueuse, et le duc de Sombreset, gouverneur et régent de la Normandie pour le roi d'Angleterre, se retira à Caen.

Un corps de trois à quatre mille Anglais, nouvellement débarqué au mois de mars 1450, appela à lui les garnisons voisines. Six cents hommes de celle de Caen, commandés par messir Robert Ver, s'y réunirent avec huit cents combattans de la ville de Bayeux, dont étoit chef Mathieu Go; et de Vire, cinq cents sous la conduite de Henry Norbery. Ce corps, porté à six mille hommes, fut attaqué par les troupes du Roi, près de Fourmigni, entre Carentan et Bayeux, et fut tellement écharpé, que l'on en compta (1) 3774 de tués ou blessés; en outre, 1400 prisonniers, dont étoient plusieurs de leurs chefs, tels que Thomas Kyriel, Henry Norbery et Jannequin Basquier. On profita de la prise de Henry Norbery, pour

---

(1) Chronique.

lui faire signer la capitulation de Vire. Cette bataille eut lieu le 15 d'avril.

Mathieu Go, qui avoit échappé au carnage, voulut tenir dans Bayeux, et résister au *comte de Dunois que le Roi avoit nommé lieutenant général de sa guerre*. Mais, au moment d'être emporté d'assaut, il capitula, et *s'en alla à Cherbourg un bâton à la main, lui et autres gens d'armes, qui se nombroient jusqu'à neuf cents Anglais.*

Les gentils-hommes Français, pour l'honneur de noblesse, leur laissèrent partie des chevaux, pour porter leurs dames, leurs demoiselles et leurs enfans, dont il y avoit moult grand nombre, car il se partit de la cité près de quatre cents femmes qui s'en allèrent à Cherbourg.

Après la réduction de Bayeux, le comte de Dunois fit le siége de la ville de Caen et se porta au faubourg Vaucelles, le 5 de juin, avec cinq cents lances, deux mille archers, et *fut fait un pont au-dessus de la ville*, pour communiquer avec l'abbaye de Saint Etienne, où étoient logés plusieurs généraux, chevaliers et gens d'armes, jusqu'au nombre de douze cents lances et quatre mille cinq cents archers à pied; les comtes d'Eu et de Nevers furent logés au faubourg du côté de la mer, en une abbaye de dames qui est nommée la Trinité, avec deux mille lances et deux mille francs archers.

Le roi de France se partit d'Argentan accompagné du roi de Sicile, du duc de Calabre, de son fils le duc d'Alençon, et de six cents lances, sans compter les archers, et de là vint coucher à Saint Pierre-sur-Dives, le lendemain à Argences, et le surlendemain arriva au faubourg de Vaucelles; incontinent après dîner, passa par le pont, et s'en alla loger à une abbaye nommée Ardeine, à demi-lieue près.

Voyant quelques brêches faites et quelques pans de murailles abattus, les Anglais demandèrent à traiter, ce qui leur fut accordé, le Roi préférant avoir la ville sans effusion de sang.

Mais le duc de Sombreset voulut se défendre dans le château, où s'étoient retirés trois mille Anglais, dont les principaux chefs étoient Robert Ver, Henry Redefort, Henry Standy, Guillaume Coronen, Guillaume Logot, Fouques Ethon. Au bout d'une quinzaine de jours ils demandèrent à capituler, *promettant de mettre le château et donjon ès-mains et en l'obéissance du roi de France, le premier jour de juillet, au cas qu'ils ne seroient secourus, et il fut convenu que le duc de Sombreset et tous les Anglais qui s'en voudroient aller, emmeneroient leurs femmes, enfans, chevaux, harnois, et autres biens meubles. Que pour porter eux et leurs dits biens en Angleterre, et non ailleurs, on leur fourniroit* charrois ou *vaisseaux*, sous la condition *que lesdits Anglais* rendroient *tous les prisonniers et délivreroient quittance à tous ceux de la ville qui leur devoient*, soit *gens d'église*, *bourgeois*, *marchands ou autres*, sans exiger de paiement, *et si*, laisseroient *toute artillerie grosse et menue, reservé les arbalètes et coulevrines à main*, et pour entretenir les choses dessus dites, ils baillèrent *dix-huit otages, à savoir, douze Anglais d'Angleterre, deux chevaliers de Normandie et quatre bourgeois de la ville*; et fut fait ce traité le lendemain de Saint Jean Baptiste, et y stipulèrent *pour le Roi, le comte de Dunois, le sénéchal de Poitou, et le sire Jean Bureau, trésorier de France; et pour les Anglais, Richard Honton, baillif de Caen; Fouques Honton, et Robert Gages; et pour la ville, Eustache Queminet, lieutenant du baillif, et l'abbé de Saint Etienne.*

Et pour ce que audit premier jour de juillet, ne furent point secourus, le baillif, dessus nommé, apporta les clefs du donjon et château, et lors les bailla en main au connétable de France, qui les remit sur-le-champ au comte de Dunois, comme capitaine et gouverneur de ladite ville et château, pour le Roi, et demeura au champ pour faire vider le terrein aux Anglais, et leur commander de tenir le droit chemin d'Oystreham.

Le 5.ᵐᵉ jour de juillet ensuivant, se partit le roi de France de l'abbaye d'Ardeines pour entrer en sa ville de Caen, où les rues étoient tendues et couvertes à ciel, et à l'entrée portèrent le ciel sur lui quatre chevaliers demeurant en la ville.

Et ce même jour fut mis le siége de tous côtés devant Falaise, et y fut premièrement le baillif de Berry, Pothon de Xaintrailles, et le lundi y arriva le trésorier de France avec l'artillerie et les francs archers. Ceux de la place yssirent dehors, et les assaillirent très-âprement, mais ils furent reboutés jusqu'aux portes.

Le Roi se partit de Caen le 8.ᵐᵉ jour, et vint au gîte, en un village nommé S.t Sylvin, et le lendemain s'en vint loger du côté vers Argentan, à une lieue près dudit Falaise, à une abbaye nommée S.t Andrieu, et là furent logés, avec lui, le roi de Sicile, le duc de Calabre et autres. Le duc d'Alençon fut logé à Sainte Marguerite, à demi-lieue près ladite abbaye, en un lieu nommé la Guibray, et fut logé le comte de Dunois, du côté devers le Maine. Au droit de la porte, furent logés monsieur de Beauvais, Jean ; monsieur de Loraine, et le baillif de Berry ; de l'autre part, vers Caen, furent logés les comtes d'Eu et de Nevers, et plusieurs autres en une abbaye, l'abbaye de Villers. Au-dessous de Guibray étoient *logés mille francs archers*, et, après que le connétable de France et plusieurs généraux eurent amenés encore *deux mille* autres *archers, le onzième jour de juillet, firent, lesdits Anglais, traité au comte de Dunois, lieutenant général du Roi*, portant que s'ils n'étoient pas secourus *au vingt et unième jour dudit mois, ils rendroient ladite ville et château de Falaise, et la laisseroient en l'obéissance du roi de France, sous* condition que leur maître et capitaine de ladite place, *le seigneur Talbot*, qui étoit prisonnier *au château de Dreux, seroit délivré à sa liberté et franchise*, avec promessse que ledit Talbot devoit faire au Roi; en vertu de quoi, *bouteroient, lesdits Anglais, en la main du comte de Dunois, ladite place de Falaise, et furent faites trèves. Ce jour de la réduction, baillèrent onze otages.* Charles de Culant, grand maître d'hôtel, alla mettre le siége devant Domfront, avec quinze cents archers et l'artillerie; *le lundi, 21, se rendit la ville et château de Falaise,* et s'en allèrent les Anglais, qui dedans étoient au nombre de quinze cents combattans, leur corps et biens saufs, en Angleterre : en étoit conducteur *Andrieu Trolloc*, et *Thomas Ethon,* commandant *sous le sire Talbot*, lequel étoit maître et seigneur de ladite place du don du roi d'Angleterre, et demeura capitaine dudit

Falaise, *Pothon de Xaintrailles*, *baillif de Bourges*. Domfront se rendit le 2 d'août, la garnison étoit de sept cents Anglais, et peu de temps après Cherbourg, où commandoit sire Thomas Gouël, *et ainsi fut conquise la duché de Normandie et toutes les villes et châteaux d'icelles, mis en obéissance du roi de France, en un an et six jours, qui est moult grande merveille.*

Ainsi fut occupée, et toujours depuis régie et gouvernée, ladite duché, sous la couronne de France.

NOTA. Ce fut peu d'années après que Charles VII rétablit et confirma *la Charte aux Normands*, qui, suivant les uns, datoit de 1380, suivant les autres, de 1329, même de 1315. Cette Charte étoit enregistrée à l'échiquier de Normandie, à Rouen. Le neuvième article, contenant une renonciation du Roi à un droit sur les bois secs, étoit ainsi conçu :

Qu'aucun, au duché de Normandie, de quelque condition qu'il soit, ne soit tenu de payer à l'avenir à nous, ni à autre en notre nom, tiers ni danger de mort-bois; c'est à savoir : de saules, marsauls, épine et puine, seur, aulne, genêt, genèvre et ronces; ni qu'aucun puisse être molesté dorénavant pour raison de tiers et danger dudit mort-bois, nonobstant usages et coutumes à ce contraires.

NEUVIEME SIEGE
DE FALAISE,
PAR LE DUC DE MONTPENSIER,
EN 1589.

Dans le courant de l'été 1589, le duc de Montpensier, qui faisoit sa résidence à Caen, où la ligue n'avoit point pénétré, rassembla un corps de quatre à cinq mille hommes, dans le dessein d'enlever quelques places aux ligueurs, et commença par aller assiéger Falaise avec cette petite armée. Le comte de Brissac, qui n'avoit que peu de troupes pour soutenir les ligueurs de Normandie, entreprit de gagner les *Gautiers*; c'étoient des bandes de paysans qui s'étoient soulevés, surtout du côté de Lisieux, à cause du pillage des gens de guerre, et de l'oppression des huissiers des tailles; il réussit à en entraîner quatre ou cinq mille, qu'il joignit à quelques compagnies de gentils-hommes et de carabins, avec lesquels il marcha pour faire lever le siége de Falaise et secourir les assiégés.

Dès que le duc de Montpensier en eut connoissance, il quitta le siége et alla au-devant d'eux.

Il les trouva aux villages de *Pierrefitte* et de *Villers*, ce qui paroît être vers Maison-Rouge. Il les attaqua et les défit malgré une assez longue résistance, à la suite de laquelle ils perdirent près de trois mille hommes et leur major général, nommé Vaumartel. Le reste prit la fuite et abandonna tout le bagage aux Royaux.

Le comte de Brissac, avec ce qu'il put ramasser de son monde, se retira sur Falaise, où il trouva le secret d'entrer, et s'y renferma. Alors le duc de Montpensier, prévoyant que ce siége deviendroit long et embarrassant à cause du renfort que venoit de recevoir la garnison, y renonça, et se porta sur Vimoutiers, la Chapelle-Gautier et Bernai, où fut étouffée la révolte des Gautiers.

Masseville, tome V, pages 267 et 268.

DIXIEME SIEGE
DE FALAISE,
PAR HENRY IV, EN 1590.

Nous n'avons pu nous procurer de meilleurs et plus surs renseignemens sur le dixième siége, que la lettre vingt-neuvième du roi Henry IV, datée de Falaise, le huit janvier, dont voici l'extrait :

« Mon ame, depuis le partement de Lyceran, j'ai pris les villes de Séez, Argentan et Falaise, où j'ai attrapé Brissac et tout ce qu'il avoit mené de secours pour la Normandie. Je pars demain pour aller attaquer Lisieux, en m'approchant du duc de Mayenne, qui tient assiégé Pontoise : mes troupes sont crûes, depuis le départ de Lyceran, de bien six cents gentilshommes et deux mille hommes de pied ; de façon que, par la grace de Dieu, je ne crains rien de la ligue. J'ai fait la scène la nuit, que je ne pensois pas faire en Normandie il y a un an ».

» De Falaise, ce huitième janvier.

« *P. S.* En achevant cette lettre, ceux de
» Bayeux m'ont apporté les clefs, qui est une
» très-bonne ville ».

On ne peut que lire avec plaisir le style gai et naïf du bon Henry, et cette manière de dire qu'il a pris Falaise, *où il a attrapé Brissac, et puis j'ai fait la scène la nuit*, c'est-à-dire, un violent assaut qu'il avoit donné au château de Falaise, après y avoir fait brèche, et ensuite qu'il s'étoit emparé de la garnison et du gouverneur.

Voici ce que dit Masseville sur ce siége, tome V, page 289 : Henry IV, après la bataille d'Arques, s'étoit porté sur Paris ; il avoit déjà pénétré dans les faubourgs Saint Germain, Saint Michel, Saint Jacques et Saint Marceau, lorsque Mayenne et les troupes de la ligue arrivèrent en toute hâte, et se jetèrent dans Paris par le côté opposé. Il fallut renoncer à continuer le siége, et le Roi alla s'emparer de la Beauce et du Maine : quoique l'on fût au mois de décembre, la rigueur de la saison ne le rebuta point ; il entra dans la Basse-Normandie, et débuta par le siége d'Alençon, dont il chargea le maréchal de Biron, qu'il envoya en avant. La ville ne résista que trois jours. Le gouverneur *Lagou* se retira avec quatre cents hommes dans le château, où il se défendit jusqu'à l'arrivée du Roi, à qui il se fit honneur de rendre la place. Henry IV y nomma Hertré de Saint Denis, et ensuite marcha sur Argentan, dont les habitans lui ouvrirent les portes, malgré une garnison de trois cents ligueurs.

A Domfront, le gouverneur *Vernix* voulut tenir pour la ligue, mais les habitans le prirent, le lièrent, et remirent la ville entre les mains du Roi.

Il n'en alla pas de même de Falaise; le comte de Brissac s'y étoit renfermé avec ses plus précieux effets et avec le meilleur régiment de la ligue. Il y avoit près de six mois qu'il avoit empêché le duc de Montpensier de prendre cette place, et il prétendoit que le Roi n'y réussiroit pas mieux que le Duc, ou du moins que si la ville se trouvoit prise, il demeureroit en pleine assurance dans le château, qui étoit un des plus forts de la province. Et afin que les faubourgs ne pussent servir de logement aux royaux, il résolut de les brûler, et il commença par celui de *Guibray*, lieu célèbre par la belle foire qui s'y tient. Mais heureusement les troupes du Roi arrivèrent assez tôt pour éteindre le feu, ce qui fit connoître aux habitans que ceux qui passoient pour leurs ennemis, avoient plus de soin de leurs propriétés que ceux qui se disoient leurs amis.

Le Roi fit sommer le comte de Brissac de lui rendre la place; le Comte répondit qu'il ne pouvoit le faire en conscience, puisqu'il l'avoit juré sur le Saint Sacrement ; qu'au reste, s'il avoit à s'expliquer davantage, ce ne seroit que dans six mois. Henry IV, piqué d'une telle réponse, lui fit dire qu'il lui feroit changer ses mois en jours, et que quant à son serment, il lui en donneroit l'absolution. (*Cette anecdote est traduite du latin du président de Thou*). L'on reconnut bientôt que le Roi avoit parlé plus juste que le Comte. Il fit foudroyer le château d'une si grande force, que dans peu de temps il y eut une brèche, et les soldats y montèrent avec d'autant plus de facilité, que le Comte et sa garnison s'étoient retirés dans le donjon. De là les Royaux entreprirent d'entrer dans la ville par la porte qui en faisoit la communication ; ils la trouvèrent fermée et défendue par une troupe de bourgeois, entre lesquels un jeune marchand, nommé Lachesnaye, et sa maîtresse, se distinguèrent.

Ces deux amans, persuadés que les assiégeans vouloient détruire la ville et la religion, résolurent de s'exposer à toute sorte de dangers pour leur défense, et de ne jamais s'abandonner l'un l'autre ; ils combattirent et résistèrent à cette porte avec tant de valeur, que le Roi, touché de leur zèle et de leur courage, commanda que l'on tachât de leur sauver la vie. Mais Lachesnaye étant tué d'un coup de mousquet, sa maîtresse se jeta à corps perdu au milieu des ennemis, où elle se battit, jusqu'à ce que, se sentant blessée à mort, elle s'en retourna expirer auprès du corps de son amant.

Les Royaux forcèrent enfin la ville, et elle fut pillée et saccagée. Le comte de Brissac, qui étoit dans le donjon, se vit obligé à capituler et à se rendre. Ses meubles, qui étoient d'un grand prix, furent donnés au maréchal de Biron. Ce fut le 5 janvier, et le 14 mars suivant se livra la bataille d'Ivry.

NOTES.

Masseville dit, tome II, pages 62 et 63, que les enfans de Henry II se soulevèrent contre lui, que leur mère Eléonore n'y étoit pas étrangère, et que le jeune Henry, ligué avec ses frères, se jetta dans le diocèse de Rouen, où il fit des ravages. Mais, presqu'au même temps, les troupes qu'il avoit en Bretagne furent défaites par celles de son père, et, dans ce combat, Hugues de Saint Hilaire, avec dix des principaux seigneurs du parti du jeune Prince, furent faits prisonniers, et renfermés dans le château de Falaise, l'année 1174.

Page 64. Le Pape, voyant avec regret que les princes chrétiens s'entre-détruisoient au lieu d'occuper leurs armes contre les infidèles, envoya un légat vers les rois de France et d'Angleterre, pour les exhorter à la paix. Ce légat les fit consentir l'un et l'autre à une entrevue, qui eut lieu dans le Vexin. Mais Louis présenta, à Henry II, un pain d'une main et une pierre de l'autre, en signe de paix ou de guerre. Henry n'accepta ni l'un ni l'autre, et les deux rois se quittèrent avec plus d'aigreur que jamais. Louis fit passer des troupes en Angleterre aux ordres du comte de Leycestre, mais le succès ne fut point heureux; ce Comte fut défait, pris et transporté au château de Falaise, où l'on renfermoit les prisonniers de distinction. Encore 1174.

Masseville dit encore, tome II, page 66, qu'après une pénitence ostensible de Henry II, et un pélerinage qu'il fit à pieds nus au tombeau de l'archevêque de Cantorbéry, Thomas Béket, le sort des armes se tourna de son côté, et que, peu de temps après, le roi d'Ecosse, *William*, qui avoit fait une invasion en Angleterre, et commis d'étranges ravages, fut fait prisonnier, transporté en Normandie, et renfermé dans le château de Falaise jusqu'au temps de la paix. L'année 1175.

Tome III, page 36. L'Echiquier de Normandie étoit comme un parlement ambulatoire; il n'avoit point de lieu fixe, et on l'assembloit tantôt à Rouen, tantôt à Caen, quelquefois à Falaise ou en d'autres villes, suivant les ordres du Prince; on le convoquoit deux fois par an, vers Pâques et vers la Saint Michel. La séance duroit deux ou trois mois : on y approuvoit ou réformoit les sentences des juridictions subalternes. Le grand Sénéchal de Normandie présidoit; on y appeloit les principaux de la noblesse et du clergé; ils avoient voix délibérative, et étoient obligés de comparoître sous peine d'amende. L'on y appeloit ensuite les sept grands baillifs de Normandie, les avocats et procureurs qui y devoient comparence aussi bien que les juges, afin de recorder de l'usance et du style de la coutume de Normandie, laquelle n'étoit point alors rédigée par écrit; du moins elle ne l'étoit pas encore par autorité publique sous les Ducs.

Tome IV, page 274. Louis XI, qui avoit signé malgré lui, en 1465, le traité de Conflans, dont un des articles donnoit pour appanage la Normandie à son frère Charles de France, profita des querelles de son frère avec le duc de Bretagne, et des troubles que leur guerre occasionna, pour s'en remettre en possession. Il fit trois corps de son armée, envoya l'un prendre Evreux et Vernon, l'autre se rendre maître de Gizors et de Gournai, et vint en personne, avec le troisième, se faire rendre Hyêmes, Argentan et Falaise, en 1466, et de là descendit jusqu'à Caen.

Page 279. Louis XI, pendant un voyage à Rouen, en 1467, voulant favoriser le commerce de la Normandie, accorda aux habitans de Rouen, de Caen et de Falaise, des lettres-patentes par lesquelles le transport des marchandises qui se feroit de l'une de ces trois villes avec les deux autres, seroit exempt de toute imposition. Ces lettres furent expédiées la même année 1467.

Masseville dit encore, tome V, pages 136 et 138, que les protestans de Caen, à l'instar de ceux de Rouen, se rendirent maîtres de la ville; mais comme le château étoit plus fort que ceux de Rouen, il se trouva bien mieux gardé. Le baron d'Hugueville, qui y commandoit pour le Roi, les repoussa et tint ferme avec le secours qu'il reçut de Jacques de Matignon, lieutenant du Roi en Basse-Normandie. Les protestans, chagrins de n'avoir pu entrer dans cette forteresse, se jetèrent dans toutes les églises et monastères de la ville, où ils firent un terrible ravage, et après avoir pillé tout ce qui se pouvoit emporter, ils brûlèrent les coffres, les siéges et tout ce qui se trouva de combustible. *Voici ce qu'en dit Bourgueville*: Ils firent en cela de si grands dommages, sans aucun profit, qu'on en estimoit la perte à plus de cent mille écus : mais ce qu'il y eut de plus étonnant, c'est qu'après de tels exploits, leurs surveillans et principaux furent si téméraires d'aller en la chambre du conseil, en armes, demander à la justice le salaire de leurs peines, d'avoir faits de tels saccagemens, et qu'un juge de leur parti le leur fit en effet accorder. Ils poussèrent leur fureur jusqu'à déterrer les morts, et particulièrement les ossemens de notre duc Guillaume le Conquérant, qui reposoit sous un tombeau dans le chœur de l'abbaye, qu'il avoit fondée il y avoit près de cinq cents ans, s'étant mis dans l'imagination qu'ils y trouveroient quelque trésor ou autres choses précieuses : toutefois ils n'y trouvèrent rien de ce qu'ils y cherchoient. Entre les autres tombeaux qui éprouvèrent leur brutalité, on distingue celui de la reine duchesse Mathilde, épouse du Conquérant. Ces ravages commencèrent le huitième jour de mai 1562. Vers le même temps les protestans prirent si bien leurs mesures qu'ils se rendirent maîtres de Caudebec, du Hâvre, de Honfleur, de Pontaudemer, Lisieux, Vire, Saint Lô, Coutances, Carentan, Valognes, Argentan et Falaise; et tout ce que put faire le seigneur de Matignon, pour arrêter un si furieux torrent, fut de s'assurer d'Alençon, Séez, Domfront, Avranches, Pontorson, du mont Saint Michel, Granville et Cherbourg.

Page 166. L'amiral (dont Masseville ne donne pas le nom), un des tenans du prince de Condé, qui fut fait prisonnier à la bataille de Dreux, par les troupes que commandoit le duc de Guise, le 19 novembre 1562, ayant appris que l'on négocioit la paix, et que le Prince, prisonnier, étoit sur le point de la conclure pour tout son parti; le parti calviniste voulut profiter du peu de temps qui restoit avant la conclusion de cette paix. Il envoya le prince Porcien avec une colonne sur Lisieux, où il fut repoussé par les habitans; mais ceux de Bernai, n'étant pas si forts, leur ville fut prise d'assaut. Le même jour l'Aigle fut pris et ravagé par le vicomte de Dreux. Sur ces entrefaites, Falaise, Argentan et Séez ouvrirent leurs portes à l'amiral. Argentan lui fournit dix mille francs pour n'être point mise au pillage; il y laissa pour gouverneur le frère du comte de Montgomery.

Page 191. Le comte de Montgomery, avant de partir de la Normandie, avoit surpris Alençon et Falaise, l'année 1568; mais il se vit contraint de les abandonner, quand il fut question d'aller secourir l'armée de la Rochelle.

Page 205. Malgré l'horrible Saint Barthélemy, les protestans n'étoient pas éteints; dans plusieurs provinces ils cherchoient à remuer, ils étoient en force à la Rochelle. Ceux de Normandie s'emparèrent de Falaise, d'Argentan et de Vire, et furent secondés par le retour de Montgomery, l'année 1574.

Page 207. Le roi Charles IX, qui devenoit pulmonique, abandonna les rênes du gouvernement à la Reine-Mère. Alors Catherine, inquiète des efforts extraordinaires des protestans, fit mettre trois armées sur pied pour marcher contre eux. L'une fut envoyée en Poitou aux ordres du duc de Montpensier; l'autre en Dauphiné, commandée par le dauphin d'Auvergne; la troisième en Normandie, ayant à sa tête Jacques de Matignon : celle-ci n'étoit que de six mille hommes. Matignon la fit d'abord marcher à Caen, et, après l'avoir grossie d'une partie de la noblesse Normande, il reprit Falaise et Argentan. Cette même année, 1574, mit fin aux guerres des protestans en Normandie. Matignon emporta Domfront d'assaut, et y prit Montgomery, qui fut décapité à Paris. Il termina sa campagne par la prise de Saint Lô, où commandoit Colombières, qui se fit tuer sur la brèche.

Extrait de quelques débris d'un vieux manuscrit découvert à Falaise, et qui donne l'époque de la construction ou reconstruction de la Tour.

Nos anciens prétendoient que le château avoit été bâti par Jules César, à cause du donjon, *quasi domus Julii*. Il est encore vraisemblable que le nom de Falaise vient des rochers sur lesquels est bâtie cette ville, suivant le sentiment de *Guillelmus Armoricus*, dans ses vers sur la prise de Falaise, en 1203, et qu'il y avoit une ville et château dès le temps des Ducs.

Le château est à l'extrémité de la ville comme la poupe d'un vaisseau, environné de rochers, d'étangs et de murailles flanquées de tours, et séparé de la ville par un large fossé. Dans son enceinte, assez grande pour contenir deux mille hommes, on voit une petite chapelle sous l'invocation de Saint Prix.

Le donjon est un grand carré de bâtiment, fort ancien, auquel est contigu et joignant un autre petit bâtiment, aussi fort ancien, dans lequel les ducs de Normandie, et principalement le duc Robert, père de Guillaume le Conquérant, faisoit sa demeure, et d'où l'on prétend qu'il apperçût, auprès d'une fontaine qui est au-dessous, la belle *Arleitte* de Verprey, de laquelle il eut ledit Guillaume. Les uns disent qu'elle étoit fille de Fouques de Verprey, chambellan du Duc, et par conséquent gentilhomme, d'autres disent que c'étoit une simple bourgeoise.

Proche le donjon est une grosse tour fort élevée et séparée d'icelui, dans laquelle il y a un puits d'eau vive, et tout ce qui est nécessaire pour la défendre, après la prise du château et du donjon.

Il y a aussi une autre tour, nommée la tour de la Reine, proche laquelle est la brèche que fit Henry IV, quand il la prit d'assaut, le cinq janvier 1590.

On voit aussi un autre beau puits d'eau vive taillé dans le roc, et les restes d'un bâtiment nommé les salles Talbot, bâties par Jean Talbot, que les Anglais avoient établis capitaine du château et seigneur de Falaise, après leur descente à Touques, en 1417.

Les Anglais avoient mis dans la ville une compagnie de gens de pied et une de gens à cheval, ce qui est prouvé par un paiement de leurs gages en francs d'or, valant vingt roubles, devant Roussel Tabellion.

Les mêmes Anglais *firent bâtir la grosse tour proche* le donjon.

Gérard des Quay, vicomte de Falaise, en eut la direction, et fit les paiemens devant *ledit Roussel Tabellion*, en 1420, 1421 et 1422.

Plusieurs personnes considérables ont été gouverneurs ou capitaines de la ville et château de Falaise; Onfroy le Danois, comte d'Hyêmes, du temps des ducs; Jean Martel, en 1389; Guillaume du Merle, en 1413. Les Anglais y mirent Talbot en 1417; ensuite Guérard Hungh, qui se qualifioit sire de Rouvron, Rasnes et St. Georges d'Asnebec, ce qui est justifié par aveux et contrats.

Les Anglais en ayant été chassés, en 1450, Pothon de Xaintrailles y fut mis par Charles VII, puis Jacques d'Etouteville, en 1471; Henry de Vendôme, en 1479; Jean Blosset, en 1534; René de Cossé, puis Timoléon de Cossé, auquel succéda Cossé de Brissac, son frère, prisonnier de guerre, en 1590, par Henry IV.

Jacques de Montmorency eut sa place ; puis le baron de Boutteville, et, en 1616, Pierre d'Harcourt Beuvron.

Il est à remarquer que les capitaines du château de Falaise, jusques et compris Odet de Harcourt, ont eu des lieutenans.

Avant les siéges de 1417, 1450 et 1590, la ville et le château de Falaise avoient été assiégés dans toutes les formes par Philippe Auguste avec une armée nombreuse, en 1203, suivant les vers de Guillelmus Armoricus, *Vicus erat scabus circumdatus undique rupe*, etc.

L'Hôtel-Dieu est aussi dans la ville, et fondé par le duc Robert. Les cordeliers furent fondés, par Saint Louis, dans une partie du manoir du duc Guillaume, comme il paroît par la charte de confirmation de Philippe, son petit-fils, datée de Corbeil, en 1288.

Les capucins furent établis, en 1616, par les soins du curé de Martigni, et par les libéralités de dame Françoise *de Vauquelin*, veuve du sieur Dangé, dans une maison échangée par Siméon *Turgot*, à lui appartenant au droit de sa femme.

LA MARTINIÈRE. — *Article Falaise.*

Les premiers ducs de Normandie firent leur palais de ce château, en temps de paix, et leur forteresse, en temps de guerre. Il est remarquable par une tour ronde, si belle et si haute, qu'il n'y en a peut-être aucune qui l'égale en toute la France. On y voit aussi un donjon fossoyé, qu'on tient que Jules César fit bâtir avec le même château, pour se fortifier contre les Gaulois. — *M. l'Abbé de Longuerue* ne convient pas de cette antiquité que semblent donner à la ville de Falaise ceux qui veulent que Jules César y ait fait bâtir un château ; car il assure que cette ville a été bâtie par les Normands, et qu'il n'en est fait aucune mention avant eux. Mais il ajoute ceci : Depuis elle a été fort connue dans l'histoire, ayant soutenu plusieurs grands siéges, et ayant passé autrefois pour une place imprenable ; elle étoit déjà connue sous Guillaume le Conquérant, aussi bien que le bourg voisin, nommé la Guibrai.

LA MARTINIÈRE. — *Article Guibrai.*

C'est là que se tient une fameuse foire. Elle commence le seizième d'août, et dure huit jours. On y vient de toutes les provinces voisines et le trafic y est grand, tant de draps et autres marchandises que de toutes sortes de bétail, à cause des franchises et des exemptions de péages et d'impôts accordés par Guillaume le Conquérant, qui étoit né à Falaise. Il étoit fils naturel de Robert, frère de Richard III, duc de Normandie.

LES AMOURS D'ARLEITTE
ET DU DUC ROBERT,

Extrait, à Londres, du Roman des ducs de Normandie, par Benoîs de Sainte-More. Bib. Harleiann, British Museum, manuscrit, n.° 1717.

A Faleise esteit séjornanz
Li bons dux Robert li normanz,
Mult li *ert* li *leus* covenables
E beaus é *sains* é *delitables.*
C'esteit uns de ses granz déporz
Qu'od Danzeles, ce suis *recorz;*
Un jor qu'il veneit de *chacier*
En choisi une en un gravier,
Dans le ruissel d'un *fontenil,*
Où en blanchisseit un *cheinsil,*
Od autres filles de *borgeis*
Dunt aveit *od li* plus de *treis.*
Tirez aveit ses *dras* en sus,
Si cum pucelles ont en *us.*
Par *enveisure* é par *geu,*
Pceres quand sunt en *itel leu.*
Beaus fu li jorz, é li *tens* chauz,
Ce que ne covri *sis bliaux,*
Des piés é des jambes parurent,
Qui si très beaus et si blans furent,
Que ce fu bien au Duc avis,
Que *neifs ert* pâle é flors de lis
Avers la *soe* grant blanchor;
Merveilles i torna *s'amor.*

GLOSSAIRE,

D'APRÈS ROQUEFORT,

POUR LES MOTS ININTELLIGIBLES.

beaucoup—étoit—lieu.
salubre—délicieux, agréable.
plaisir.
qu'il eut, ou d'avoir—souvenant.
chasser.

fontaine.
linge de toile.
avec—bourgeois.
avec elle—trois.
hardes, jupes.
usage.
divertissement—jeu.
compagnes, camarades—pareil lieu.
temps.
ses vêtemens, juste au corps, manteau.

neige étoit.
en comparaison de la sienne.
émerveillé—son amour.

Fille *ert* d'un borgeis la pucelle,
Sage é corteise é *proz* é bele,
Bloi et *od* bel front é *od* beaus *oils*
Où *ja* ne fust trovez orguilz,
Mais benignite é franchise ;
Si n'en fu nule mieux aprise,
E *s'aveit* la color plus fine
Que flors de rose ne d'épine :
Nés bien séant, bouche et menton,
Rien *n'out* plus avenant façon,
Ne plus bel col, ne plus beaus braz ;
Iteu parole vos en faz
Que gente fu é blanche é grasse,
Eissi que les beautés *trepasse*
Des autres *totes* du *regné*.
Poi vos ai dit de sa beauté
A ce qu'en *ert*, ce sachez bien.
Li Dux la *volt sor tote* rien.
Par un chevalier mult *sené*,
E par un chamberlanc *privé*,
En fist à son père parler,
E le jor querre é demander
E *prameltre* tant et offrir,
Que bien le deveit consentir ;
Li la *amer* de grant amor,
Puis li *dorra* riche seignor ;
E cil *s'en escondist* assez,
Qui mult se tint à *esgarez*,
De *tot* le mieuz ert de Faleise ;
Por ce li desplaist mult et peise,
Qu'il ne la *donge* en mariage
Od le conseil de son lignage.
De *plusors* part li *ert* requise,
Si ne *vousist* en nule guise,

étoit.
preuse.
blonde—avec—yeux.
jamais.

ainsi avoit.

n'eut.

telle.

de manière que—surpasse.
toutes—royaume.
peu.
étoit.
veut sur toute chose.
sage.
de confiance.

promettre.

aimer.
donnera.
s'en défend.
hors de lui-même.
tous (ceci s'entend du père).

donne.
avec.
plusieurs—étoit.
voulut.

Que a nul homme à son vivant
Fust ne *meschine* ne *soignant.*
Ne just un *suen* frère, un seint hom,
Qu'il *out* de grant relligion,
Qu'in Gover out son ermitage,
Qui *li destolli cume* sage,
Sans faille l'en eust *foie,*
Ou fust *saveir,* ou fust folie,
Icil l'en fist sa païs aveir
D'en consentir et d'en voleir.

 La danzele *buenement*
Li *remostrout* tot *ensement,*
Sagement li faiseit entendre
Le bien qui lor en *poeit* prendre.
Si fu la chose *graantée,*
La nuit é *l'ore aterminée,*
Brieve, sans terme de quinzaine,
Qu'ainceis que trepast la semaine;
E la pucelle ert en *esfrei,*
Qui mult grant garde prent de *sei;*
Si que si sait é si estace
Ne desagret é ne deplace
Au Duc desque *eissi* est à estre
Selon sa richesce é son estre;
Por tenir en son corps plus cher
A fait robe fresche taillier,
Bele é bien feite é bien séante,
E a son corps mult avenante.
La nuit que li terme fu pris
I a li Dux les deux *tramis*
Qui *cel ovre orent* por parlée,
Tot en *segrei* é a celée
L'en voudrent mener au chastel,
Mais ce ne li fu ne bon ne bel.

maîtresse—concubine.
et sans—sien.
eut.
qui en Gouffern eut—les bois de Gouffern.
le détourna comme.
soustraite, cachée.
savoir.

bonnement.
lui remontra—également.

pouvoit.
ainsi—accordée.
l'heure fixée.

qu'avant que.
effroi.
soi.
de manière, de peur que sa condition et son état.
ne dégoûte et ne déplaise.
ainsi.

envoyé.
cette œuvre eurent.
secret—en cachette.

Bele, font ils, qu'apercevance
Ne seit de vos, ne parlance
N'*eschar* entre la gent vilaine
Afublez ça chape de laine,
Que *ja nel* sache vos *veisins*,
Kar *ainzque* seit cler li matins
Ne que chante *l'aloe* hupée,
Vos en ravrons ci ramenée.

 Eissi fait la pucelle sage,
Nel oï-je unques en corage,
Que se li Dux a sei me mande,
Qui mon gent corps quert é demande,
Que *je auge* com soudeiere,
Ne come povre chambrière;
Ainceis irai, ce est la some
Com pucelle, fille à *Prodome*,
Por m'*onor* creistre et por mon bien,
E *si ne m'en vergoin* de rien
E qu'il voudra, cil sache et *veie*
Tant ert l'onor *maire meie*;
Kar mauveistie ne légérie,
Ne aucun *ovre* de folie,
Ne sera ja sor mei reprise;
Por ce n'i voil en *itel guise*
Aler à pié à lui *gesir*,
Faites vos palefreiz venir,
Ce vos prie é requier doucement,
Kar *eissi* j'irom plus gentement.

 Cil entendent son grant saveir
Savent qu'ele dit raison é *veir*;
Tot son plaisir unt *graanté*
E fait *tote* sa volonté.
Son gent corps, aveit bel vestu,
A ce aveit mult entendu,

ni raillerie.

jamais ne le—voisins.
avant que.
l'alouette.

ainsi dit.
je ne l'entendis jamais bien résolue.

j'aille.

Prudhomme.
mon honneur.
ainsi je n'ai inquiétude.
voie.
plus grand—mon, pour moi.

œuvre.

pareil costume.
dormir.

ainsi.

vrai.
tout—accordé.
toute.

Cum d'une mult bele chemise
E *sus* d'une pelice grise,
Blanche, fresche é *lée* sans *laz*,
Seante au corps, é mieuz as braz,
S'out afublé d'un *cort* mantel,
A li mult covenable é bel ;
Bende son chef qu'ele out mult *bloi*
E dunt ele n'aveit *poi*
D'une bende laschetement
Od un freiseaus de fin argent ;
Sanz *s'eslier* est si montée
Ne sais *si* bele *riens* fú née ;
Son pere é sa mere salue,
Mais *ainz* qu'ele fust del *us* eissue
De pitié de eux conforter
La covint des oils à plorer ;
Lermes li mouillent la peitrine.
  Si dunc sçeust estre devine,
Mult par eust si *quers* grant joie ;
Kar *des* Hector le proz de Troie,
Cil qui fu fils del rei *Priant*,
Ne sui *recors ne remembrant*
Que *mendres* princes fust puis nez
Qu'en leu fu la nuit engendrez.
Buens fu *Artor* é Charlemaigne
Qui a force conquist Espaigne :
Mais quand l'estoire vos *ert* dite
Que de cestui avons escrite,
Ne direz pas au mien espeir
Que prince peust plus valeir.
  Eissi consent *Deus* maintefeiz,
Choses que l'en tient à *desleiz*,
Dunt l'om *veit* grands biens avenir
Eissi come *ci* porreiz oir.

par-dessus.
large, aisée—lacet.

court.

blond.
peu—le front petit.

s'élancer, sauter à cheval.
aussi, autant—reins, chûte de reins.

avant—porte.

lui convint—survint.
larmes.

à son cœur.
depuis.
Priam.
certain ni souvenant.
meilleur, plus. vaillant.

bon—Artur.

sera.

Dieu.
délice.
voit.
ainsi—ici.

Si tot out esté en delit
Que li Dux out en leu la nuit,
Qui *solom lei* com *esposée*,
Ne la *mie* déshonorée.
Si fu apert aparissant,
E bien fu a *toz* connoissant
Que *Deus* en ama é maintint
L'*eir* qui de eux deux nasqui é vint.

   Oiez pucele qui n'est *nice*,
Mais sage é *proz é cointe é rice*,
A la porte del chastel vindrent,
Cil qui la menèrent é tindrent;
Iloc dehors l'ont descendue,
Auques estoit clere la nue,
Li portiers fu *apareilliez*,
E li guichet *descoreilliez*.
Cil entrèrent, mais el ne fist,
Nonques dedenz le pié ne mist,
E cil furent mult merveillant,
Bele, font il, venez avant;
Ne *dotez* que *rien* vos i *sace*,
Vez, délivre est tote la place.
Porce, *fait-ele*, n'en fas-je rien ;
Mais ce n'est pas raison, ne bien,
Quand li Dux m'a a sei mandée,
Que sa porte me seit *veu*.
Ou vos me la ferez ovrir,
Ou de rien ni *ert* à mon plaisir ;
Des que cissi *vout* de mei li Duz
Par guichet, n'a si étreit *uz*,
N'est *gent* que l'om passer me face,
Ne *unques, Damne Deus*, ne place.
Dunc n'est-il grant chose de *mei*
Des qu'il *cissi* me mande à *sei*.

selon loi—épousée.
point.

tous.
Dieu en aima.
l'héritier.
sotte, niaise.
preuse—gracieuse—riche.

ceux.
là—dehors.
alors.
prêt.
débarré.

jamais.

craignez—personne—trouble.
voyez—vuide, libre.
dit-elle.

fermée, défendue.

sera.
veut.
porte.
gentil, décent.
jamais, Seigneur Dieu, ne plaise.
moi.
ainsi—soit lui.

Ovrez la porte, beaus amis,
'Tot bonement s'en sont cil ris
Qui *oent* son grant *escient*,
Son sens é son *afaitement.*
E tot fu la porte défermée
E tot eissi l'ont *ens* menée
Deciqu'en la chambre *voutice*,
Ou *out* maint ymage *peintice*
A or vermeil et à colors.
Ne fu mais joies ne honors,
Si grant com li Dux li a faite,
Tote s'amor li a retraite.

Nota. Nous devons à M. *l'abbé de La Rue*, professeur d'histoire à l'académie de Caen, ce morceau, précieux par son antiquité.

Nous lui devons également la note suivante, sur le manuscrit duquel ces deux cents vers sont tirés, et qui est intitulé :

L'Estoire é la généalogie des Ducs qui unt été par ordre en Normandie.

C'est le titre d'un Roman composé en vers par un poète nommé *Béneit* ou *Beneois de Sainte-More* : c'est ainsi qu'il se nomme plusieurs fois dans ses ouvrages. Le catalogue de la bibliothèque Harléienne désigne ce poëme de la manière suivante : *A Chronicle of the Dukes of Normendy, from the beginning to the Death of Henri the first King of England, written in very old French verses.* Il y est dit encore que le poëte a suivi *Dudon de Saint Quentin* et ses continuateurs;

entendent—savoir.
ses discours.
aussitôt—bientôt.
dedans.
jusqu'en—voûtée.
eut—peint.

les deux passages suivans prouvent qu'il avoit travaillé à cet ouvrage à la demande de *Henry II.*

Fin de l'Estoire de Rollon.

Avantage ai en cest labur
Que al Soverain é al meillur ;
Escrit, translat, truis é rimei,
Qui el mund sei de nule lei,
Qui meux conuist œvre bien dite
E bien séant, é bien escrite.
Deus mi done faire son plaisir,
Kar c'est la riens que plus desir.

Fin de l'Estoire de Richard I.er

De lui est l'estoire fénie,
Où merveilles aveit à dire ;
Al translater é al escrire ;
Ore duinge Deus por sa ducor,
Qu'al plaisir seit de Munseignor
Del bon rei Henry fiz Maheut.

Quant à l'origine de ce poète, tout porte à croire qu'il étoit normand. *Robert Wace* parle de lui à la fin de son histoire des ducs de Normandie. Il dit que Henry II avoit chargé *Beneois* de ce travail; mais, comme il l'avoit fini avant lui, il lui conseilla de ne pas achever le sien. Si on lit dans le manuscrit de Wace les trente derniers vers du Roman de Guillaume, on verra qu'il y fait mention de cet auteur, qu'il dit avoir été chargé comme lui de mettre en langue Romance l'histoire des ducs de Normandie. Le poëme de celui-ci est de douze mille vers environ ; celui de *Beneois de Sainte More* est in-folio avec plusieurs enluminures ; il est de quatre cent quatre-vingt-dix-huit pages à deux colonnes, et chaque colonne est de quarante-six vers, ce qui fait vingt-deux mille neuf cent huit vers environ. Les morceaux copiés, parce qu'ils paroissoient dignes de remarque, peuvent servir à l'histoire de Normandie et faire connoître cet auteur. En général, ce poète n'a pas un style aussi clair et une versification aussi coulante que Robert Wace ; il est rempli de termes saxons et danois, qui font croire qu'il étoit du Bessin, pays où ces langues anciennes s'étoient plus long-temps conservées que dans tous les autres endroits de la Normandie. Ce manuscrit est indubitablement de la fin du 12.me siècle.

Le poète finit le Roman de Richard II par les vers suivans :

>A Fescam jut en l'abéie,
>Là fu richement enterrez ;
>Mais puis une fu relevez
>Par le bon Rei, cil qui fu fiz,
>Maheut la bone Emperciz,
>Par le bon rei Henry secund,
>Flors des Princes de tot le mund.

Après la vie du duc Robert le Libéral, il passe à son fils, sous le titre suivant :

Ici comence l'Estoire del rei Gvvillame, si cum Béneit l'a translatée.

Ce qui suit a rapport à la fondation de deux abbayes à Caen, et de cent prébendes pour des pauvres, par le Duc et son épouse Mathilde :

>Sa femme ama de grant amor
>Li Dux, et ele son Seignor ;
>Mult fu duce lor compaignie,
>Sainte é leans tote lor vie ;
>Mais par le prochain parenté
>Dont ils erent estrait é né
>Cosin, ce restrait li escriz,
>Furent maintefoiz contrediz,
>E essayer à départir ;
>E quant ne voudrent plus soffrir,
>Si quistrent païs é covenance,
>Si for enjoinst en péchaance,
>L'Apostoile que à lor vies
>Estorassent deus Abéies,
>E cent provendes dénomées,
>Qui a poures furent donées
>A non povans, à soffraitos,
>Que lom saureit plus besoignos.
>Ce voudrent, eissi lotreierent,
>Tant firent é tant espletterent,
>Que fundé furent li Mostiers ;
>A Chaam précios é cher
>De moines fu li prémerains,
>E li autres fu de nonnains.

Voici comment Robert Wace a traité le même sujet, aussi dans son Roman des ducs de Normandie; le hasard nous met à même d'offrir cette comparaison :

> Li Ducs por satisfaction,
> Et que Dex leur sache pardon;
> Et que l'Apostole consente
> Que tenir puisse sa parente
> Fist cent prouades establir,
> A cent poures paistre et vestir;
> A méhaignez é non véanz,
> A langoureux et non povanz,
> A Chereborc et à Roem,
> A Bayez et à Chaëm,
> Encor y sont, encor y durent,
> Si comme establies y furent.
> Puis ont à Chaëm establies
> Mult richement deus Abeies
> En deus mostiers assez prochains;
> L'un à moines, l'altre à nonains.

Pour exalter la gloire du Conquérant après la bataille de Hastings, Beneois de Sainte-More s'exprime ainsi :

> Agamenon ni les Grezeis,
> Ne bien plus de cinquante Reis
> Ne porent Troie en dix ans prendre,
> Unques n'i sorent tant entendre.
> E icis Dux, o ses Normauz,
> E od ses autres buens aidanz,
> Conquist un Réaume plenier
> E un grant pople fort é fier,
> Qui fu merveille estrange é grant
> Sol entre prime é la nuitant.

Il termine le Roman de Guillaume le Conquérant par les vers suivans :

> Tant puis bien dire sens mentir,
> Translaté ai l'estoire é dite
> Deissi come l'ai trovée escrite.
> N'ai mis fausseté ne mensonge,
> Damne Deus pri qu'il voille é donge.
> Si soffert i ai gref labor,
> Qu'au plaisir seit de mun Seignor ;
> Ci voil é quer sor tote rien,
> Kar od tant mesterreit-il bien.

Ci finist l'estoire del rei Gwillame, ci-aprez comence cele del rei Henry, é del rei le Ros, é del dux Robert de Normendie.

———

Nota. On voit par les vers ci-dessus, combien ce poëte recherchoit le suffrage de son Seigneur. *Ci voil é quer sor tote rien.* C'est ce que je veux et requerre par-dessus tout. *Kar od taut mesterreit-il bien.* Car avec toise mesureroit-il bien. Ceci indique le savoir de Henry II, qui, versé dans la poésie d'alors, entendoit parfaitement sans doute la mesure des vers. — Cela est encore plus démontré quatre pages plus haut, *avantage ai en cest labur*, *etc., etc.*, l'avantage que j'ai en ce travail, c'est que le Souverain est le plus habile pour écrire, traduire, trouver une rime, qui soit au monde, sous aucune loi.

———

L'Apostole. — Le Pape.
Les Grezeis. — Les Grecs.
Translater. — Traduire.
Damne Deus. — Seigneur Dieu.
Ert. — Etoit ou sera, dérive du latin *erat, erit.*

La citation que nous avons donnée à la pag. 441, où il est fait mention des funérailles de Richard le Bon, à Fescamp, et de la translation de ces cendres par le roi d'Angleterre, Henry II, fils de l'impératrice Mahaut ou Mathilde, n'est éclaircie que par les vers suivants, de Robert Wace, qui étoit présent à cette seconde cérémonie, *jel vi, é jeo i ere*, dit-il, je l'ai vu, et j'y étois.

> Quant li Ducs out fait sa devise,
> É a cels rendu lur servise
> Ki en sa cort l'orent servi,
> L'alme del corps se départi.
> Vint e nœf ans terre maintint;
> A cel terme à sa fin vint,
> A grant honur fu conréez;
> É a grant honur enterrez.
> Li cors de lui e de sun pere,
> Si que jel vi, é jeo i ere,
> Furent de terre relevez
> É triez lo maitre autel posez,
> Là furent portez, é là sunt
> Li moine a grant cherté les unt.

Maître Wace se fait encore remarquer par la manière originale dont il définit les mots Normandie et Normand, lors du changement de dénomination. En même temps il fait valoir le talent des clercs-lisants, qui étoit aussi précieux qu'il étoit rare alors.

> Si escripture ne fust faite
> É puis par clers-litte é retraite,
> Mult fussent choses ubliées
> Ki de viez tens sunt trépassées.
> Par lungs tens, é par lungs âges
> É par muement de languages,

Unt perdu lur primeirens nuns
Viles plusors é regiuns.

 Engleterre, Bretainne out nun;
E primes out nun Albiun
É Lundres out nun Trinovant,
É Troienove out nun avant
E Verwic out nun Ebranc,
Ki primes out nun Kaërébranc
Juth Guales fu dite Mercia,
North guales Venedocia,
Escoce out nun jadis Albaine,
Poitou é Gascuine, Aquitaine
É Armoriche fu Bretainne,
E Germaine fu Alemaine,
É Coluinne out nun Agrippine;
É Turuane out nun Morine,
É Paris out nun Lutece
É Pélasge terre de Grece,
Itaille, Puille é Lumbardie,
Constantinople, Besancie;
Effrata out nun Bethléem,
É Gebus fu Jérusalem,
Burguinne fud Allobroga
E Teffun out nun Cacua;
Judea fut Palestina
E Sébaste Samaria,
E Orliens out nun Génabes;
Valuinnes out nun Aiantes,
E Roëm out nun Rothoma
E Averanches, Ausiona;
France, Gaules, Gaules, Cambrie
E Normendie out nun Neustrie.
Neustrie perdi cest nun,
Si vus dirai par quel reisun.

 Quanque ad vers septentrion
Que nus char et ciel apelun,

Seit ciel, seit eir, seit terre ou mer,
Tut soëlent gent, north apeler
Par north un vent qui surt é vient,
De la où li ciel le char tient.
 Engleis dient en lur langage
A la guise de lur usage
En north alum, de north venum,
North fumes nés, en north manum.
Autre si dient de est un vent,
De suth é de west ensément.
 Man en Engleis e en Norreis
Home signifie en franceis :
Justez ensemble north et man,
Ensemble dites northman
Ceo est home de north en Rumanz
De ceo vint li nuns as Normanz.

Voyons Robert Wace raconter des combats; sa poésie, quoique très-antique, ne manque pas d'intérêt, et sans doute il devoit être célèbre dans ces temps reculés, où la langue latine paroissoit encore très-répandue. On trouve, dans ses vers, une infinité de mots dérivés de cette langue, et pour peu que notre lecteur en ait une teinture, il y reconnoîtra la transition du latin aux langues modernes, dans lesquelles l'orthographe de beaucoup de mots s'est établie, par la suppression de quelques lettres dans les mots latins. Plusieurs des termes dont il se sert, ainsi que *Beneois* de *Sainte-More*, sont conservés dans la langue anglaise aussi bien que dans la nôtre. Ce qui est le plus frappant, c'est de retrouver dans le langage du peuple, et surtout dans celui des campagnes de Normandie, nombre des mêmes expressions que l'on voit dans ces deux auteurs. —Ce fut pendant les troubles et l'anarchie, occasionnés par la minorité du duc Guillaume, de 1035 à 1040, que le combat suivant eut lieu, entre Vauquelin de Ferrières et

Hugues de Montfort-sur-Rille. La fatalité qui accompagna ce combat à outrance, le rendit sans doute très-mémorable, puisque la plupart de nos historiens Normands en ont parlé, et notamment Guillaume de Jumièges.

> Li barun s'entreguerreierent,
> Les forz, les febles damagierent
> N'en voldrent rien pur lui laissier.
> Ne il ne pout tuz justiser :
> Viles arstrent é essillerent,
> Vilains pristrent e despuillerent,
> Mals firent, de plusurs manieres.
> Entre Waukelin de Ferreres
> É Huges, seignur de Montfort,
> Ne sai ki out dreit ne ki tort,
> S'entreguerreierent forment
> Ni pout aveir acordement;
> Ne par évêque, ne par seignur
> Ni pout aveir, pais ne amur,
> *Andui* furent bon chevalier,   Tous deux.
> E andui furent fort é fier
> A une feiz s'entr'encuntrerent,
> Grand fu l'ire, si se medlerent
> Ne sai dire ki mielz le fist,
> Ne ki l'un d'els nel autre ocist ;
> Mais de l'*estur* ceo fu la fins ;   Combat.
> Morz fu Hüe, morz Wakelins :
> Andui mururent en l'ostur
> É à un terme, é à un jour.

Suivant une relation que nous avons découverte dans l'antique chartrier d'un vieux château, cette Seigneurie de Ferrières étoit située sur la rivière de Charentone, entre Bernai et Cambrai, actuellement Broglie. C'est probablement ce même lieu qui porte aujourd'hui le nom de Saint-Hylaire de Ferrières, non loin d'un hameau nommé *la Vauquelinière*. — Ordéric Vital, qui cite aussi

Vauquelin de Ferrières, le nomme *Walcelinus de Ferrariis*. Il parle encore, à plusieurs reprises, d'un autre guerrier du même nom, *Walcelinus de Ponte-Ercheufredi*, Vauquelin de Pont-Echeufrey. Cette autre Seigneurie étoit garnie d'une forteresse, située sur la même rivière de Charentonne, à quelques lieues au midi de Ferrières. — Ordéric Vital cite encore Vauquelin de Tanet et Vauquelin de Mamignot (*), qui passèrent en Angleterre lors de la conquête, et occupèrent des places dans ce pays.

A en juger par les détails qu'il donne sur cette famille, dont les différentes branches possédoient des terres dans les environs du monastère de Saint-Evroult, où cet historien passa sa vie, il y a lieu de croire que le voisinage l'avoit mis à portée de la désigner plus particulièrement.

C'est encore lui qui fait connoître que, en 1070, Guillaume, devenu Roi, donna le camp de *Stutesbury*, en Angleterre, à Henry, fils de Vauquelin de Ferrières, la même année où il donna le comté de Scrobesbury à Roger de Montgoméri, auquel il avoit donné d'abord le camp d'Arundel et la ville de Chichester, *Cicestram*, pag. 522. La même où il donna le comté de Bukingham à Gautier Guifard; à Hugue de Grantemesnil, le territoire de Leicestre, *Légrecestræ*; celui de Hildernesse, *Hildernessæ*, à Eudes ou Odon, neveu du comte Thibault, qui avoit épousé sa sœur *Muriel* (**).

(*) L'historien anglais *Camdénus* en fait mention deux fois sous le nom de *Walchelinus*, pages 282 et 284.

(**) Robert Wace est le seul qui donne le nom de cette sœur du duc Guillaume, fille d'Arleitte et d'Herloin de Conteville. André du Chêne dit qu'elle fut d'abord comtesse d'Albemarle, et qu'elle épousa, en secondes noces, cet Eudes ou Odon, fils de Henry Etienne, comte de Troies. De son premier mariage elle avoit eu deux filles, dont l'une épousa le comte de Huntington, et l'autre le comte de Northampton. *Voy.* à la page 457 et suivantes.

Cette anecdote, donnée par Ordéric, est la seule qui démontre que ce guerrier normand, dont nous venons de voir la fin tragique, eût laissé des enfans. Mais ce Henry ne porta plus son nom de Vauquelin, de même que son frère Guillaume; on ne les trouve plus que sous les noms de Henry et Guillaume de Ferrières. Cela confirmeroit la remarque, faite dans les anciennes histoires, que, vers la fin du neuvième siècle, les seigneurs normands négligèrent de porter leurs noms, et affectèrent de prendre ceux de leurs terres et de leurs fiefs, par lesquels ils distinguoient les différentes branches de leurs familles. — En réfléchissant sur les causes de cette insouciance, qui a entravé, et même rendu impossible une infinité de généalogies, on est tenté de croire qu'ils attachoient une bien plus grande importance à leurs beaux fiefs, terres, comtés et baronnies, qu'au souvenir de leurs ancêtres, dont les noms ne pouvoient que rappeler les ravages et les pirateries du siècle précédent, tant dans la Baltique que sur les côtes d'Angleterre, de France et de presque toute l'Europe.

Henry, fils de Vauquelin de Ferrières, figura d'une manière très-importante sous Guillaume le Conquérant, on le trouve cité à plusieurs reprises. Il est le cinquième sur les listes données par la chronique, et par Gabriel du Moulin, des seigneurs qui accompagnèrent Guillaume à la conquête; listes où presque tous ces guerriers ne sont désignés que par des noms de terre. — On trouve sa signature, Henry de Ferrières, en 1082, au bas des deux grandes chartes de fondation des deux abbayes de Caen, au milieu d'une douzaine d'autres signatures remarquables, et à la suite de celles-ci, *Guillaume roi*, *Mathilde reine*, en latin. — Il eut en Angleterre trois fils de sa femme, *Berthe*, dont l'un fut nommé Engenulphe ou Enguerrand, l'autre Guillaume, et le troisième Robert, dont la postérité nombreuse et célèbre a donné des comtes de Salisbury, Sutbury, Nottingam, Arby, Essex, Harfort, Charsley, Lincoln, etc., etc.

Guillaume de Ferrières signa de même, en 1050, et comme assistant, la charte de confirmation de l'abbaye de Saint-Evroult, avec cette différence, qu'il écrivit *Guillaume, fils de Vauquelin*. Le Duc, qui signa en tête, ne prenoit encore que le titre de duc de Normandie. Cette charte est transcrite tout au long par Ordéric Vital ; on touver encore, dans ses œuvres, deux circonstances de la vie du même fils de Vauquelin de Ferrières, circonstances malheureuses, la première en 1092. — Robert Courteheuze, alors duc de Normandie entreprit, au mois de janvier, le siége du château de Courci. Après sept semaines d'attaques multipliées, on se préparoit à donner l'assaut ; mais les châtelains, *Castellani*, prévirent le coup, et firent une sortie si à propos, qu'ils emmenèrent prisonniers nombre des assiégeans, parmi lesquels se trouvèrent Guillaume de Rupière et Guillaume de Ferrières, *Guillelmum de Ruperiam et Guillelmum de Ferrariis*. Le duc Robert reprit bientôt l'avantage, et, malgré les instances de l'évêque de Séez, Girard, il continua le siége.

L'autre circonstance est du même genre, seulement le trait d'histoire est plus mémorable ; il eut lieu en 1106, après la fatale affaire de Tinchebrai. Le même Guillaume se trouvoit encore au nombre des prisonniers, lorsque le duc Robert, au milieu de son infortune, eut la bonhomie de dire à son frère Henry, que la ville de *Falaise* ne se rendroit pas à lui, que les habitans lui étoient attachés, qu'il étoit sûr de leur fidélité, et qu'ils lui avoient juré, avant son départ, de ne remettre les clefs de la ville et les munitions à aucun autre qu'à lui Robert, ou à *Guillaume de Ferrières*; qu'il étoit important pour lui d'être reconnu par eux promptement, dans la crainte que Robert de

Bellesme ne cherchât, par une surprise, à s'emparer de la ville ainsi que des munitions. Henry prit donc le parti d'y envoyer *Guillaume* de *Ferrières*, qui fut chargé de la négociation, et qui décida les habitans de Falaise à se soumettre au vainqueur; mais ce ne fut sans doute qu'avec douleur qu'ils se virent enlever, bientôt après, leur duc *Robert Courte Heuze* (*), et son seul enfant, Guillaume *Cliton*, qui étoit élevé dans cette ville depuis sa naissance.

Ordéric Vital dit encore que *Vauquelin* du *Pont-Echeufrey* avoit épousé Eremberge, fille aînée de *Giroie*; que de ce mariage il eut deux fils, Guillaume et Radulphe, qui allèrent rejoindre *Robert Guiscard*, duc de Calabre, et l'aidèrent dans sa conquête de Sicile et de la Pouille.

Il cite encore les Vauquelin de Ferrières en 1124, 1136 et 38, et 1150; ils devoient service au duc de Normandie, à cause de *Ferrières*, de *cinq chevaliers*, de *vingt-quatre écuyers* et trois quarts, et encore de *quatre chevaliers* aux pleines armes, à raison d'autres *fiefs*.

Ils avoient pour armoiries huit fers à cheval d'or en orle, en champ de gueule, surchargé d'un écu d'hermines; ils en ont retranché quatre, qui se sont trouvé cachés par les quatre extrémités du sautoir, qu'ils ont affecté, aussi bien que les *Vauquelin de la Frésle*; lequel sautoir ne se trouve plus qu'accompagné de *quatre fers à cheval d'or restés découverts, les quatre autres étant cachés par le sautoir*, et, par la suite des temps et la conformité de figure, *ces fers à cheval* ont *dégénéré en croissant*.

(*) C'est ce même duc Robert qui commandoit la cavalerie de Godefroi de Bouillon, et Tancrède l'avant-garde, pendant la campagne de Jérusalem, en 1099. Voyez le premier volume des Croisades, par *M. Michaux*.

Retournons pour un instant à *Benoois* de *Sainte-More*. Malgré ses expressions danoises et saxones, il ne laisse pas d'avoir de l'attrait ; en le relisant plusieurs fois, on finit par l'entendre, et alors on y trouve des beautés. — Nous n'en possédons que quelques morceaux, que le plus singulier des hasards nous a procurés. Nous prions le lecteur de remarquer que jamais rien de cet auteur n'a paru en France, et que son précieux manuscrit, quoique sorti de la plume d'un Normand, réside depuis plus de six cents ans dans la Bibliothèque royale de Londres, et y a resté inconnu.

Dans le morceau que nous allons donner, il est question de l'éducation du jeune Richard I.er, et du discours de Guillaume Longue-Epée, son père, à trois seigneurs de ses plus affidés, les comtes Anslec, Bernard le Danois, et le gouverneur de Bayeux, Bothon. Le Duc les rassemble, et leur annonce que le désir de bien élever son fils exige qu'il l'envoie à Bayeux, sous la garde de Bothon, parce que ce n'est que là où l'on parle bien la langue danoise, et non à Rouen, où l'on parle la langue romance, ou plutot un latin dégénéré.

En une chambre peinte à flors
Manda li Duz ces treis seignors,
De cet enfant faire norir
E d'enseigner al faire aprendre,
Nos convendroit auques entendre.
Haut hom sera, si convendreit
Qu'il scut le fort del dreit
Trier é conoistre é seurer.
Si a Roëm le faz garder
É norir gaires longement
Il ne saura parler noient
Daneis ; kar nul nel i parole..
Si voil qu'il seit à tele escole
Que as Daneis sache parler.

> Ci ne sevent rien forz romanz
> Mais à *Baines* en a tanz,   Bayeux.
> Qui ne savent si Daneis non.
> E pur céo sire *quens* Boton,   comte.
> Voil que vos l'aiez ensemble od vos
> E de lui enseigner curios.
> Garde é maistre seiez de lui
> Ainsi i seit cum jeo i'sui.

> Tant seit apris qu'il lise un bref
> Kar ceo ne li ert pas trop gref.
> Deschas, de rivere é de chace
> Voil que del tot aprenge é sace.

> Eisi reçut Boton l'enfant
> De buen amor, de quor joiant
> A *Baines* fu portez.   Bayeux.
> La fu si chèrement gardez
> Cum l'om melx pot en nule guise
> Si cum l'estoire me devise.

Voici un attirail de guerre : le comte de Montreuil, chassé de ses états par le comte de Flandres, va demander des secours au duc de Normandie, Guillaume longue Épée, qui s'empresse d'aller le rétablir.

Préparatifs du duc.

> Ses granz genz à li Duz mandéez
> E ses fieres oz assembléez.
> Norman é Breton communal
> Vindrent à pied é à cheval
> Garniz d'armes é de conreiz
> Mult fu riche lor appareilz.

Ce qui suit est un débarquement, une grande expédition maritime; nous donnons ce morceau parce que c'est celui qui nous paroit le plus facile à entendre, parmi ce que nous avons des poésies de *Sainte-More*, en voici le sujet. De grands troubles s'élèvent pendant la minorité du jeune duc Richard ; Louis d'Outremer veut s'emparer de la Normandie ; Bernard le Danois envoie demander des secours en Dannemark ; arrivée du roi Aigroux ou Aigrold, qui débarque d'abord à Barfleur, ensuite sur la côte de Dive.

Od grant planté de chevaliers
Garnis d'armes é déstriers
E od riche compaignie
Mut de Barreflo sa navie
Sejorne out à Cherebors
Ne sai le terme, ne le jors.

Li ventz fu buens, é l'ore quoie
Nul de ses nefs, ne se desvoie
Sos Varavile droitement
Arrivèrent à sauvement
Dreit la où Dive chet en mer.

Ne voudrent pas avant aler
Iloc sunt lor veiles calées
É la unt lor ancres jetées,
Li lieu à nom salins corbons
Où tendirent lor pavillons.
Des nefs traient fors lors conveiz
Armes, chevals é palefreiz.
La n'out ire, ne esmaiance
Mais seurté é alégrance,
E flor d'autre chevalerie.

N'out treis barons en Normandie
Qui à Aigroux brivéement
N'enveiassent maint cher présent.

S'esmovent cil de Beissin,
D'Avrenches é de Cotentin,
De Moretoing é de Passais
Es tuit icil de Cingelais.

É des provinces d'environ
Des la mer très qu'Alençon,
Armés chascun bien en dreit sei
Tuit vienent à Aigroux le Rei.

Le roi de France marche contre Aigrold; il place d'abord son quartier-général à Rouen, ensuite s'avance vers Dives.

Description de son camp.

Dessus la rivière de Dive
Se sont Franceis aresteus,
La out mil pavillons tendus
De pailes nofs ovrez é freis
Od *seignerez* faites d'or freis.   Armoiries.
Tendent le tref rei Lowis,
Beau fu é riche ó de grant pris,
L'aigle en ert clers é reluisanz
Qui plus valeit de cent bezanz.
Ja n'ert qui bien les vit de prez
Si grant richesse ne vit mez,
Tante bele arme, tant destrier
Ne tant enseigne de drap cher.

Nous allons terminer les citations de *Beneois de Sainte-More* par celle-ci, qui paroît avoir été très-soignée par le poëte; c'est le portrait d'un jeune chevalier, nommé Gautier le Veneur, auquel le duc Richard sauva la vie à la bataille de Dieppe. Il étoit fort habile pour la chasse au vol et pour la chasse à courre, ce qui lui avoit valu la place de Fauconnier et de Veneur du Duc, dont il étoit aimé. Malheureusement cette citation est très-difficile à comprendre, et nous craignons qu'elle ne rebute les personnes qui ne raffolent pas assez de l'antique, pour prendre la peine de l'étudier. Dans tous les cas, nous croyons bien faire, en indiquant le *Dictionnaire de Langue Romance de M. de Roquefort.* Cet ouvrage nous a paru intéressant, et très-utile pour entendre cette langue, qui étoit celle d'une époque où l'on ne connoissoit encore ni grammaire ni syntaxe, et où les poètes faisoient varier l'ortographe à volonté.

>Un chevalier out al estor
>Qui out nun Gautier le venéor,
>Jenz é corteis, é sage é proz
>É un des plus aidanz de toz;
>Toz engignoz et toz hardiz
>E s'out apris vaslez petiz
>De Faucon é d'Ostor muier.
> Nus ne sout plus de riveier
>De chiens, de moetes, de bercer
>De prendre un cerf ne un sangler.
>Od le Duc ert tot réseant
>Qu'à son déduit n'amont nul tant,
>Nul qui à lui peust venir
>Ne l'en savoit plus beau servir.

Postérité d'Arleitte.

Arleitte, que nos histoires latines nomment *Herleva*: et qui est désignée par *Ordéric Vital*, une fois ainsi, *Herleva sive Herletta*, mère de *Guillaume*, après la mort du *duc Robert*, épousa *Herloin de Conterille*, ainsi que nous l'avons raconté. De ce mariage sortirent *Odon*, évêque de Bayeux; *Robert*, comte de Mortain, et une fille dont les historiens font mention sans la nommer. Il est probable que son nom leur étoit inconnu, et que c'est la cause de leur silence à ce sujet; mais Robert Wace, qui le savoit, nous assure qu'elle s'appeloit *Muriel*.

Muriel fut d'abord comtesse d'*Albemarle* en Angleterre, et eut de son premier mari deux filles, dont l'une portoit le nom de *Judith*.

Ordéric Vital, page 522, nous apprend que cette Judith fut unie en mariage par le roi Guillaume, en 1070, à un Anglais nommé *Guallevus*, fils de Siward, le plus puissant seigneur du pays, afin, dit l'historien, d'entretenir mutuellement la solide amitié qui s'étoit établie entre eux; que le Roi, pour honorer la main de sa nièce, lui donna en dot le comté de *Northampton*, et que de ce mariage sortirent deux filles. Nous croyons que ce *Guallevus* est le même que *Hume* appelle *Walthéof*. Guillaume de Jumièges, à la page 312, dit que *Waldevus*, comte de *Huntington*, épousa la fille de la *comtesse d'Albemarle*, laquelle comtesse étoit sœur de Guillaume, roi des Anglais; que ce comte eut trois filles de sa femme; qu'il maria l'aînée à *Simon Silvanectensis*, auquel il abandonna en même temps le comté de *Huntington*; qu'après la mort de *Simon*, sa veuve épousa *David*, qui depuis fut roi d'Ecosse. Le même auteur ajoute que la seconde fille du comte *Waldevus* épousa Rodolphe de Toni, et que la troisième fut mariée à Robert, fils de Richard, comte de *Pembroke*, et surnommé *Strongbowe*.

Ordéric Vital donne la notice suivante, page 702.

Malcom, roi d'Ecosse, ayant été massacré par les Normands, *Edgard*, son fils aîné, voulut jouir de ses droits au trône, mais il périt misérablement par la barbarie de son oncle *Dwnald*, qui usurpa la couronne. *Dwnald* à son tour perdit la vie par suite de la vengeance d'*Alexandre*, jeune frère d'Edgard. Alexandre, devenu alors le successeur de son frère, régna quelques années, pendant lesquelles il épousa une fille naturelle de Henry I.er, roi des Anglais, et fils de Guillaume le Conquérant. N'ayant point eu d'enfans, il transmit à sa mort la couronne d'Ecosse à son jeune frère *David*. *Ordéric* ajoute que *David* avoit épousé la fille du comte *Guallevus* et de *Judith*, cousine du *roi Henry*; que par ce mariage il avoit acquis les deux comtés de *Norhampton* et de *Huntington*, que sa femme avoit d'abord porté à *Simon*, dont elle étoit veuve; enfin, qu'il eut d'elle trois enfans, un fils nommé *Henry*, et deux filles, *Clarice* et *Hodierne*.

Nos croyions avoir terminé les citations, lorsque le poëme de Wace nous a offert un nouvel objet de curiosité : la fondation de l'abbaye de *Westminster*, par Edouard le Confesseur. Nous la donnons avec d'autant plus de plaisir, que naturellement elle doit intéresser nos voisins et amis d'Angleterre, au moins autant que nous, et surtout ceux qui peuvent avoir quelques notions sur l'antique langue romance. Edouard, pendant un de ses voyages de Normandie à Londres, fut surpris par un violent orage qui rendit sa navigation périlleuse; au plus fort de la tempête, il fit le vœu d'aller à Rome en pèlerinage. Monté sur le trône, il crut ne pouvoir se dispenser de l'exécuter; mais, comme il préparoit son départ, ses évêques et ses barons lui firent les représentations les plus vives sur l'état de sa santé, et obtinrent qu'il enverroit une ambassade pour engager le Souverain Pontife à le relever de son vœu. Le Pape y consentit, sous la condition que le Roi feroit bâtir une vaste abbaye, étayée de fortes et riches dotations.

Origine de l'abbaye de Westminster.

Ewart reçut le mandement	Edouard.
Del *Apostoile* bonement.	Le Pape.
De joste Londres devers west	
Si com encore i pert é est	

Out de St.-Père une Abeie ;
Qui de viel tens ert apovrie,
En un islet esteit assise.
 Zonée out nom, joste Tamise
Zonée por ço l'apelon,
Que d'espines i out foison
E que l'eue en alout environ,   L'eau.
Ee en Engleis isle apelon,
Ee est isle, zon est espine,
Seit raim, seit arbre, seit racine.
Zonée ço est en Engleis
Isle d'espine en Franceis.
 Westmoutier fu puis apelé
Quant li mostier i fu fondé.

Quelques vers plus loin le poète ajoute :

Li reis Ewart fist Westmoutier
Ou mult aveit à redrecier.
Vit le leu qui apovrisseit
Et le mostier qui déchaeit
Par conseil des clers e des lais
Od le bon tens qu'il out de pais,
Par grant cure é par grand entente
De son aveir é de sa rente.
 A Westmostier bien estoré
Et tant il a del soen doné
Beles viles é boens maneirs,
Croiz é terres é boens aveirs,
Jamais li leu n'aura cherté
S'il est déduit par lealté.

La suivante nous a paru trop singulière et trop bizarre pour ne pas la faire connoître. Elle contient presqu'autant de vieux mots anglais que de français ; en même temps elle fait tableau. C'est la peinture des ripailles et bombances que firent les soldats de Harold, pendant la nuit qui précéda la bataille de Hastings.

Quant la bataille dut joster
La noit avant, ce oï conter
Furent engleis forment haitié
Mult riant et mult enveisié
Tote noit mangièrent et burent,
Onques la noit el lit ne jûrent.
Mult les veissiez demener
Treper et saillir et chanter,
Dublie crient et *Weisseil*,
Et *Laticome* et *Drincheheil*,
Drinc *Hindrewar* et *Drintome*,
Drinc helf et drinc tome,
Eissi se contindrent Engleis.

Le tableau du calme et de la dévotion des Normands se fait remarquer. Le contraste nous semble très-saillant, malgré les termes antiques de cette poésie.

Giffrei, évesque de Coustances,
A plusors joint lor penitances,
Cil reçut les confessions
Et dona les béneiçons.
 Cil de Baieues ensément
Qui se contint mult noblement
Evesque fu de Beiessin,
Odes aveit non, filz Herluin,   Odon.
Frere le Duc de par sa mère
Granz, esforz mena od son frère.
 Doitoure al quatorzieme *di*   jour.
Fu la bataille que je vos di
Li proveires par lor chapeles   Les prêtres.
Qui esteient par l'ost novelles,
Ont cele noit tote veillé,
Deu reclamé et *Deu* preié ;
Junes font et afflictions
En lor privées oreisons ;

Salmes dient et misereles,
Létanies et kirieles,
Deu requierent et merci crient ;
Patenostres et messes dient
Li uns *Spiritus Domini,*
Li altre *Salus populi,*
Plusors *Salvé sancta parens,*
Qui apparteneit à cel tens,
Kar samedi cel jor esteit
A cel jor bien apparteneit.

La fondation de l'abbaye de Fécamp, par le duc Richard le Bon, est encore une pièce curieuse. On y voit la préférence que ce Duc donnoit à ce monastère, qui devint son séjour favori, comme il avoit été celui de son père, et dont toutes les places, même les inférieures, étoient occupées par des gentilshommes.

Des mustiers que sis peres fist
Osta les clers, muines i mist ;
A Fescamp fist une abeïe
La plus riche de Normendie
Tant i mist, é tant i duna
Tut li peuple s'esmerveila.
Ne vot mestier de la maisun
Duner si à gentilhume nun.
Gentil furent li chapelein,
Gentil furent li escrivein,
Gentil furent li cunestable,
E bien puissant é bien aidable ;
Gentil furent li sénechal,
Gentil furent li maréchal,
Gentil furent li butteillier,
Gentil furent li despensier.
Li chamberlanc é li ussier
Furent tuit noble chevalier.

Chascun jour orent livraisuns
E as granz festes draz é duns,
Einsi iert là *curt* bien servie   la Cour.
En dreit chascun par curteisie.
Chascun se pena de noblece
E d'honur faire, é de largece.

Nous regrettons de ne pas faire connoître la description du vaisseau de Guillaume le Conquérant, dont le pilote s'appeloit *Airard* (*); mais il faut des bornes à un volume comme à toute autre chose.

(*) Ordéric Vital, page 867.

F I N.

ERRATA ET CHANGEMENS.

Page 33, ligne 2, au lieu de Alaine, *lisez*: Alain.
— 45, lignes 5 et 6, Poppée ou Pouppée, *lisez*: Pope ou Popée.
— 46, ligne 9, pour tenir, *lisez*: devoit tenir.
— 65, ligne 5, marcha, *lisez*: marchoit.
— 72, ligne 7, en l'honneur du fils et du père, *lisez*: par le poète Robert Wace.
— 74, ligne 2, on fait, *lisez*: on a fait.
— 75, ligne 3, Saint-Sauveur; le vicomte, *lisez*: Saint-Sauveur le Vicomte.
Même page, ligne 4, rassembla, *lisez*: il rassembla.
— 98, ligne 11, vient, *lisez*: vint.
— 106, ligne 5, achevé le cours, *lisez*: achevé le discours.
— 140, ligne 20, Raoul, *lisez*: Ranulphe.
— 179, ligne 19, à la fin, *lisez*: à sa fin.
— 207, ligne 12, manque, *lisez*: manqua.
— 215, dernière ligne, lu, *lisez*: lui.
— 234, ligne première, Wenex, *lisez*: Wessex.
— 241, ligne 13, cons-dérant, *lisez*: considérant.
— 290, ligne première, un poète du temps, *lisez*: Robert Wace.
— 322, troisième vers latin, caltsti, *lisez*: calisti.
— 377, troisième vers de la citation, ne povent Troie, *lisez*: ne porent Troie.
— 397, première ligne du nota, Mahent, *lisez*: Maheut.
Même page, quatrième ligne du nota, de ce, *lisez*: de son.
— 399, premier vers latin, scabus, *lisez*: scaber.
Même page, sixième vers, hunc, *lisez*: hanc.

www.ingramcontent.com/pod-product-compliance
Lightning Source LLC
Chambersburg PA
CBHW072103220426
43664CB00013B/1985